RUSSLAN
Dnjepr
Don
lga
AU
KRIM
TSCHERKESSIEN
N
SCHWARZES MEER
KASPISCHES MEER
Tiflis
drianopel
Sinop
Konstantinopel
(Istanbul)
ARMENIEN
Angora
(Ankara)
ANATOLIEN
Tigris
Smyrna
(Izmir)
KARAMAN
KURDISTAN
Aleppo
(Halab)
MESOPOTAMIEN
Rhodos
SYRIEN
Bagdad
Zypern
Euphrat
PERSIEN
Damaskus
Jerusalem
Kuwait
Persischer Golf
exandria
ARABIEN
Kairo
Akaba
YPTEN
ROTES MEER
Medina
Nil
Mekka

Mustafa Kemal Atatürk

Mustafa Kemal Atatürk

Vom Staatsgründer zum Mythos

Halil Gülbeyaz

Parthas

Danksagung

Ich danke Ulli Schwarz, Stephanie Baumann und Ulrike Quaas
für ihre Korrekturen und Anregungen.

Gesamtherstellung: Albdruck, Berlin
Gestaltung und Satz: Gaston Isoz

Stresemannstraße 30
10963 Berlin

ISBN 3-932529-49-9

Inhalt

Einleitung

Die Türkei – zwischen Asien und Europa gelegen – ist ein Bestandteil der westlichen Welt. Sie ist Mitglied der Nato und Anwärterin auf eine Mitgliedschaft in der Europäischen Union. Doch die Türkei bildet nicht nur geographisch eine Brücke zwischen den zwei Kontinenten. Ein Blick in den Alltag der Türken zeigt das Nebeneinander von westlicher Lebensweise und islamischer Tradition. In keinem anderen westlichen Land ist das Nationalgefühl so stark ausgeprägt wie in der Türkei, und kein anderer Staat fürchtet sich so sehr davor, dass die Religion im Land einen stärkeren Einfluss nimmt. Seit dem Tode Mustafa Kemal Atatürks war die Türkei noch nie so zerrissen, so voller Widersprüche wie gerade heute: ein Land zwischen zwei Kontinenten, ein Leben zwischen dem Halbmond des Islam und dem kemalistischen Laizismus, der Trennung von Staat und Religion.

Die Türkei ist ein Land, in dem die Armee sich als Garant für die Einheit des Staates sieht, der in Wirklichkeit ein Mosaik verschiedener Völker und Kulturen ist. Generäle intervenieren, lassen Abgeordnete verhaften und Parteien verbieten, wenn sie von der vom Militär vorgeschriebenen Linie abweichen. All dies geschieht im Namen des Staatsgründers Atatürk.

Wer war Mustafa Kemal Atatürk? Wie viel ist wahr von dem, was man ihm zuschreibt? Wahrheit und Legende vermischen sich, aber fest steht: Kaum ein anderer Politiker des 20. Jahrhunderts hat sein Land so nachhaltig verändert wie Atatürk. Der aus ärmlichen Verhältnissen stammende Knabe aus der osmanischen Provinz Selanik, dem heutigen Saloniki, besuchte die Militärakademie und wurde einer der erfolgreichsten Generäle seines Landes. Er begab sich auf das politische Parkett: schaffte das Sultanat ab, trennte Staat von Religion und gründete die Republik Türkei. Er richtete sein Land nach Westen aus, führte die lateinische Schrift ein und ersetzte die islamische durch die christliche Zeitrechnung. Lange vor vielen europäischen Staaten gab er den Frauen das Recht zu wählen und gewählt zu werden. Mit kriegerischer Gewalt und mit Reformen verwirklichte er seine Vision einer europäischen Türkei, wenn auch nur in der Organisation und Struktur des Staates – in den Köpfen des Volkes blieben die westlichen »Errungenschaften« jahrzehntelang etwas Fremdes.

In seiner Regierungszeit halbierte sich die Zahl der Analphabeten, und das Pro-Kopf-Einkommen verdoppelte sich.[1] Selbst die Wirtschaft des Landes änderte er grundlegend. Die Türkei verwandelte sich vom Getreide importierenden Land zum Getreideexporteur. Ein staatliches Eisenbahnnetz erleichterte Transport und Verkehr, staatliche Fabriken sorgten für die Grundnahrungsproduktion. Zwar war das Land zum Zeitpunkt von Atatürks Tod immer noch ein wirtschaftlich zurückgebliebenes Land, dafür waren die Auslandsschulden, die fast ausschließlich bei der Sowjetunion aufgenommen waren, sehr gering. Ein Satz, den der Staatsmann an seinen Premierminister Celal Bayar richtete, fasst seine Lebensphilosophie deutlich zusammen:

»Kümmern Sie sich nicht um die kleinen Dinge, streben Sie Größeres an. Nur so werden Ihre Werke Sie überleben.«[2]

Dafür bewunderten ihn die großen Staatsmänner seiner Zeit. Winston Churchill sah in ihm *»einen Helden«*, Charles de Gaulle stellte fest: *»Von Mustafa Kemal haben wir eine Menge zu lernen«*, und der Name »Atatürk« erinnerte John F. Kennedy *»an die historischen Siege eines der größten Männer dieses Jahrhunderts, an seine schöpferische Fähigkeit zu regieren, an seine Weitsicht, an seinen großen Mut und an sein Können als Soldat.«*[3]

Die Persönlichkeit Atatürks ist voller Widersprüche. Er war ein Demokrat, der am liebsten allein regierte. Politische Parteien außer der von ihm gegründeten »Volkspartei« duldete er während seiner Regierungszeit nicht. Er war ein Weltbürger, der Verfolgten des Naziregimes Asyl gewährte, den ethnischen Minderheiten in seinem eigenen Land aber die türkische Identität mit Gewalt aufzwang.

Seine immense Bewunderung für die westliche Zivilisation und deren politischer Struktur war sein Hauptmerkmal. So absurd es auch klingen mag: Er bekämpfte die Europäer, solange sie sein Vaterland besetzt hatten, übernahm aber deren Werte in dem neu entstehenden Staat. Wenn man berücksichtigt, dass zu Lebzeiten Atatürks in sehr vielen europäischen Staaten Diktatoren herrschten, ist Atatürk als Persönlichkeit positiv zu bewerten. Er war ein weitsichtiger, ausgewogener Staatsmann. Obwohl viele seiner Zeitgenossen ihm rieten, den Sultanstitel oder das Amt des Kalifen zu übernehmen, blieb er seinen revolutionären Ideen von einer parlamentarischen Republik treu.

Obwohl bereits im Jahre 1938 verstorben, ist Mustafa Kemal Atatürk bis heute in der Türkei in unzähligen Denkmalen, Büsten, auf Postern und Wandteppichen allgegenwärtig. Seine Ideen bestimmen bis heute die Politik des Landes. Er wurde von vielen geliebt und von vielen gefürchtet – aber dennoch von allen verehrt. Es gibt sogar in der türkischen Verfassung bis heute einen Artikel »zum Schutze der Person Atatürks«.

Mustafa Kemal Atatürk – der Vater der Türken – scheint weiterhin über sein Erbe zu wachen.

1 Andrew Mango, *Atatürk*, Istanbul 1999, S. 512

2 Celal Bayar, *Atatürk'ten Hatiralar*, Istanbul 1955, S. 105

3 Siehe Ender, *Zum 25. Todestag Atatürks*, 1963, S. 14

Buch I

Kindheit

Es ist einer der kältesten Winter seit Jahren, in dem der »Vater« der modernen Türkei, Mustafa Kemal genannt »Atatürk«, in der damals osmanischen Küstenstadt Selanik, heute Saloniki, auf die Welt kommt. Seine Mutter Zübeyde sagt später in einem Interview, dass sie ihren Sohn im Alter von Zwanzig auf die Welt gebracht habe. Sie wisse jedoch nicht, ob es sich um das Jahr 1880 oder 1881 handele.[1] Atatürk wird den 19. Mai 1881 als seinen Geburtstag angeben: den Tag, an dem er neununddreißig Jahre später den Befreiungskrieg gegen die britischen, französischen, italienischen und griechischen Besatzer seines Landes begann.

Die Epoche, in der Mustafa geboren wird, ist die schwärzeste des Osmanischen Reiches. Die riesige Weltmacht schrumpft seit Jahrzehnten unaufhaltsam zusammen. Vom europäischen Herrschaftsgebiet, das einmal bis vor Wien reichte, ist nur noch ein schmaler Streifen geblieben: Albanien, Epirus, Mazedonien und Thrazien. Im Süden, wo sich das Reich einst bis ins Innere Afrikas ausdehnte und das östliche Mittelmeer umschloss, sind nur noch Syrien, der Irak, der Libanon, Palästina und Teile der arabischen Halbinsel unter osmanischer Verwaltung.

Seit 1876 regiert Sultan Abdülhamit II. das Land. Die Epoche der Reformbewegung, die etwa neunzig Jahre zuvor begonnen hatte, fand unter Abdülhamit II. ihr Ende. Die Versuche, mit den sozialen und militärischen Entwicklungen im Westen gleichzuziehen, sind gescheitert. Die Abschaffung der Janitscharen, der traditionsreichen Spezialeinheiten der osmanischen Armee, im Jahre 1826 hat zwar den Weg für den Aufbau einer modernen Armee eröffnet, doch die militärischen Erfolge, die man sich von der Reformierung der osmanischen Armee erhofft, bleiben bis zur Thronbesteigung Abdülhamits II. aus. Grund genug für den Sultan, die Reformbewegung, die einen Aufbau des Landes nach westlichem Vorbild anstrebt, endgültig abzuschaffen. Zwar rief Abdülhamit II. nach seiner Thronbesteigung das erste osmanische Parlament ins Leben, doch schon zwei Jahre später ließ er es wieder auflösen, die Verfassung suspendieren und eine Zensur einführen, die den Druck und die Vertreibung nahezu aller Schriften – außer den religiösen – verbietet. Seine Geheimpolizisten und Spitzel verfolgen unentwegt Tausende westlich denkende Osmanen und ermorden auch den ehemaligen Großwesir Mithat Pascha, der die erste osmanische Verfassung ausgearbeitet hatte.[2]

Zu den inneren Schwierigkeiten kommen äußere hinzu: Die Russen, die ewigen Feinde der türkischen Expansion auf dem Balkan und im Kaukasus, nutzen die innere Instabilität des Osmanischen Reiches aus und erklären den

Türken den Krieg. Sie hoffen, mit einem Sieg über die Osmanen ihre Macht in Asien zu vergrößern, ihre südlichen Gebiete, die sie an die Türken verloren haben, zurückzuerobern, und auf dem Balkan wieder an Einfluss zu gewinnen.

Die osmanische Armee wird in diesem Krieg an allen Fronten geschlagen: an der Kaukasusgrenze, auf dem Balkan und in Ostanatolien. Die Türken werden von den Russen gezwungen, am 3. März 1878 in der Ortschaft Yeşilköy (Hagiostefanos) nahe Istanbul einen Waffenstillstand zu unterzeichnen. Mit diesem Vertrag verliert das Osmanische Reich fast seine gesamten europäischen Gebiete: Die Türken ziehen sich aus dem heutigen Rumänien zurück, Serbien und Montenegro werden unabhängig, Bosnien-Herzegowina und Bulgarien lösen sich vom Osmanischen Reich, auch die Insel Kreta. Mazedonien wird den Bulgaren zugesprochen. Tausende Muslime sind vor der christlichen Übermacht auf dem Balkan in Richtung Istanbul auf der Flucht.

Auf Drängen der Engländer, die ihre Interessen in der Region durch ein erstarktes Russland bedroht sehen, wird wenige Monate später eine internationale Konferenz in Berlin einberufen, auf der die meisten Beschlüsse von Yeşilköy wieder rückgängig gemacht werden. Die Russen, die sich vor einer Auseinandersetzung mit Großbritannien fürchten, akzeptieren die Beschlüsse von Berlin. Auf dem Balkan wird nur Mazedonien wieder dem Osmanischen Reich zugesprochen. Der Zerfall des Reiches geht jedoch unaufhaltsam weiter.

Nicht nur innen- und außenpolitisch, sondern auch wirtschaftlich macht das Reich eine Krise durch. Im Jahr der Machtübernahme Sultan Abdülhamits hat die osmanische Regierung den Staatsbankrott erklären müssen. Das Reich kann die Staatsschulden, die sich inzwischen auf 200 Millionen Pfund Sterling belaufen, nicht mehr zurückzahlen. Nach dem Verlust der europäischen Gebiete und der Steuereinnahmen aus diesen Regionen halten nur noch ausländische Kredite das Reich zusammen.

Im Jahr 1881, in dem Mustafa Kemal Atatürk auf die Welt kommt und Abdülhamit II. seit fünf Jahren regiert, bekommen die Soldaten keinen Sold, und die Bauern, die die Hauptlast des »kranken Mannes vom Bosporus« zu tragen haben, wandern in die Städte, um der Armut und der ständigen Schikane der Steuereintreiber zu entgehen. Was die Zukunftsvisionen der Oberschicht anbelangt, pendeln die Vorstellungen weiterhin zwischen dem trügerischen Bild der glorreichen alten Zeit, in der sich das Reich von Wien bis Afrika ausdehnte, und dem Traum von einer Zivilisation nach westlichem Vorbild.

Unter Abdülhamit II., den man wegen seiner brutalen Vorgehensweise gegen die Reformisten auch den *blutigen Sultan* nennt, wird ein Militärschulsystem aufgebaut, das den Schülern von der Grundschule an die Möglichkeit bietet, eine militärische Erziehung nach westlichen Standards zu genießen. Einer der Schüler, der davon profitieren wird, ist der junge Mustafa. Sein Vater, der ehemalige Zollbeamte Ali Rıza Efendi und seine Mutter, die Bauerntochter Zübeyde, hatten vor Mustafa schon drei Kinder, doch keines überlebte. Sie waren den schlechten Lebensbedingungen des Dienstortes von Ali Rıza an der mazedonischen Grenze nicht gewachsen. Nach dem frühen Tod der Kinder beschließt der vierzigjährige Zollbeamte, seinen Beruf aufzugeben und zieht mit seiner Frau in die Hafenstadt Saloniki, da er sich dort bessere Verhältnisse erhofft. Als Ali Rıza und Zübeyde im muslimischen Viertel Ahmet Subaşı in einem rosaroten Haus ihr viertes Kind bekommen, versucht sich Ali Rıza in der Stadt gerade als Holzhändler zu etablieren. Sie nennen das neue Familienmitglied Mustafa.

Der kleine Mustafa entspricht nicht dem typischen Erscheinungsbild eines Türken. Er ist wie seine Mutter blond und blauäugig. Kritiker werden später Mustafas äußere Merkmale zum Anlass nehmen, um seine Vaterlandsliebe anzuzweifeln, weil er angeblich kein richtiger Türke sei. Manche werden ihn als einen Albaner bezeichnen und manche betrachten ihn als Nachfahren der jüdischen Gemeinde in Saloniki, die im 19. Jahrhundert fast geschlossen zum Islam konvertiert war.

Nach dem Tod ihrer ersten drei Kinder sind die Eltern mit dem Neugeborenen besonders vorsichtig. Auch für Mustafa sind die Überlebenschancen anfangs nicht sehr groß. Zübeyde hat nicht genug Milch, so dass man eine Amme besorgen muss.[3] Doch das Kind erweist sich als gesund und kräftig genug, um die schwierige Phase nach der Geburt zu überstehen.

Die Geschäfte Ali Rızas laufen nicht besonders gut, so dass er seine Arbeit als Holzhändler aufgeben muss. Er versucht sich im Salzhandel, ist dort jedoch ebenfalls erfolglos. Seine geschäftlichen Misserfolge lassen Ali Rıza zunehmend im Alkohol Trost suchen. Sein übermäßiger Genuss wird bald seine Gesundheit angreifen. In der Zwischenzeit wächst der kleine Mustafa ohne große Beschwerden oder Krankheiten auf. Er ist vital und widerstandsfähig. In den fünf Jahren nach seiner Geburt bekommen Ali Rıza und Zübeyde noch zwei Töchter. Aber ihr einziger Sohn Mustafa zeigt sich immer mehr als eigenwilliges Kind. Er ist ein schweigsamer Einzelgänger. Selten spielt er mit anderen Kindern, oft ist er nur stiller Beobachter, der sein Einzelgängertum im Nachhinein als Ausdruck geistiger Überlegenheit betrachtet:

»In meiner Kindheit mochte ich nicht mit den restlichen Familienmitgliedern und Verwandten zusammen zu sein. Das Alleinsein habe ich immer bevorzugt. Noch eins: Ich konnte es nicht dulden, dass man mir – es war egal ob es die Mutter, die Schwester oder ein anderer naher Verwandter war – Ratschläge erteilte.«[4]

Scharfe Beobachtungsgabe und Besserwisserei werden ihn auch in seinem späteren Leben als alleinregierender Staatspräsident, der oft *lehrerhaft* auftritt, kennzeichnen.

Als er das schulfähige Alter erreicht, spiegelt sich der Kampf zwischen Tradition und Erneuerung im Osmanischen Reich auch in der Familie Ali Rızas wieder. Zübeyde, die aus einer strenggläubigen Familie stammt, will Mustafa in eine religiöse Schule schicken, die ihm auch den Weg eines geistlichen Gelehrten öffnet. Ali Rıza ist hingegen für eine private Schule nach westlichem Vorbild. Atatürk kann sich noch Jahre später gut an diese Auseinandersetzung erinnern:

»Das Erste, was mir zu meiner Kindheit einfällt, ist die Geschichte meiner Einschulung. Wegen dieser Sache gab es zwischen meiner Mutter und meinem Vater eine heftige Auseinandersetzung. Meine Mutter wollte, dass ich traditionsgemäß mit religiösen Gesängen in der Stadtteilschule eingeschrieben werden sollte. Mein Vater, der ein Steuerbeamter war, wollte mich aber in der neu eröffneten Şemsi Efendi Schule anmelden, damit ich nach den neuen Methoden unterrichtet würde. Schließlich löste mein Vater das Problem meisterlich. Zuerst trat ich mit großen Zeremonien in die Stadtteilschule ein. Somit war meine Mutter zufrieden gestellt worden. Wenige Tage später verließ ich jedoch diese Schule und fing in der Şemsi Efendi Schule an.«[5]

Mustafa erhält in den nächsten drei Jahren ein gutes Fundament westlicher Erziehung.

Doch als er sieben Jahre alt ist, stirbt Ali Rıza Efendi an Darmtuberkulose – möglicherweise begünstigt durch seine Trunksucht. Zübeyde berichtet später:

»Als seine Geschäfte schlecht liefen, ließ er sich gehen. Von Tag zu Tag wurde er schwächer und kränkelte. Dann wurde es schlimmer. Er konnte nicht länger leben. Als er starb, war ich siebenundzwanzig Jahre alt.«[6]

Kurze Zeit später stirbt auch noch eine der beiden Töchter. Zübeyde kann die beiden ihr verbliebenen Kinder kaum ernähren. Deshalb zieht sie zu ihrem Bruder Hüseyin Ağa, der in der Nähe von Saloniki auf dem Lande lebt. Er bietet der alleinstehenden Zübeyde Schutz und versorgt ihre kleinen Kinder.

Mustafa muss die Schule vorerst aufgeben und in den nächsten Monaten mit seiner Schwester Makbule auf den Feldern des Onkels arbeiten. Die wenigen Erzählungen des späteren Staatsmanns Mustafa Kemal Atatürk stellen diese Zeit als eine idyllische Kindheit auf dem Lande dar und liefern bis heute Anekdoten für Schulbücher, deren Richtigkeit allerdings kaum zu überprüfen ist.

»Ich vergesse nicht, wie ich mich mit meiner Schwester in einer Hütte auf den Bohnenfeldern aufhielt und die Krähen fortjagte. Auch andere Arbeiten auf

dem Hof erledigte ich. Als ich hier eine Zeit lang blieb, fing meine Mutter an, sich große Sorgen zu machen, weil ich keine Schule besuchte.«[7]

Zübeyde möchte ihren Sohn erneut in einer regulären Schule anmelden. Denn ohne eine vernünftige Schulbildung kann aus ihm nicht jener große Mann werden, den sie in ihm sieht. So schickt sie ihn schließlich zu ihrer Schwester nach Saloniki, wo er endlich eine staatliche Schule besuchen kann. Doch kann sich Mustafa weder mit seinen Schulkameraden vertragen, noch versteht er sich mit seinem Lehrer Kaymak Hafiz. Mit unbeugsamem Stolz hält er sich vom kindlichen Treiben der Mitschüler fern und kann es vor allem nicht ertragen, dass man sich über ihn lustig macht. Als er eines Tages im Schulhof zum Bockspringen eingeladen wird, nimmt er das Angebot nur unter der Bedingung an, sich nicht bücken zu müssen. Die anderen Kinder sollen über ihn springen, während er aufrecht steht.[8]

Auch Zübeyde schildert ein ähnliches Verhalten ihres Sohnes:

»Mustafa legte schon als Kind auf das Aussehen seiner Kleider großen Wert. Den Anderen gegenüber verhielt er sich wie ein Erwachsener. Die Kinder, die auf der Straße spielten, betrachtete er von oben herab. (...) Er fiel allen mit seiner Art auf, mit vorgeschobenem Kinn und den Händen in den Taschen zu sprechen.«[9]

Nachdem sein Lehrer Kaymak Hafiz ihn blutig geprügelt hat, weil er sich wieder einmal mit Kameraden geschlagen hatte, weigert sich Mustafa, in die Schule zurückzugehen. Seine Großmutter, die Respektsperson in der Familie, beschließt nun, ihn in eine andere Schule zu schicken. Doch auch dieser Wechsel ändert an seiner negativen Einstellung zur Schule nichts.

Die Chance, die seinem Leben eine neue Wende geben wird, erzwingt Mustafa eines Tages selbst. Nach zwei weiteren Schulabbrüchen bewirbt er sich heimlich an einer der neuen Militärschulen, einer *Rüşdiye*, die 1869 eingeführt wurden. Er besteht die Aufnahmeprüfung. Trotz der Einwände seiner Mutter, die inzwischen ebenfalls wieder nach Saloniki gezogen ist, entscheidet sich der Zwölfjährige für eine Karriere als Soldat: An der Militärschule in Saloniki wird er vier Jahre, von 1893 bis 96, verbringen.

An den Militärschulen, die der Sultan Abdülhamit II. fördert und von denen er immer neue gründen lässt, werden junge Offiziere ausgebildet, die der rückschrittlichen osmanischen Armee auf die Beine helfen sollen. Im Osmanischen Reich gibt es zu diesem Zeitpunkt bereits 425 Rüşdiye, die von mehr als 27 000 Schülern besucht werden.[10] Später werden auch deutsche Militärexperten wie der Baron Colmer von der Goltz für die Erziehung der Offiziersanwärter verpflichtet.

Der Grund, der Mustafa Kemal in die Militärschule führt, ist die mangelnde Anerkennung, die seiner Person bisher entgegengebracht wurde. Als

Offizier, so meint der junge Mustafa, wird er über sicherlich mehr Ansehen verfügen:

»Bei unseren Nachbarn wohnte ein Major namens Kadri Bey. Sein Sohn Ahmet Bey besuchte die Militärschule und trug die Schuluniform. So oft ich ihn sah, sehnte ich mich danach, auch solche Kleider anzuziehen. Dann sah ich auf der Straße Offiziere, und es wurde mir klar, dass ich die Militärschule besuchen müsse, um den Weg einzuschlagen, der mich zu diesem Rang führen würde. Damals kam meine Mutter nach Saloniki. Ich sagte ihr, dass ich in die Militärschule eintreten wolle. Meine Mutter hielt jedoch nichts vom Soldatenleben und verbot mir streng, Soldat zu werden. Ich verheimlichte ihr den Termin der Aufnahmeprüfung und ging von mir aus zur Prüfung in die Militärschule. Auf diese Art wurde meine Mutter vor vollendete Tatsachen gestellt.«[11]

Obwohl sie anfangs strikt gegen den Offiziersberuf war, wandelt sich die Einstellung Zübeydes schnell. Als sie Mustafa zum ersten Mal in seiner Uniform nach Hause kommen sieht, stürmt sie mit Freudentränen zum Gartentor und umarmt ihren Sohn voller Stolz.[12]

Mustafa geht in seinem neuen Leben als Militärschüler auf und schmiedet schon als Kind große Pläne, die seine Zukunft als Soldat betreffen. Später erzählt er seinem Freund Kılıç Ali:

»Als ich mich in die Militärschule einschrieb und ihre Uniform anzog, bekam ich eine ganz neue Kraft. Ich merkte, dass ich mein eigener Herr war.«[13]

Rückblickend behauptet Mustafa, dass er in der Schule so erfolgreich war, dass er zum Klassensprecher gewählt worden sei. Allerdings ist auch über seine Zeit an der Militärschule in Saloniki wenig bekannt – die einzigen Anekdoten stammen von ihm selbst.

In einem Interview mit der Zeitung »Vakit« schildert er, wie es zu seinem Spitznamen Kemal (arabisch: der Vollendete) gekommen ist:

»Innerhalb kurzer Zeit war ich sogar besser als der Lehrer, der dieses Fach unterrichtete... Der Lehrer hieß Mustafa. Eines Tages drehte er sich zu mir und sagte:

›Mein Sohn, du heißt Mustafa und ich auch. So geht es nicht weiter. Wir müssen voneinander unterschieden werden. Ab jetzt sollst du Mustafa Kemal heißen!‹

Seit diesem Tag heiße ich Mustafa Kemal.«[14]

Manche seiner späteren Biographen meinen, dass dieser Spitzname lediglich der Unterscheidung von einem anderen Mitschüler namens Mustafa diente. Doch Mustafa Kemal selbst bleibt zeitlebens bei seiner Version. Nur der Vergleich mit dem Lehrer scheint seiner Person würdig, und natürlich imponiert ihm die Bedeutung des Namens. Auch wenn er sich im Schulleben einer militärischen Disziplin unterwerfen muss, ist die Schule kein Internat. Nach dem Unterricht führt Mustafa sein gewohntes Familienleben weiter.

Kurz vor seinem Schulabschluss hat Zübeyde die Absicht, wieder zu heiraten. Der dreizehnjährige Mustafa Kemal ist gegen diese Heirat. Nicht etwa aus Liebe zu seinem verstorbenen Vater oder gar aus einer Abneigung gegenüber seinem zukünftigen Stiefvater; er will einfach der einzige Mann im Haus bleiben. Zübeyde wiederum möchte ihrer Verwandtschaft nicht mehr zur Last fallen. Seit ihrer Rückkehr nach Saloniki kann sie von der Witwenrente und den Mieteinnahmen ihres Hauses – eine Hälfte hat sie inzwischen untervermietet – einigermaßen leben. Eine Hochzeit mit dem Beamten Ragıp Efendi, der nach dem Tod seiner Frau für seine vier Kinder eine Ersatzmutter sucht, könnte Zübeydes finanzielle Not endgültig beenden. Sie setzt ihren Willen durch und heiratet. Mustafa Kemal nutzt diesen Entschluss zu einer Demonstration seiner Stärke und Unabhängigkeit. Er verlässt mit dreizehn Jahren das mütterliche Zuhause und zieht zu einer entfernten Verwandten namens Rukiye.[15] Den Kontakt zu seiner Mutter bricht er vollständig ab.

1896 beendet Mustafa Kemal als Viertbester die Militärschule in Saloniki und legt die Aufnahmeprüfung für die höhere Militärschule in Monastir, der Hauptstadt der osmanischen Provinz West-Mazedonien, erfolgreich ab. Er verlässt Saloniki, ohne von seiner Mutter Abschied zu nehmen. Seit seinem Auszug hatte er sie kein einziges Mal gesehen. Die Kränkung und der Zorn darüber, dass seine Mutter gegen seinen Willen wieder geheiratet hat, sind zu groß. Er will beweisen, dass er seinen Weg auch ohne ihre Hilfe gehen kann. Manche Biographen zitieren in diesem Zusammenhang einen Ausspruch Mustafa Kemals aus dieser Zeit:

»Ich werde es ihnen zeigen. Sie werden sich wundern, was aus mir noch wird.«[16]

Mustafa findet jetzt endgültig, dass er seinen Beinamen zu Recht trägt: Er fühlt sich als Kemal, als vollendeter Mann. Im Militärinternat in Monastir ist er auf niemanden mehr angewiesen.

Seine Mutter besucht er ein Jahr später dann doch. Dabei muss sein Stiefvater als Beweis seines Respekts immer aufstehen, wenn Mustafa Kemal das Zimmer betritt. Mit dieser Geste will Zübeyde ihrem selbstsüchtigen Sohn schmeicheln, aber Mustafa Kemal wird mit seinem Stiefvater nie unter einem Dach schlafen.[17]

Von Monastir nach Istanbul

Monastir ist in dieser Zeit eine osmanische Kleinstadt in Westmazedonien mit etwa 40 000 Einwohnern, mehrheitlich Serben, Albaner und Mazedonier. Zwar können die Türken mit den anderen Balkanmuslimen und den insgesamt 60 Moscheen hier eine gewisse Stärke demonstrieren, doch gerät die Stadt zunehmend unter den Druck der serbischen, mazedonischen und griechischen Freischärler, die sich vom Osmanischen Reich abspalten wollen.

Um die Stabilität des Reiches zu erhalten, bittet Abdülhamit II. immer wieder ausländische Banken um Kredite. 1892 erhält er vier Millionen türkische Pfund, 1896 drei Millionen und 1897 fünf Millionen.[18]

Jede Anleihe bedeutet jedoch Zugeständnisse an die ausländischen Geldgeber. Diese besitzen bald Banken, Eisenbahnen, Gas- und Wasserwerke, aber auch Hafenanlagen auf türkischem Boden.

Zu diesem Zeitpunkt entsteht unter den Offiziersschülern überall im Osmanischen Reich ein neues politisches Bewusstsein. Sie orientieren sich zunehmend an Europa. Dank der Fremdsprachen, die sie lernen, haben sie Zugang zu Büchern, die ihnen eine neue Sicht der Dinge eröffnen. Die Absolventen dieser Militärschulen werden später die politische und militärische Elite des Landes bilden und das Reich im Namen der Erneuerung von einem Abenteuer ins nächste stürzen.

In Monastir lernt Mustafa Kemal neue Schulkameraden kennen. Manche von ihnen sind älter als er und verfügen schon über eine gewisse politische Reife – wie Ali Fethi, der Mustafa Kemal später in die Welt der Politik einführen wird. Die Militärschule von Monastir wird für Mustafa Kemal zur Schule des Lebens, und einige Mitschüler beeinflussen ihn mit ihren Ideen.

Die Trennung von ihren Familien verbindet die Schüler besonders eng, sie entwickeln starke Beziehungen untereinander. Auch Mustafa Kemal schließt mit einigen Schülern – zum ersten Mal in seinem Leben – feste Freundschaften. Sie werden ihn in verschiedenen Phasen seines Lebens begleiten. Vier von ihnen, Salih (Bozok), Nuri (Conker), Fuat (Bulca) und Hakkı (Kavalalı)[19], werden sogar bis zu seinem Tod in seiner Nähe bleiben. Zu anderen hält er einen gewissen Abstand, vor allem, wenn er bemerkt, dass sie ihm überlegen sind und ihm die Führerrolle im Freundeskreis streitig machen könnten.

Am Anfang seines Studiums beschäftigt sich Mustafa intensiv mit Literatur. Vor allem der spätere Dichter Ömer Naci bringt ihn mit der Poesie in Berührung. Am liebsten liest er die Gedichte des türkischen Freiheitsdichters Namık Kemal, den Abdülhamit II. wegen seiner politischen Einstellung ins Gefängnis sperren und später ins Exil schicken ließ.

»Ömer Naci war ein Schüler, der aus seiner Schule in Bursa relegiert worden war und in unsere Klasse kam. Schon damals war er ein Dichter. Er wollte von mir Bücher zum Lesen haben. Ich zeigte ihm alle meine Bücher, er fand sie alle schlecht. Es hat mich gekränkt, dass einem meiner Freunde meine Bücher nicht gefielen. Meine Bekanntschaft mit Literatur geschah auf diese Weise.«[20]

Der junge Dichter beeindruckt ihn so sehr, dass Mustafa Kemal selbst anfängt zu dichten. Ein Lehrer rät ihm jedoch davon ab, er soll sich lieber auf die Schule konzentrieren und ein guter Soldat werden. Seine Liebe zur Literatur und Poesie behält Mustafa Kemal jedoch bei, auch wenn er davon Abstand nehmen muss, selbst zu dichten. Mit seinem Freund Ali Fethi verbringt er viel Zeit und diskutiert mit ihm regelmäßig über Politik. Ali Fethi ist ein Regimegegner, der zu Militärschülern gleicher Gesinnung enge Kontakte hält. Mustafa Kemal entwickelt in dieser Zeit erste feindliche Gefühle dem Sultan gegenüber. Da seine Französischkenntnisse nicht gut genug sind, nimmt er in den Schulferien in Saloniki zusätzlich Unterricht. Die Fremdsprachen eröffnen den Militärschülern auch den Zugang zu Büchern, die im Osmanischen Reich verboten sind. Viele junge Offiziersschüler nehmen zur Istanbuler Regierung eine kritische Haltung ein. Diejenigen, die einigermaßen Französisch beherrschen, lesen in den Werken von Voltaire, Montesquieu und Rousseau. Vor allem sind sie von der Französischen Revolution beeindruckt. Mirabeaus Reden und Robespierres Biographie kennen manche von ihnen fast auswendig. Der türkische Freiheitsdichter Namık Kemal jedoch ist und bleibt im Dissidentendasein der Militärschüler gegen den Despotismus Abdülhamits II. das wichtigste Vorbild. Die Lesungen finden nur nachts und unter großer Geheimhaltung statt, weil die Schüler sogar mit einem Verweis von der Schule rechnen müssen, falls sie erwischt werden. Vielen dieser Militärschüler, die sich die türkischen und europäischen Revolutionäre zum Vorbild nehmen, wird Mustafa Kemal Jahre später wegen ihrer politischen Aktivitäten wieder begegnen. Dazu gehört auch Kazım (Özalp), der es in der türkischen Armee bis zum General bringt. Kazım erinnert sich an die gemeinsame Schulzeit:

»Mustafa Kemal wurde nicht nur von seinen Klassenkameraden gemocht, sondern auch von meinen. Wir arbeiteten zwar nicht zusammen, weil wir in unterschiedlichen Klassen waren, aber an den freien Tagen gingen wir gemeinsam aus. In der Regel hielten wir uns in den Kaffeehäusern in Kavaklaraltı und Hanlarönü auf. Wie alle anderen Jugendlichen unterhielten wir uns oder spielten auch manchmal um Süßigkeiten Backgammon. Man konnte sehen, dass Mustafa Kemal ungern verlor. Spiele, bei denen man rennen oder springen musste, mochte er nicht sonderlich. Anstatt zu laufen, schlenderte er lieber und betrachtete in aller Ruhe die Umgebung.«[21]

Zwei Klassen über ihm gibt es einen Schüler namens Enver, der später Mustafa Kemals größter Widersacher, ja sogar Feind werden wird. Enver ist zwar einige Monate jünger, ihm jedoch in der Schule voraus, weil Mustafa Kemal zwei Jahre in Privatschulen verbracht hat. Daher wird Enver, solange beide in der türkischen Armee sind, ihm – was den militärischen Rang anbetrifft – überlegen sein. Im Gegensatz zu Mustafa Kemal ist Enver sehr impulsiv und fällt schnellere, radikalere Entscheidungen. Er ist ein intelligenter und erfolgreicher Schüler, der stets eine große Anhängerschaft um sich versammelt.

Überall im Lande bildet sich eine Opposition gegen Sultan Abdülhamits II. rückschrittliche Politik. Seine Versuche, mit einer traditionalistischen Monarchie und einer von den Europäern reformierten Armee das Reich zu regieren, sind nicht vom Erfolg gekrönt. Trotz der Härte, mit der er gegen Regimekritiker vorgeht, nimmt die Zahl seiner Gegner von Tag zu Tag zu. Allerdings haben die Oppositionellen, die sich die *neuen Osmanen* nennen, weder eine einheitliche Organisation noch ein klar definiertes politisches Ziel. Sie zeichnen sich durch ihre Sympathie für den Westen und ihre Treue zur osmanischen Verfassung von Mithat Pascha aus, die von Abdülhamit abgeschafft wurde. Es ist eine bunt zusammengewürfelte Front: islamistische Modernisten, türkische Nationalisten und Sozialisten. Nicht selten vertritt ein und derselbe Mann alle Ideologien gleichzeitig.[22]

Abdülhamits Furcht vor einem Volksaufstand im Inneren und vor den Kanonen feindlicher Schiffe von außen ist so groß, dass er sich eine mit dreifachem Mauergürtel umgebene neue Residenz im Landesinneren bauen lässt, die »Yıldız Kiosk«. Seine Palastwache umfasst 15 000 Mann. Der osmanischen Flotte verbietet er das Auslaufen aus dem Goldenen Horn und dem Militär jedes Manöver und jede Feldübung ohne sein Wissen, da sich dahinter Umsturzabsichten verbergen könnten. Überall im Reich spionieren seine Geheimagenten die Oppositionellen aus. Viele von ihnen kommen ins Gefängnis oder werden ins Exil nach Malta oder Ägypten geschickt. Die Ängste des Sultans sind durchaus begründet. Denn paradoxerweise wächst in den von Abdülhamit II. gegründeten Militärschulen eine gewaltige Dissidentenbewegung heran. Die jungen Offiziere geben dem Sultan die Hauptschuld am Zerfall des Reiches. Aus ihrer Sicht ist nur er für den Staatsbankrott und die Gebietsverluste verantwortlich. Den ersten Putschversuch gegen den Sultan unternimmt 1896 eine Organisation der medizinischen Militärakademie in Istanbul. Die Medizinstudenten scheitern.

Gegen Ende des 19. Jahrhunderts ist Istanbul ein Sammelbecken für Osmanen, die nach den Gebietsverlusten des Reiches in die Hauptstadt flüchten. In der Metropole leben neben der muslimischen Bevölkerung seit Jahrhunderten anatolische Christen wie Griechen und Armenier, aber auch italienische Geschäftsleute, die Levantiner. Die unterschiedlichen Ethnien scheinen die Stadtteile untereinander aufgeteilt zu haben. Während die Altstadt von Muslimen bewohnt wird, gehört der Stadtteil Pera (griechisch »die andere Seite«) und seine Umgebung der christlichen Minderheit. Außerdem sind die Griechen seit Jahrhunderten auf den Prinzeninseln vor Istanbul und in vielen Dörfern und Vororten der Hauptstadt zu Hause.

Als Mustafa Kemal 1898 als Zweitbester die Militärschule in Monastir absolviert und sich für die höhere Ausbildung an der Kriegsschule in Istanbul einschreibt, ist das revolutionäre Gedankengut auch hier weit verbreitet. Ermutigt werden die Offiziersanwärter besonders durch ein Ereignis im letzten Jahr des Jahrhunderts: Drei Familienmitglieder des Sultans – sein Schwager Damat Mahmut Celalettin Pascha und dessen beide Söhne – fliehen nach Paris und schließen sich hier den Oppositionellen an.[23] Zu Beginn seiner Istanbuler Studienzeit hält sich Mustafa Kemal noch aus den politischen Aktivitäten der Offiziersschüler heraus, er liest jedoch weiterhin politische Bücher:

»In den Jahren der Kriegsschule begann überall eine politische Meinungsbildung. Die Gesamtlage konnten wir nicht genau überblicken. Es war die Epoche des Sultans Abdülhamit. Wir lasen die Bücher von Namık Kemal Bey. Die Kontrollen waren streng. Wir konnten die Bücher nur heimlich im Schlafsaal lesen. Man ahnte, dass hier irgendetwas nicht stimmte, wenn Schüler verfolgt wurden, weil sie patriotische Bücher lasen.«[24]

In der Istanbuler Kriegsschule müssen die Schüler ihren religiösen Pflichten wie Beten und Fasten nachkommen, und Alkohol ist streng verboten. Die christlichen Stadtteile, in denen das Nachtleben und die Prostitution blühen, werden von strenggläubigen Muslimen als Hort des Bösen angesehen. Denn nur hier treten Frauen als Sängerinnen oder Tänzerinnen auf, und nur in den christlichen Stadtteilen wird Alkohol ausgeschenkt. Entgegen allen Verboten entwickelt sich Mustafa Kemal in der Metropole zu einem jungen Lebemann, der Bekanntschaft mit Rakı und käuflicher Liebe macht. Das sogenannte »verruchte Leben« der christlichen Stadtteile – ein nächtliches Treiben voller Musik und Unterhaltung – übt auf den jungen Offiziersanwärter einen unwiderstehlichen Reiz aus. Doch es ist nicht nur das abwechslungsreiche Nachtleben, das ihn in solche Stadtteile zieht, sondern auch seine Schlaflosigkeit und seine Depressionen.

»Leider musste ich trinken. Denn mein Kopf arbeitete so sehr, dass ich ihn von Zeit zu Zeit betäuben und beruhigen musste. In der Kriegsschule und in der Generalstabsakademie mussten mich oft meine Kameraden wecken. (...) Denn abends blieben meine Gedanken an einem bestimmten Thema hängen, und ich

dachte darüber so sehr nach, dass ich nicht mehr schlafen konnte. (...) Auch jetzt ist es so. (...) Wenn ich nicht trinke, kann ich nicht schlafen und werde von diesen Qualen erdrückt.«[25]

Bald wird er Stammkunde in einigen Kneipen. Als Staatsmann wird er später einer dieser Kneipen einen unerwarteten Besuch abstatten und sich bei dem Besitzer, bei dem er anschreiben lassen durfte, bedanken. Seine Neigung zum Rakı führt bald zur Abhängigkeit und wird letztendlich auch der Grund für seinen frühen Tod sein. Mustafa Kemal, der in der Vergangenheit stets ein disziplinierter Schüler war, vernachlässigt im ersten Jahr in Istanbul sein Studium immer mehr. Die meiste Zeit verbringt er in Bordellen und Kneipen. Einer Klassenwiederholung entgeht er nur knapp.

Im zweiten Jahr ändert sich das: Er widmet sich vermehrt seinem Studium und den politischen Aktivitäten an der Kriegsschule. Seine politischen Ansichten teilt er mit seinem Mitschüler Ali Fuat (Cebesoy). Dieser ist, was die Allgemeinbildung und politischen Kenntnisse anbelangt, Mustafa Kemal überlegen. Die gemeinsamen nächtlichen Lesestunden und Diskussionen erweitern Mustafa Kemals Horizont, und Ali Fuat, der Sohn eines Generals, findet in Mustafa Kemal einen wahren Freund, den er viele Jahre begleiten wird. Er holt Mustafa Kemal Schritt für Schritt aus seinem Leben mit Alkohol und käuflicher Liebe zurück.

Ali Fuat möchte wie sein Großvater und Vater ein Pascha, ein großer General, werden. Deshalb muss er an der Kriegsschule zu den Besten gehören, weil sich nur diese an der Generalstabsakademie einschreiben können. Mustafa Kemal beginnt wieder patriotische Bücher zu lesen und sich für deren Verbreitung in der Schule einzusetzen.

»Wie kann ich vergessen, dass wir Namık Kemals Werke trotz des Verbots der Schulleitung heimlich lasen. In einer Nacht kam Mustafa Kemal mit Namık Kemals Werk ›Vatan Kasidesi‹ (Lobeshymne fürs Vaterland) zu mir und sagte: ›Bruder Fuat, lass uns dieses Buch auswendig lernen!‹«[26]

Die Kriegsschüler setzen sich verstärkt mit dem Gedanken auseinander, Abdülhamit durch einen Militärputsch zu entmachten. Ali Fuat schreibt später:

»Der Sultan verlor in unseren Augen sein Ansehen, weil wir jeden Tag viele Male ›Es lebe der Sultan!‹ schreien mussten. Wir erfuhren, dass viele der Medizinstudenten der Militärakademie in die Verbannung geschickt wurden und man ihre Existenz zerstörte. Auch uns könnte das passieren. (...) Im Lande gab es keine Freiheit. Wir, die jungen Kriegsschüler, hatten aber die Menschenrechtserklärung der Französischen Revolution heimlich gelesen und verinnerlicht.«[27]

Mustafa Kemals Lehrer bemerken manches von diesen oppositionellen Aktivitäten ihrer Schüler, aber sie denunzieren sie nicht. Denn Oberst Esat, der

Direktor der Kriegsschule, ist ein ehemaliger Schüler und Mitarbeiter des deutschen Armeereformers in türkischen Diensten, Baron von der Goltz. Auch er steht dem Sultan kritisch gegenüber. Später wird er bei der Schlacht an den Dardanellen seinen Schüler Mustafa Kemal befehligen und ihn als Kommandant einem deutschen Offizier vorziehen.

Doch Mustafa Kemals Tendenz, ein ewiger Außenseiter zu sein und sich dem geselligen Miteinander zu entziehen, ist stärker als alle sozialen Aktivitäten. Als er 1902 die Militärschule abschließt, schreibt die Schulleitung in sein Abgangszeugnis: »*Sehr pflichteifrig, aber es ist unmöglich mit ihm engere Beziehungen aufzunehmen.*«[28] Mustafa Kemals Selbstbewusstsein tut dies aber keinen Abbruch. Er glaubt immer fester daran, eines Tages eine wichtige Persönlichkeit zu werden und die Geschicke seines Landes mitzubestimmen. Stolz schickt er nach Beendigung der Kriegsschule ein Foto an seine Mutter, auf dem er in seiner ersten Offiziersuniform zu sehen ist.

Mustafa Kemal hat nun die Qualifikation, sich an der sogenannten Generalstabsakademie, der höheren Militärakademie, einzuschreiben, die sich in Istanbul befindet. Außer Mustafa Kemal und Ali Fuat werden der ein Jahr ältere Ali Fethi, Kazım Karabekir, Ismet (Inönü), Cafer Tayyar (Eğilmez), Refet (Bele) und Nuri (Conker) dieselbe Schule besuchen. Diese jungen Offiziersanwärter werden nach der Niederlage der Türkei im Ersten Weltkrieg das Schicksal des Landes in ihre Hände nehmen und unter der Führung von Mustafa Kemal gegen die englischen, französischen, italienischen und griechischen Besatzer des Landes kämpfen. An der Generalstabsakademie engagiert sich Mustafa Kemal zunehmend politisch. Er diskutiert mit seinen Studienkollegen über die Möglichkeit eines Umsturzes. Als eines Tages Oberst Nuri der Schulklasse eine Aufgabe über den Guerillakrieg stellt, entdeckt Mustafa Kemal sein Interesse für diese Art von Kriegsführung. Er scheint darin eine Möglichkeit für den Kampf gegen den Sultan zu sehen. In einer Organisation, die sich »Vatan« (Vaterland) nennt, übernimmt Mustafa Kemal Aufgaben bei der Herausgabe ihrer gleichnamigen Zeitschrift. Seine freien Stunden verbringt der Kadett nun damit, patriotische Artikel zu schreiben:

> »*Wacht auf! Worauf wartet ihr noch? Seht ihr nicht, dass die Türkei in Ketten liegt? Eure Türkei muss von den ausländischen Vampiren und den skrupellosen Beamten befreit werden, die sie ausplündern!*«

Über die Existenz des revolutionären Klubs und der Zeitschrift »Vatan« ist die Schulleitung der Generalstabsakademie sehr wohl informiert. Aber auch hier werden diese politischen Aktivitäten geduldet. Mustafa Kemal erinnert sich:

> »*Eines Tages beschäftigten wir uns mit einem Artikel der Zeitschrift. Dafür hatten wir uns in eine Klasse der Veterinärschule eingeschlossen. Hinter der Tür*

hielten einige Schüler Wache. Man hatte Rıza Pascha (den Schuldirektor) benachrichtigt. Der veranlasste eine Razzia. Die Schriften lagen auf dem vorderen Teil des Tisches. Er tat so, als ob er nichts gesehen hätte. Er ließ uns nur wegen der Vernachlässigung der Anwesenheitspflicht festnehmen. Später hielt er das Vergehen für nicht strafwürdig. Bis zum Abschluss der Generalstabsakademie arbeiteten wir weiter an unseren Ideen.«[29]

Während seines Studiums nimmt Mustafa Kemal aber auch seine Besuche in den Kneipen wieder auf. Er kann auf das Trinken einfach nicht verzichten. Immer häufiger besucht er jetzt die Bars in den Stadtteilen Sirkeci und Babıali, die von osmanischen Christen, Armeniern oder Griechen, betrieben werden.

1905 verlässt Mustafa Kemal die Generalstabsakademie als Fünftbester von 43 Schülern. Nach Beendigung seines Studiums hat er mit vierundzwanzig Jahren den Rang eines Hauptmanns. Als junger Offizier bezieht er im Istanbuler Stadtviertel Beyazıt seine erste eigene Wohnung und mietet gemeinsam mit ehemaligen Studienkameraden auch noch eine zweite Wohnung, um dort die Geheimzeitung »Vatan« redigieren zu können, die weiterhin erscheint. Eines Tages stößt ein junger Mann zu ihnen. Mustafa Kemal schildert diese Begegnung folgendermaßen:

»Dieser Herr, der sich Fethi Bey nannte, war aus der Armee entlassen worden. Er teilte uns mit, dass er über kein Geld verfüge und nicht wisse, wo er am nächsten Tag schlafen könne. Wir entschieden, dass er bei uns schlafen könne.«[30]

Bald stellt sich heraus, dass es sich bei dem Mann um einen Spitzel der Regierung handelt. Mustafa Kemal, sein Freund Ali Fuat und die anderen Organisationsmitglieder werden verhaftet. Sie sitzen wochenlang im Roten Gefängnis in Istanbul, einem berüchtigten Folterkeller der Geheimpolizei Abdülhamits. Mustafa Kemal muss zwei Wochen länger in Haft bleiben als die anderen Organisationsmitglieder. Nach ihrer Entlassung aus dem Gefängnis versetzt man Mustafa Kemal, Ali Fuat und einen anderen Gesinnungsgenossen namens Müfit zur Strafe nach Syrien und nicht wie vorgesehen nach Mazedonien, wo das Herz der nationalistischen Bewegung schlägt. Im Entlassungsschein steht, dass sie

»an einen Ort geschickt werden sollen, von dem sie nicht so schnell in ihre Heimat zurückkehren können.«[31]

Dass sie nicht aus der Armee entlassen werden, verdanken die jungen Männer dem Vater Ali Fuats, Ismail Fazıl Pascha, und dem Heereskommandanten Rıza Pascha, der sich beim Sultan für die jungen Offiziere einsetzt. Auch die Absicht des Istanbuler Kriegsministeriums, sie an einen Armeeposten in der libyschen Wüste zu schicken, können die beiden Generäle verhindern. Syrien ist ein für alle Seiten akzeptabler Kompromiss.

Als Hauptmann in Damaskus

Als Mustafa Kemal und seine beiden Freunde 1905 in Damaskus ankommen, empfängt sie der Armeekommandant Hakkı Pascha, ein Freund von Ali Fuats Vater. Die jungen Offiziere haben an ihrem Dienstort kaum etwas zu tun. Die meiste Zeit verbringen sie damit, bis in die Nacht politische Diskussionen zu führen. Doch dann wird Ali Fuat mit einer neuen Aufgabe in die interessantere Metropole Beirut abkommandiert. In der darauf folgenden Zeit werden Mustafa Kemal und sein Studienkamerad Müfit von ihren Vorgesetzten misstrauisch und unfreundlich behandelt – wie es bei Strafversetzten üblich ist.

Die Aufgabe der 5. Armee in Damaskus besteht darin, Gesetzlosigkeit und Aufstände in der Region zu unterdrücken. Doch weder Mustafa Kemal noch sein Freund Müfit, denen die Untätigkeit langsam zur Qual wird, werden mit militärischen Aufgaben betraut. Sie werden sogar gezielt von den anderen Soldaten ferngehalten. Die meiste Zeit verbringen die beiden nun in ihrer gemeinsamen Wohnung. Ein Abteilungskommandant beobachtet die Diskriminierung der jungen Strafversetzten und bestellt sie zu sich. Er erklärt ihnen, dass sie in dieser Armee nie eine Aufgabe als Kommandeure erhalten werden und schlägt ihnen vor, in seiner eigenen Einheit bei einem Feldzug gegen die abtrünnigen Drusen im heutigen Libanon mitzukämpfen. Während dieses Unternehmens erfahren sie den wahren Grund für die Zurückhaltung der anderen Offiziere ihnen gegenüber. Die gesamte osmanische Armee wird von Korruption beherrscht. Aktionen gegen die Einheimischen dienen den Soldaten und besonders den Offizieren nur dazu, Beute zu machen und so ihren Sold aufzubessern. Als die Einheit den beiden Strafversetzten Mustafa Kemal und Müfit bei der Aufteilung der Beute ihre Anteile zukommen lassen möchte, lehnen beide dies energisch ab. Für sie ist der aufrichtige Einsatz für das Vaterland wichtiger als die finanziellen Vorteile durch die Ausplünderung der Einheimischen.

Dieses Erlebnis ist für Mustafa Kemal prägend und bestärkt ihn in seiner Anschauung, das gesamte korrupte System des Sultanats abzuschaffen, und durch ein neues ersetzen zu wollen.

In Damaskus lernt er einen jungen Buchhändler kennen, durch den er neue Anstöße für seine politische Arbeit bekommt. Bei dem belesenen Zivilisten handelt es sich um einen ehemaligen aufständischen Medizinstudenten namens Mustafa (Cantekin). Er wurde wegen seiner sultanfeindlichen Aktivitäten aus der Militärakademie für Medizin entlassen und anschließend nach Damaskus ins Exil geschickt – genau wie die beiden jungen Offiziere. Er ist ein Revolutionär und hat in der Stadt sogar eine politische Organisation gegründet, deren Leitung Mustafa Kemal 1906 übernimmt. Mustafa (Cantekin) findet in Mustafa Kemal und Müfit zwei Freunde, die seine politische Arbeit unterstützen und weiter vorantreiben. Mustafa Kemal tauft die Organisation in *Vaterland und Freiheit* um. Seine neue politische Mission unterscheidet sich von den bisherigen Aktivitäten in einem wichtigen Punkt: Zum ersten Mal ist er unumstritten Anführer einer Organisation. Er, Müfit und Mustafa beginnen, die politische Bewegung auszuweiten. Mustafa Kemal übernimmt dabei die Hauptaufgabe:

»Mit der Ausrede, ein militärisches Praktikum zu machen, reiste ich nach Beirut, Yafa und Kairo. An diesen Orten wurden Nebenstellen der Organisation gegründet. In Yafa verbrachte ich etwas mehr Zeit, so dass die Organisation hier stärker wurde. Aber es sah nicht so aus, als ob wir in Syrien den erwünschten Erfolg erzielen konnten. Ich vertrat die Meinung, dass man in Mazedonien erfolgreicher agieren würde. Ich suchte nach Möglichkeiten, um dorthin zu reisen.«[32]

Doch für Mustafa Kemal steht bald fest, dass er mit seiner Organisation – fernab vom Zentrum der Erneuerungsbewegung am Rande des zerbröckelnden Reiches – kaum Chancen auf eine Führungsrolle in den politischen Entwicklungen des Landes hat. Das Herz der Bewegung schlägt in Saloniki und Monastir, wo sich die 2. und 3. Armee aufhalten und die Generation der fortschrittlichen jungen Offiziere zunehmend an Einfluss gewinnt. Diese beiden Armeen werden wenige Jahre später das Schicksal des Osmanischen Reiches besiegeln.

Heimlich reist Mustafa Kemal nach Saloniki, um hier einen sultankritischen General zu treffen und neue Eindrücke zu gewinnen. Der Pascha möchte allerdings mit Mustafa Kemals Bestrebungen nichts zu tun haben und verweigert die erwartete Hilfe.

Bei einem befreundeten Arzt, der mit den Nationalisten sympathisiert, erwirkt Mustafa Kemal eine Krankschreibung für vier Monate. Sollten ihn seine Vorgesetzten wegen Fernbleibens von seinem Regiment in Damaskus zur Rechenschaft ziehen, könnte er seinen Aufenthalt in Saloniki mit der Notwendigkeit einer medizinischen Behandlung begründen. Gleich in den ersten Tagen arbeitet er an der Gründung einer Nebenstelle seiner Organisation *Vaterland und Freiheit*, die sich an die Spitze der Umsturzbewegung setzen soll. Mit ehemaligen Kameraden aus der Schulzeit in Monastir und einigen anderen Freunden kann er hier tatsächlich eine unbedeutende Nebenstelle gründen. Er arbeitet mit ihnen im Haus seiner Mutter nächtelang das Programm der Organisation aus. Zübeyde beobachtet die Geheimaktivitäten ihres Sohnes mit großer Sorge, aber befürwortet sie:

»Wir kämpften damals selbstlos für die revolutionäre Sache. Lange Zeit, bevor die Jungtürken die Macht ergriffen hatten, hielten wir in unserem Haus eine geheime Sitzung ab. Die Spendengelder für die Sache hatten wir auf dem Tisch angehäuft. Die Hausangestellte, die das beobachtet hatte, erzählte meiner Mutter, dass man mit viel Geld irgendwelche Pläne schmiede. Nachdem meine Freunde das Haus verlassen hatten, kam meine Mutter auf mich zu und sagte:

›Mein Sohn, eins will ich wissen. Verübt ihr, du und deine Freunde, gegen den Sultan, der stark ist wie sieben Weise, einen Aufstand?‹

›Ja Mutter‹, sagte ich ihr. ›Der Mann, von dem du annimmst, dass er stark ist wie sieben Weise, hat gar keine Kraft. Wir, die sich heute hier versammelt haben, wollen das Land von diesem Tyrannen befreien.‹

Darauf sagte sie nachsichtig:

›Mein Sohn, ihr seid noch Anfänger. Wenn ihr schon so etwas vorhabt, dann macht es in Absprache mit mir und lasst die geheimen Dinge bei mir. Ihr müsst sehr vorsichtig sein, denn ein Erfolg ist unwahrscheinlicher als das eigene Verderben.‹

Ich sagte ihr:

›Mutter, ich muss als ein ehrlicher Bürger in diesem Kampf meinen Platz einnehmen. Willst du mich davon abhalten?‹

›Nein‹, sagte sie. ›Ich wäre traurig, wenn ich dich nach dem Erfolg dieser Sache nicht unter den ehrlichen Menschen sehen könnte. Ich bin nicht so belesen wie du und will dich nicht von deinen Überzeugungen abhalten. Aber sei vorsichtig, das wichtigste ist der Sieg.‹«[33]

Aus Istanbul erhält Mustafa Kemal von Freunden die Nachricht, dass die Regierung eine Untersuchung über seine unerlaubte Entfernung von der Armee eingeleitet hat. Er fürchtet die Entlassung aus der Armee und reist eiligst nach Damaskus ab. Doch durch die Fürsprache seiner Freunde und die Krankschreibung lassen sich seine Vorgesetzten in Istanbul überzeugen, er sei ein dem Sultan loyaler Offizier.

Nach einiger Zeit schließlich erreicht Mustafa Kemal sein Ziel auf dem normalen Dienstweg. Er wird im Oktober 1907 zum Generalstab der 3. Armee nach Saloniki versetzt. Auch wenn er später behaupten wird, über Beziehungen nach Mazedonien gekommen zu sein, scheint es sich dabei doch um eine reguläre Versetzung gehandelt zu haben. Nun hat Mustafa Kemal seine Chance, die Revolution voranzutreiben. Wenn es nach ihm geht, wird das Vaterland seinen Retter bekommen.

Die Jungtürken

In Saloniki muss Mustafa Kemal jedoch feststellen, dass sich in seiner Abwesenheit einiges zu seinen Ungunsten geändert hat. Eine Bewegung namens *Einheit und Fortschritt* hat in der Zwischenzeit den europäischen Teil des Osmanischen Reiches unter ihre Kontrolle gebracht. Die Angehörigen dieser Organisation nennen sich »Jungtürken«, eine Bezeichnung, die von den türkischen Dissidenten im Pariser Exil stammt, den »Jeunes-Turcs«.

Die von Mustafa Kemal gegründete salonikische Filiale von *Vaterland und Freiheit,* hat sich ihnen angeschlossen. Allerdings spielen sie bei den Jungtürken keine große Rolle. Die Jungtürken haben in den vergangenen Monaten nicht nur die 3. Armee, die auf dem Balkan stationiert ist, unter ihre Kontrolle gebracht, sondern auch viele öffentliche Institutionen und Schulen.

Als Mustafa Kemal in Saloniki eintrifft, merkt er schnell, dass er gegen die Jungtürken nicht ankommt. Die Regimegegner sammeln sich in Saloniki nicht um ihn und um seine nur noch dem Namen nach existierende Organisation *Vaterland und Freiheit*, sondern um Talat Bey, den Chefsekretär des dortigen Post- und Telegrafenamtes, und dessen Bewegung *Einheit und Fortschritt.* Schließlich löst Mustafa Kemal seine Organisation mit der Begründung auf, dass zwei Vereinigungen mit gleichen Zielen überflüssig seien.

In dieser Zeit erleben seine Freunde ihn als mürrischen Kritiker der Jungtürken, den die Enttäuschung darüber, keine Führungsrolle mehr zu haben, im Alkohol Trost suchen lässt. Man nimmt an, dass Mustafa Kemal in dieser Zeit in Saloniki den Freimaurern beitritt.[34]

Doch der hartnäckige junge Offizier will das Feld nicht so schnell räumen. Deswegen tritt er Ende 1907 selbst der Organisation *Einheit und Fortschritt* bei. Die Jungtürken-Bewegung ist der einzige Ort, an dem seine politischen Visionen ein Zuhause finden. Selbst Jahrzehnte später, als die Jungtürken das Land nach der Niederlage im Ersten Weltkrieg ins Verderben stürzen und deswegen überall im Lande verfolgt werden, wird Mustafa Kemal zu seiner Mitgliedschaft bei den Jungtürken stehen:

> *»Ich bin (jetzt) zwar kein Mitglied der Partei der Jungtürken ›Einigkeit und Fortschritt‹ (mehr). Aber diese Partei war stets eine vaterländische Gemeinde. Seit ihrer Gründung war ich lange Jahre ein Mitglied dieser Gemeinschaft. (...) Gewiss hatte sie viele Fehler, aber ihre Vaterlandsliebe ist unumstritten.«*[35]

Nach seinem Beitritt bringt Mustafa Kemal seine Unzufriedenheit über die Jungtürkenbewegung zur Sprache. Manche seiner Mitkämpfer haben das Gefühl, dass er die Führungsrolle der anderen Jungtürken aus rein persönlichen Gründen nicht akzeptiert. Mustafa Kemal scheint zu glauben, dass nur er dazu imstande sei, die revolutionäre Bewegung anzuführen. Sein Freund Ali Fuat (Cebesoy) notiert später in einem Brief:

»Wir waren damals der Organisation (Einheit und Fortschritt) beigetreten und hatten dort die Aufgabe, den Kontakt zwischen den ländlichen Filialen und der Zentrale aufrechtzuerhalten. Diese Arbeit wurde in der Regel nur unwichtigen Mitgliedern übertragen. Der Grund für diese schlechte Behandlung war, dass wir Kritik an der Organisation geübt und diese in geheimen Sitzungen vorgebracht hatten.«[36]

In Saloniki führt Mustafa Kemal mit seinen Freunden immer wieder lange Diskussionen über eine mögliche Revolution und über die anschließende politische Konstellation im Lande. Nicht nur in dieser Zeit fällt er seiner Umgebung durch Selbstüberschätzung auf. Er ist sich völlig sicher, in der Zukunft seines Landes eine bedeutende Rolle zu spielen und dessen Geschicke mitzubestimmen. Als man eines Tages in einer Kneipe darüber diskutiert, wie eine neue Regierung nach der Entmachtung des Sultans aussehen soll, teilt Mustafa Kemal unter seinen Freunden die Ministerposten auf. Als er gefragt wird, was er selbst denn für eine Aufgabe übernehmen werde, antwortet er: *»Meine Aufgabe wird sein, Aufgaben an euch zu delegieren.«*[37]

In den ersten Jahren der Jungtürken-Bewegung sind die Forderungen der Oppositionellen für den Sultan nicht existenzbedrohend. Sie verlangen lediglich das Wiederinkrafttreten der im Jahre 1876 aufgehobenen Verfassung. Die Antwort Abdülhamits II. ist eindeutig: Er schickt seine Geheimpolizisten nach Mazedonien, die viele der Anführer von *Einheit und Fortschritt* verhaften lassen. Ein Offizier namens Ahmet Niyazi widersetzt sich jedoch seiner Verhaftung. Er tötet einen Spion und flieht mit dem Waffenarsenal der Garnisonsstadt Resne in die Berge. Viele Soldaten schließen sich ihm an. Am 3. Juli 1908 beginnt der bewaffnete Kampf der Jungtürken.

Einer der Begleiter von Ahmet Niyazi ist ein junger Major namens Enver – niemand anderes als Mustafa Kemals alter Schulkamerad aus der Zeit in Monastir. Er hat sich den Aufständischen zwar erst spät angeschlossen, wurde aber in Saloniki in kürzester Zeit zu einer der wichtigsten Gestalten der Organisation. Bald wird er die Bewegung der Jungtürken anführen.

Mustafa Kemal ist als Offizier verantwortlich für die Eisenbahnverbindung Saloniki – Skopje und sorgt für eine enge Zusammenarbeit der Filialen der Organisation in diesen Städten. Er lässt keine Gelegenheit aus, um seinen Führungsanspruch zu bekunden. In einer Kneipe wird über die großen Staatsmänner der Welt gesprochen. Einer der Anwesenden fragt in die Tischrunde:

»Warum kann unser Land nicht solche großen Persönlichkeiten hervorbringen?«

Mustafa Kemal antwortet:

»Warum sollte ein Mustafa Kemal kein großer Mann werden?«[38]

Sultan Abdülhamit antwortet auf die Revolte der Jungtürken mit der Entsendung seines Generals Şemsi Pascha, der jedoch auf dem Weg zu den Aufständischen bei einem Attentat getötet wird. Daraufhin stellt der Sultan in Anatolien – zum Teil mit Kurden, die als sultantreu gelten – eine zweite Armee zusammen, die dem Aufstand ein Ende setzen soll. Doch wenige Tage nach ihrer Ankunft in Mazedonien schließt sich diese Armee den Aufständischen an.

Der junge Offizier Enver befehligt nun die meuternden Soldaten. Ihm gelingt, wovon Mustafa Kemal bis dahin nur träumt. Enver schafft es, die 3. und anschließend die 2. Armee auf seine Seite zu ziehen. In Saloniki schlägt er das Hauptquartier der Revolutionsarmee auf. Er droht Abdülhamit II. sogar an, mit den beiden Armeen in Istanbul einzumarschieren, sollte der Sultan das Parlament, das er vor über dreißig Jahren aufgelöst hat, nicht umgehend wieder einberufen. Der Sultan gibt nach und setzt die Verfassung wieder in Kraft. Er kündigt baldige Parlamentswahlen an. Auf den Istanbuler Straßen bejubeln die Menschen die Wiedereinführung der Verfassung. Christliche Priester und islamische Geistliche umarmen sich, Passanten spucken auf die Leichen der getöteten Spione des Sultans.

Als ein weiterer Anführer der Revolutionsarmee kann sich ein junger Major namens Cemal durchsetzen. Zwei der wichtigsten Offiziere der Revolution, Major Nazım, der den Aufstand gegen den Sultan begonnen hat, und Major Eyüp Sabri ziehen sich nach der Machtübernahme aus er Öffentlichkeit zurück und überlassen die politische Arena den jungen Revolutionären Enver, Talat und Cemal.

Gestützt auf die Macht der siegreichen Armee, dominieren die aufständischen Offiziere in Istanbul das politische Geschehen. Sie ersetzen den alten Kommandanten der 3. Armee Ibrahim Pascha durch den mit den Jungtürken sympathisierenden Mahmut Şevket Pascha. Auch Minister darf der Sultan nur noch mit ihrer Zustimmung ernennen.

Nach der Revolution

Wofür Mustafa Kemal bis dahin gekämpft hatte, ist nun Wirklichkeit geworden. Aber er gehört nicht zu den entscheidenden Anführern. Er verträgt sich weder mit Talat noch mit Enver. Zwar sieht Mustafa Kemal in Enver einen fähigen Soldaten, jedoch keinen guten Reformer. Sobald er getrunken hat, schmälert er die Errungenschaften der Jungtürken und behauptet, dass sie das Land letztendlich ins Verderben stürzen werden. Der Hauptgrund für seine abfälligen Äußerungen ist wohl die deutlich gezeigte Distanz, mit der die Organisation *Einheit und Fortschritt* Mustafa Kemal begegnet. Die Jungtürken sehen in ihm nichts weiter als einen Querulanten und Egomanen. Für Enver ist Mustafa Kemal nur ein undisziplinierter Trunkenbold.

Es sind nicht nur Neid und der Anspruch auf die Führung der Reformbewegung, was Mustafa Kemal von Enver und seinen Freunden trennt, sondern auch inhaltliche Differenzen. Während die Jungtürken mit ihrem Übergewicht in der Armee fast schon für eine Militärregierung plädieren, ist Mustafa Kemal nach der Einführung der Verfassung und der Wiedererrichtung des Parlaments gegen jedes weitere Eingreifen des Militärs in die Politik. Außerdem streben die Jungtürken ein Großtürkisches Reich an, das weiterhin von einem Sultan regiert werden und alle turksprachigen Völker Asiens umfassen soll: Aserbaidschaner, Usbeken, Kirgisen, Turkmenen, Kasachen. Für Mustafa Kemal ist dieser Plan jedoch nichts weiter als ein Wunschtraum. Mustafa Kemal beweist in grundlegenden Fragen einen nüchternen Sachverstand. Er lehnt die großtürkische Idee kategorisch ab.

In einem Gespräch mit dem bulgarischen Turkologen Ivan Monolov formuliert Mustafa Kemal seine eigenen politischen Ziele. Obwohl er in seinem Verhalten oft den traditionellen Türken herauskehrt, ist die westliche Zivilisation für ihn das erstrebenswerte Ziel. Dabei spielt mit Sicherheit seine westliche Ausbildung an den Militärschulen eine wichtige Rolle.

Zwar klingen die Ideen Mustafa Kemals in den Ohren des bulgarischen Turkologen nicht weniger utopisch als die der Jungtürken, doch sind sie klarer und konsequenter:

> *»Das Sultanat muss zerstört werden. Die Struktur des Staates muss auf einer homogenen Grundlage beruhen. Religion und Staat müssen voneinander getrennt werden. Wir müssen uns von der östlichen Zivilisation abwenden und der westlichen zuwenden. Wir müssen die Unterschiede zwischen Mann und Frau aufheben und so eine neue soziale Ordnung gründen. Wir müssen die (arabische) Schrift, die uns hindert, an der westlichen Zivilisation teilzunehmen, abschaffen, wir müssen ein (eigenes) Alphabet, das auf der lateinischen Schrift beruht, entwickeln, und wir müssen uns in jeder Beziehung, bis hin zu unserer Kleidung, auf den Westen hin ausrichten. Glauben Sie mir, eines Tages wird all das Wirklichkeit.*
>
> *Eines Tages werde ich alle diese revolutionären Schritte verwirklichen, und das Volk, dem ich angehöre, wird mir glauben. Das, was ich momentan denke, ist keine Demagogie. Dieses Volk folgt einem, wenn es die Wahrheit sieht. Es weiß, für eine Sache zu sterben.«*[39]

Das Gespräch zeigt Mustafa Kemals Bewunderung für die westliche Zivilisation nur allzu deutlich. Selbst die scheinbar äußerlichen Details wie Kleidung oder Schrift sind für ihn von grundlegender Bedeutung. Nur unter der Führung eines einzigen Mannes sind diese Ziele zu verwirklichen, und das ist, so Mustafa Kemal, er selbst.

Alle diese Vorhaben wird Mustafa Kemal Jahrzehnte später tatsächlich in die Tat umsetzen.

Noch während der Parlamentswahlen im November 1908 erleiden die Jungtürken ihre erste außenpolitische Niederlage. Österreich-Ungarn annektiert Bosnien und Herzegowina, Bulgarien erklärt seine Unabhängigkeit und Kreta schließt sich Griechenland an. Zwar haben diese Landverluste faktisch längst stattgefunden, nun aber sind sie auch offiziell.

Im Dezember 1908 wird das neu gewählte Parlament eröffnet. Es besteht aus 160 türkischen, 60 arabischen, 25 albanischen, 23 griechischen, 12 armenischen, 5 jüdischen, 4 bulgarischen, 3 serbischen und einem rumänischen Abgeordneten.[40] Zum Parlamentspräsidenten wird der geistige Vater der Jungtürkenbewegung, Ahmet Rıza, gewählt, der aus seinem Pariser Exil nach Istanbul zurückkehrt. Allerdings wird er im zukünftigen politischen Geschehen des Landes keine Rolle mehr spielen. Die führenden jungen Offiziere der Organisation *Einheit und Fortschritt* ziehen sich nach der Eröffnung des Parlaments aus dem politischen Geschehen zurück. Enver wird im Januar 1909 als Militärattaché nach Berlin gesandt, andere nach Rom, Paris oder Wien.

Mustafa Kemal wird immer mehr als ein Störfaktor betrachtet. Um ihn vom Ort des politischen Geschehens zu entfernen – das behauptet jedenfalls Mustafa Kemal – schickt *Einheit und Fortschritt* ihn nach Libyen ins ferne Tripolis, damit er dort eine Nebenstelle der Organisation gründet. Ein halbes Jahr später kehrt er jedoch gestärkt nach Saloniki zurück. Durch ihn erfahren die osmanischen Armeemitglieder in Tripolis von der Revolution in Istanbul und beherbergen Mustafa Kemal angemessen als Vertreter der Regierung in der Residenz eines Paschas. Das religiöse Oberhaupt von Tripolis, Scheich Manzur, erkennt die Organisation *Einheit und Fortschritt* als neue Machtinstanz an.

In Istanbul gibt sich Sultan Abdülhamit jedoch den Jungtürken und ihrer Regierung nicht geschlagen. Am 13. April 1909 inszeniert er einen Gegenputsch. Er bedient sich der islamischen Fanatiker und loyaler Soldaten, um die Jungtürken zu entmachten. Die Anführer der Gegenrevolution behaupten, der Islam und die Scharia (die islamische Gesetzgebung) seien in Gefahr. Die religiösen Oberhäupter Istanbuls hetzen die Soldaten der Istanbuler Garnison gegen die sogenannten gottlosen jungtürkischen Offiziere auf. Zahlreiche von ihnen werden ermordet. Anschließend umstellen die Traditionalisten und Strenggläubigen das Parlament, wo sie zwei Abgeordnete lynchen. Die nächste Station der aufgebrachten Menge ist das Hauptquartier der Organisation *Einheit und Fortschritt.* Hier zerstören sie die Druckereien der jungtürkischen Zeitschriften *Tanin* und *Sura-yı Ümmet.* Der mit den Jungtürken sympathisierende Regierungschef, Großwesir Hüseyin Hilmi Pascha, muss zurücktreten, und der Sultan erklärt einen seiner treuen Anhänger, Tevfik Pascha, zu dessen Nachfolger. Die Vertreter der Organisation *Einheit und Fortschritt* fliehen aus Istanbul oder verstecken sich im Untergrund. Scheinheilig akzeptiert Sultan Abdülhamit II. die Forderungen der aufgebrachten Menge nach Entmachtung der Jungtürken und die Einführung der Scharia und nimmt auch die Zügel der Armee wieder in die Hand.

Doch der Gegenschlag lässt nicht lange auf sich warten. Der Kommandant der 3. Armee, Mahmut Şevket Pascha, der *Einheit und Fortschritt* loyal bleibt, zieht auf dem Balkan eine Armee zusammen, um in Istanbul einzumarschieren. Mustafa Kemal befehligt eine Fronteinheit. Doch seine Freude über diese neue Aufgabe ist nicht von langer Dauer. Auch dieses Mal kommt Enver ihm zuvor. Für die Niederschlagung der Gegenrevolution eilt Enver von Berlin nach Mazedonien und führt hier an der Seite von Mahmut Şevket Pascha die Revolutionsarmee an. Neben Freiheitsidolen wie Major Niyazi und seinen Freunden schließen sich auch bulgarische Freischärler der revolutionären Armee an, die sich *Armee der Bewegung* nennt. Nach kurzem Kampf nimmt sie am 24. April 1909 Istanbul ein, setzt Abdülhamit ab und übergibt seinem Bruder Reşat den Sultanstitel. Reşat, der als Mehmet V. den Thron besteigt, steht ganz unter dem Einfluss der Jungtürken. Abdülhamit II. wird nach Saloniki verbannt, wo er bis zum Fall der Stadt im Jahre 1912 in einer Art Hausarrest lebt.

80 Gegenrevolutionäre werden hingerichtet, die aufständischen Soldaten werden zur Zwangsarbeit verurteilt und im Straßenbau eingesetzt. Mahmut Şevket Pascha, der die *Armee der Bewegung* befehligt hat, wird zum Kommandanten der 1., 2. und 3. Armee ernannt. Kurze Zeit später wird er sogar Kriegsminister.

Baron von der Goltz wird von der Jungtürkenregierung beauftragt, die osmanische Armee zu reformieren. Mustafa Kemal beobachtet bei den militärischen Übungen, wie unqualifiziert die Offiziere der älteren Generation sind. In Saloniki äußert sich Mustafa Kemal im Offiziersklub:

»Die höchsten Offiziere der heutigen osmanischen Armee existieren für mich nicht. Als höchsten militärischen Rang akzeptiere ich den Rang eines Majors. Sie werden die großen Soldaten der Zukunft sein.«[41]

Im Sommer 1909 versucht Mustafa Kemal auf dem Kongress der Partei *Einheit und Fortschritt* zum letzten Mal, Einfluss auf die Politik der Jungtürken auszuüben. Offiziell nimmt er als Sprecher der Filiale von *Einheit und Fortschritt* in Tripolis teil. Im Angesicht der totalen Politisierung der Armee macht er der Komiteeleitung einen bedeutsamen Vorschlag:

»Solange wir Offiziere in der Partei bleiben, werden wir weder eine starke Partei noch eine starke Armee bilden können. (...) Außerdem wird eine Partei, deren Stärke auf der Armee beruht, niemals beim Volk Anklang finden. Lasst uns deshalb hier und jetzt beschließen, dass alle Offiziere, die in der Partei bleiben wollen, ihren Abschied aus der Armee nehmen.«[42]

Eine Gruppe von Zivilisten und Offizieren schließt sich Mustafa Kemals Meinung an, darunter auch sein späterer Kampfgefährte Ismet (Inönü). Zwar fasst der Kongress einen entsprechenden Beschluss, die Führungsspitze nimmt er jedoch ausdrücklich davon aus. Mustafa Kemal hat seine letzte Karte ausgespielt. Er hält sein Versprechen und zieht sich aus der Politik zurück. Von nun an distanziert er sich von den Jungtürken, die unter der Führung von Enver, Talat und Cemal das Land inzwischen mit diktatorischen Maßnahmen regieren.

Die erneute Machtergreifung der Jungtürken kann den Zerfall des Osmanischen Reiches trotzdem nicht aufhalten. Nachdem Österreich-Ungarn 1908 Bosnien und die Herzegowina annektiert hatte, erlangten die Bulgaren im selben Jahr ihre Unabhängigkeit. Im März 1910 erheben sich nun auch die Albaner gegen die Istanbuler Regierung und verlangen Autonomie. Mustafa Kemal, der von einer Militärübung in Frankreich zurückgekehrt ist, nimmt an der Niederschlagung des albanischen Aufstandes teil. Die moslemischen Albaner werden nach blutigen Auseinandersetzungen schließlich mit einigen Zugeständnissen des Sultans besänftigt. Im Juni 1911 lässt er im Kosovo ein feierliches Freitagsgebet abhalten, an dem er persönlich teilnimmt. Dennoch ist dieser Aufstand der Beginn noch Jahre anhaltender Unruhen auf dem Balkan.

Zu diesem Zeitpunkt ist Mustafa Kemal in Saloniki beim 38. Pionier-Armeekorps stationiert. Als ihn das Kriegsministerium mit einem Telegramm nach Istanbul beordert, befürchtet er wegen seiner kritischen Haltung gegenüber der Regierungspolitik verhaftet zu werden.[43] Entgegen seiner Annahme wird Mustafa Kemal jedoch lediglich mit einer neuen Aufgabe betraut.

1911 greifen die Italiener das osmanische Tripolis an. Enver, inzwischen Oberstleutnant, hat seinen Dienst als Militärattaché in Berlin quittiert und meldet sich mit einigen anderen Offizieren der Organisation *Einheit und Fortschritt* als Freiwilliger an die Front. Mustafa Kemal, inzwischen Major, möchte ebenfalls ein Stück vom Kuchen des Ruhmes und folgt ihnen etwas später nach Libyen. Vor seiner Abreise schreibt er einen pathetischen Brief an seine Freunde und Kameraden in Saloniki:

»Unser Ziel ist der Aufbau eines zeitlich unbegrenzten Widerstands. Mit Gottes Hilfe werden wir erfolgreich sein. (...) Vielleicht treffen wir uns auf dem Schlachtfeld wieder. Wenn der Allmächtige es so vorgesehen hat, sehen wir uns aber vielleicht erst im Leben nach dem Tode wieder.« [44]

Weil die jungen türkischen Offiziere nicht über den Seeweg in Libyen einreisen können, müssen sie ihren Weg über das englisch-besetzte Ägypten nehmen. Um ihre Absichten zu verheimlichen, reisen sie mit gefälschten Dokumenten unter falschen Berufsangaben. Mustafa Kemal hat einen Pass auf den Namen Şerif und reist als Journalist. Als ein Biograph Mustafa Kemal später fragt, warum er sich in so einer hoffnungslosen Sache wie in Libyen engagiert habe, antwortet Mustafa Kemal:

»Ich musste das tun, um mich gegenüber den gleichrangigen Offizieren finanziell und geistig behaupten zu können. Wenn man es genau nimmt; in Istanbul hatte man mich zur Untätigkeit verurteilt.« [45]

Seinem Bekannten Falih Rıfkı Atay gegenüber wird Mustafa Kemal etwas genauer. Als dieser ihm die gleiche Frage stellt, sagt er, er sei nach Tripolis gegangen,

»weil Enver hingegangen ist!« [46]

Mustafa Kemal ist fest entschlossen, seinen Widersacher Enver, der ihm stets zuvorkommt, zu übertreffen.

In Tripolis bleibt der Versuch der jungen Offiziere mit den libyschen Einwohnern den Widerstand gegen die Italiener zu organisieren, vorerst erfolglos. Im Wüstenkrieg unterliegen sie der italienischen Armee. Die Städte Tripolis und Benghasi werden von den Italienern besetzt. Allerdings kann die 15 000 Mann starke Armee der Italiener, der nur 8 000 arabische Kämpfer unter der Führung von türkischen Offizieren gegenüberstehen, nicht ins Landesinnere vorstoßen. Alle ihre Versuche scheitern am Widerstand der Araber. Mustafa Kemal kann als Kommandant der am Mittelmeer gelegenen Stadt Derne das Vorrücken der Italiener verhindern. Doch er gelangt während des Wüstenkrieges zu der Überzeugung, dass der eigentliche Feind an der Nordküste Afrikas nicht die italienische Armee, sondern die Orientierungslosigkeit des Osmanischen Reiches sei:

»Das osmanische Afrika wurde den Italienern ohne Verteidigung überlassen. Die Italiener konnten ohne große Hindernisse Tripolis, Benghasi, Derne und weitere Städte an der Mittelmeerküste einnehmen. Wenn man gegen die italienischen Truppen ein Jahr lang – bis zum Friedensschluss – Widerstand leisten konnte, so war das nicht das Verdienst einer regulären osmanischen Armee, son-

dern beruhte auf dem Einsatz der Wüstennomaden und einzelner türkischer Kommandanten, die sie angeführt haben.«[47]

Im Wüstenkrieg lernen sich Mustafa Kemal und Enver Pascha gegenseitig hassen. Enver Pascha ist ein Träumer, der glaubt, mit abenteuerlichen Ideen die Italiener ins Meer treiben zu können. Mustafa Kemal kann – anders als Enver – das Machbare und das Utopische voneinander unterscheiden. Er hält sich Enver gegenüber mit zynischen Äußerungen über dessen unrealistische Pläne nicht zurück. Häufig kommt es zwischen den beiden zum Streit. Envers und Mustafa Kemals Wege trennen sich nach diesem einjährigen Wüstenkrieg endgültig, sie werden nie wieder zueinander finden.

Um die Türken im Libyenkrieg zum Nachgeben zu zwingen, besetzen die Italiener zwölf vor der anatolischen Küste liegende Inseln und beschießen die türkischen Festungen vor den Dardanellen. Daraufhin überlässt die Regierung in Istanbul Libyen unerwartet den Italienern. Ein Bote der feindlichen Armee überbringt den türkischen Offizieren auf verlorenem Posten die Nachricht. Derselbe italienische Offizier händigt der türkischen Freiwilligentruppe auch den Befehl zum Rückmarsch nach Istanbul aus.[48] Denn dort sucht das Osmanische Reich inzwischen ein viel größeres Unheil heim.

Die Balkankriege

Während Mustafa Kemal und andere junge Offiziere seit einem Jahr in der libyschen Wüste gegen die Italiener kämpfen, schließen Griechenland, Bulgarien, Montenegro und Serbien ein Kriegsbündnis und beginnen im Oktober 1912 über die letzten Reste des Osmanischen Herrschaftsgebietes in Europa herzufallen. In Abwesenheit Envers und anderer junger Offiziere, die als Garanten der jungtürkischen Revolution gelten, gewinnen die Traditionalisten in der Istanbuler Regierung und in der Armee wieder die Oberhand. Der Kabinettchef Sait Pascha und der Kriegsminister Mahmut Şevket Pascha, die den Jungtürken nahe stehen, müssen zurücktreten. Erneut wird in den Straßen Istanbuls auf die Mitglieder der Organisation *Einheit und Fortschritt* Jagd gemacht. Als das neue Kabinett wegen des drohenden Krieges die Generalmobilmachung anordnet und die Armeeführung neu besetzt, wird dem ehemaligen Kriegsminister, dem »Retter von Istanbul« Mahmut Şevket Pascha, nur das Kommando über eine unbedeutende Armee angeboten. Er fasst dies als eine Beleidigung auf und lehnt ab.

Trotz der Warnung von Experten, wegen des desolaten Zustands der türkischen Armee einen Krieg auf dem Balkan unbedingt zu vermeiden, entscheidet sich der Kriegsminister Nazım Pascha für den Krieg. Den 900 000 Soldaten des Balkanbundes stehen etwa 550 000 türkische Soldaten gegenüber. Am 22. Oktober greift die bulgarische Armee die türkischen Stellungen an vier Punkten an und überrennt sie. Die türkische Armee flieht ungeordnet in Richtung Istanbul. Innerhalb weniger Wochen drängen die Soldaten des Balkanbundes die Türken bis vor die Tore Istanbuls zurück. Monastir wird von den serbischen, Saloniki von den griechischen und Edirne nach sechsmonatigem Widerstand von den bulgarischen Truppen eingenommen. Die griechische Marine besetzt die ägäischen Inseln, die nicht von den Italienern beansprucht werden, und erklärt Kreta offiziell zu ihrem Territorium. Die Türken sind nicht in der Lage, den Griechen etwas entgegenzusetzen. Einzig der Marineminister Rauf Bey leistet dem Feind Widerstand und beschießt mit seinem Kreuzer in der Adria die Stellungen der Serben und Montenegriner, in der Ägäis die der Griechen und im Schwarzen Meer die der Bulgaren. Als Rauf Bey am 7. September 1913 im Hafen von Istanbul an Land geht, wird er von den Türken als Held gefeiert.[49]

Albanien, zu dem die Türken nun keinen Zugang mehr haben, erklärt seine Unabhängigkeit. Die osmanische Armee kann die vorrückenden feindlichen Soldaten auf dem Balkan erst bei Çatalca, vierzig Kilometer westlich von Istanbul zum Stillstand bringen. Wie viele andere Türken müssen auch der ehemalige Sultan Abdülhamit II. und die Mutter Mustafa Kemals Saloniki verlassen. Abdülhamit II. wird auf der asiatischen Seite Istanbuls, im Beylerbeyi-Palast untergebracht, wo er von nun an sein Leben unter Hausarrest verbringt, bis er im Jahre 1918 verstirbt.

Mustafa Kemal erreicht die Nachricht von der völligen Niederlage der osmanischen Armee mit seinem Rückkehrbefehl in Libyen:

> *»Der Balkankrieg fand ohne die Beteiligung der osmanischen Armee statt. Es war eine wilde Auflösung, aber nicht die der osmanischen Armee, sondern des herkömmlichen (korrupten Systems). Es war der Rückzug der unwissenden Kommandanten.«*[50]

Enver Pascha und Mustafa Kemal eilen nach Istanbul, um das gefährdete Vaterland zu verteidigen. In Istanbul trifft Mustafa Kemal in einem Kaffeehaus einen Freund, seinen späteren Adjutanten Salih (Bozok), der Saloniki ebenfalls verlassen musste. Mit Tränen in den Augen sagt er zu ihm:

> *»Wie konntest du Saloniki verlassen? Warum habt ihr die schöne Heimat zurückgelassen und euch hierher geflüchtet?«*[51]

Mustafa Kemal bringt seine Mutter, seine Schwester und seinen Schwager, die ebenfalls aus Saloniki geflüchtet sind, in einem Haus im Stadtteil Beşiktaş unter, in dem er sich ebenfalls gelegentlich aufhält. Sein Stiefvater zieht es vor, in Saloniki zu bleiben, wo er kurze Zeit später verstirbt. In dieser Zeit besucht Mustafa Kemal regelmäßig die Töchter eines Militärarztes italienischer Abstammung namens Luigi Pascha. In Corinne und Edith findet er zwei hochgebildete Gesprächspartnerinnen, wie es sie in der türkischen Gesellschaft nur selten gibt. Corinne ist Witwe. Ihr Mann, Hauptmann Ömer Lütfi, fiel während des Balkankrieges. Mustafa Kemal verbringt mit ihr viel Zeit und genießt die Treffen in ihrer Wohnung, bei denen Corinne für ihre Gäste gelegentlich auch Klavier spielt. Mustafa Kemal und Corinne bleiben lange in intensivem Briefkontakt. In einem der Briefe schreibt er:

> *»Da ich ihrer schönen Unterhaltung nicht beiwohnen kann, die stets alle Anwesenden in ihren Bann zieht, muss ich einen Liebesroman lesen. Mit seinem Helden verbinden mich nur die Liebesgefühle.«*[52]

Der Journalist Cemal Kutay, zu dem Mustafa Kemal eine freundschaftliche Beziehung unterhält, sagt später, dass Corinne die einzige Frau gewesen sei, die dieser je geliebt habe.

Mustafa Kemal wird an die Front von Gelibolu (Gallipoli) im Nordwesten des Landes abkommandiert. Die Halbinsel, die auf dem Landweg von den Bulgaren eingeschlossen ist, wird von den türkischen Truppen erfolgreich verteidigt. Die Balkanländer und das Osmanische Reich versuchen in zähen Verhandlungen, die neuen Grenzen auf dem Balkan festzulegen. Die unterlegenen Türken verlieren die letzten ägäischen Inseln offiziell an Griechenland. Die Regierung in Istanbul muss auch auf die europäischen Gebiete westlich von Edirne, der alten Hauptstadt des Osmanischen Reiches, verzichten. Doch die Bulgaren geben sich mit den Gebietszugeständnissen nicht zufrieden und beanspruchen auch die Stadt Edirne.

In dieser Situation halten die Mitglieder der Organisation *Einheit und Fortschritt* eine Geheimsitzung ab und sprechen sich für einen Putsch unter der Führung Envers aus. Wenige Tage nach dem Treffen der Jungtürken erscheint Enver mit seinen Männern im Kriegsministerium in Istanbul. Ein Begleiter Envers namens Yakup Cemil erschießt den Kriegsminister Nazım Pascha. Enver zwingt den Regierungschef, den Großwesir Kamil Pascha, zum Rücktritt. Anschließend übernimmt er das Kommando über die gesamten osmanischen Armeen. Als Mustafa Kemal sich – angeblich wegen der blutigen Durchführung – gegen diesen Putsch ausspricht, gerät er gegenüber Enver erneut ins Hintertreffen. Er wird vom inneren Zirkel der Jungtürkenbewegung und der revolutionären Regierung ferngehalten und erhält keine wichtigen Aufgaben. Mustafa Kemals schwache Argumente lassen ahnen, dass er vor allem aus Neid auf Enver gegen diese Machtergreifung ist. Denn in der Vergangenheit plädierte er häufig für gewaltsame Handlungen gegen den Staat.

Und im Laufe seines Lebens wird er die Ansicht, dass Revolutionen blutig verlaufen können und sogar müssen, mehrmals, auch schriftlich, vertreten.

Nach dem Putsch wird Mahmut Şevket Pascha zum Großwesir ernannt. Ein anderer Anführer des Putsches, Cemal Bey, übernimmt das Kommando der Istanbuler Garnison. Das neue Kabinett wird gänzlich von der Organisation *Einheit und Fortschritt* gestellt.

Enver möchte so schnell wie möglich gegen die Bulgaren zurückschlagen. Trotz der Einwände mancher Militärs (darunter auch Mustafa Kemal) lässt er die bulgarischen Stellungen vom Marmarameer aus frontal angreifen, um Edirne zurückzuerobern. Wie Mustafa Kemal voraussieht, sind die bulgarischen Kräfte zu stark, um zurückgeworfen zu werden. Stattdessen können sich Enver Pascha, der bei diesem Unternehmen den Tod von 6000 Soldaten verschuldet, und die Überlebenden seines Landungskorps gerade noch in den an der Küste wartenden Kriegsschiffen in Sicherheit bringen. Enver sieht ein, dass der Großwesir Mahmut Şevket Pascha mit den Balkanstaaten einen Friedensvertrag abschließen muss, nachdem das europäische Gebiet der Türkei auf ein kleines Stückchen Hinterland von Istanbul zusammengeschrumpft ist. Am 30. Mai 1913 unterzeichnet er in London das Friedensabkommen. Edirne geht an Bulgarien verloren. Der Frieden, der den Verlust des gesamten osmanischen Balkans bedeutet, schwächt erneut die Stellung der Jungtürken in Istanbul. Elf Tage nach dem Friedensabkommen wird der Großwesir Mahmut Şevket Pascha bei einem Attentat erschossen. Doch die Anführer der Jungtürken Enver, Cemal und Talat geben die Macht nicht aus der Hand und sorgen dafür, dass zwölf Traditionalisten als Drahtzieher des Attentats hingerichtet werden.

In dieser schwierigen Situation kommt den Jungtürken der zweite Balkankrieg wie gerufen. Die Balkanstaaten können sich bei der Aufteilung der osmanischen Gebiete nicht einigen. Serbien und Griechenland verbünden sich, um Landesteile an sich zu reißen, die Bulgarien besetzt hält. Die Bulgaren wiederum greifen die serbischen Truppen in Mazedonien an, verlieren jedoch diese Schlacht. Die Griechen rücken östlich von Saloniki gegen die bulgarischen Truppen vor und erobern Südmazedonien. Daraufhin ziehen die Bulgaren ihre Hauptkräfte von der türkischen Front zurück, um sie gegen die Griechen einzusetzen. Der neue Innenminister Talat erkennt die Gunst der Stunde und übt auf das Kabinett Druck aus, der türkischen Armee den Befehl zu erteilen, die bulgarischen Stellungen anzugreifen. Die Warnungen der Engländer, den Friedensplan einzuhalten, helfen nichts, und die türkischen Truppen erobern Edirne ohne großen Widerstand zurück. Auch Mustafa Kemal ist an der Befreiung der besetzten Gebiete in Thrazien aktiv beteiligt.

Enver Pascha schafft es jedoch, den Eindruck zu erwecken, er habe die Bulgaren mit seinen Soldaten allein zurückgeschlagen. So erlangt er als Befreier der Stadt Edirne einen Ruhm, der Mustafa Kemals Erfolge in diesem Krieg bei weitem in den Schatten stellt. Enver wird endgültig zur beherrschenden Figur der osmanischen Innen- und Außenpolitik.

Am 29. September 1913 unterschreiben die Bulgaren ein Friedensabkommen, nach dem Edirne dem Osmanischen Reich überlassen wird. Der Verlust des Balkans lässt die Jungtürken ihren bis dahin verteidigten »Osmanismus« nun durch eine nationalistische Idee ersetzen: den »Türkismus«. Die türkische Sprache soll von persischen und arabischen Einflüssen gereinigt werden, um sie »literaturfähig« zu machen. Eine neue Zeitschrift namens »Türkenheimat« erscheint, und die Clubs der Vereinigung »Türkenherd« werden zu Treffpunkten der Nationalisten.

Am 27. Oktober reist Mustafa Kemal als Militärattaché mit dem Befehlshaber auf Gelibolu nach Sofia. Oberst Fethi ist inzwischen aus der Armee ausgetreten. Als Botschafter soll er Bulgarien als Bündnispartner der Türkei gewinnen. Enver wird damit zwei seiner ärgsten Widersacher los.

Im Januar 1914 zwingt Innenminister Talat den Kriegsminister Ahmet Izzet Pascha zum Rücktritt und bringt das Kabinett dazu, Enver Pascha zu dessen Nachfolger zu ernennen. Dabei wird Enver zum General befördert. Sofort schickt Enver mehr als 1000 hochrangige Offiziere in den Ruhestand, um so die Armee zu reformieren. Seinen Gesinnungsgenossen Cemal ernennt er zum Oberbefehlshaber der Marine.

Nach Envers Ernennung zum Kriegsminister erreichen die deutsch-türkischen Beziehungen, die im 19. Jahrhundert mit der Reformierung der osmanischen Armee durch deutsche Offiziere begonnen hatten, ihren Höhepunkt. Erneut werden deutsche Militärs ins Land geholt, um die türkische Armee weiter zu modernisieren und auszubilden. Liman von Sanders, der später im Ersten Weltkrieg die türkischen Soldaten als kommandierender General befehligen wird, ist vom desolaten Zustand der osmanischen Armee überrascht. Viele der Soldaten müssen barfuß gehen, weil es an Stiefeln mangelt. Krankheiten und Unterernährung sind an der Tagesordnung.

Im Gegensatz zu Enver hält Mustafa Kemal von der Annäherung an die Deutschen nicht viel:

»Es ist eine Dummheit, den Deutschen die Kontrolle über unsere Armee einzuräumen, denn die Armee ist die Basis unserer nationalen Existenz und im Unglücksfall der einzige Garant für unser Überleben! Sind die Türken etwa nicht selber imstande, ihre Armee zu reorganisieren? Sich auf diese Preußen zu stützen, ist eine Beleidigung für jeden von uns.«[53]

Militärattaché in Sofia

Nach seiner Ankunft in Sofia im November 1913 wohnt Mustafa Kemal zunächst in teuren Hotels, bis ihm schließlich das Geld ausgeht und er zu der deutschen Familie Christianus zieht, auch um bei ihnen Deutsch zu lernen.

Ansonsten verbringt Mustafa Kemal seine Zeit damit, sich dem westlichen Amüsierbetrieb hinzugeben. Er verbessert seine Französischkenntnisse, besucht häufig die Oper und geht auf die Bälle der großen Gesellschaft von Sofia. Als er zu einem Maskenball eingeladen wird, an dem auch der bulgarische König Ferdinand teilnimmt, lässt sich Mustafa Kemal vom Topkapı Museum eine Originaluniform der Janitscharen zuschicken. In einem Brief an seinen Freund Kazım (Özalp) schreibt er, dass die Uniform ihm die Möglichkeit gegeben habe, den Gästen die militärische Stärke der Türken in der Vergangenheit zu demonstrieren.[54] Auf diesem Ball entsteht das berühmte Foto, das Mustafa Kemal in Janitscharen-Uniform zeigt.

In Sofia verliebt sich Mustafa Kemal in die Tochter eines Generals namens Kovačev. Mit Miti, wie die junge Dame genannt wird, verbringt er viel Zeit und will sie sogar heiraten, wie einige Biographen behaupten. Doch der General soll sich gegen die Heirat seiner Tochter mit einem türkischen Offizier ausgesprochen haben. Dabei unterhält Mustafa Kemal weiterhin eine regelmäßige Korrespondenz mit Corinne. Ihr schreibt er, in Sofia viele Frauen kennen gelernt zu haben, aber keine sei so schön wie sie.

Mustafa Kemal wird Zeuge, wie Bulgarien – einst eine der ärmsten Provinzen des Osmanischen Reiches – sich innerhalb kürzester Zeit militärisch und gesellschaftlich modernisiert. Durch groß angelegte Neubauten wird Sofia zu einer attraktiven europäischen Metropole. Der Generalstabschef der bulgarischen Armee, General Fičev, erzählt Mustafa Kemal, dass die deutschen Offiziere, die mit der Modernisierung der türkischen Armee beauftragt waren, die bulgarische Seite während des ersten Balkankrieges über die Truppenbewegungen der türkischen Armee informiert hätten. Mustafa Kemal schickt diese und ähnliche Informationen nach Istanbul. Als die Deutschen in der Informationsabteilung in Istanbul von diesen Berichten erfahren, empören sie sich – wie der türkische General Kazım Karabekir später in seinen Memoiren schreibt – über die Bulgaren, weil diese sich nicht an die Geheimhaltung der militärischen Abmachungen halten.[55]

Nachdem am 28. Juli 1914 der österreichische Kronprinz Ferdinand in Sarajevo einem Attentat serbischer Nationalisten zum Opfer fällt, erklärt Österreich-Ungarn Serbien den Krieg. Als Russland daraufhin die Mobilmachung anordnet, um die Serben zu unterstützen, erklären die Deutschen als Verbündete Österreich-Ungarns Russland den Krieg. Am 3. August erklärt Deutschland auch Frankreich den Krieg und besetzt das bis dahin neutrale Belgien und Luxemburg. Das ist wiederum für Großbritannien der Grund, Deutschland den Krieg zu erklären. Damit ist der Weg zur Bildung zweier Bündnisse frei, die sich im Ersten Weltkrieg gegenüberstehen: auf der einen Seite Deutschland und Österreich-Ungarn – später auch Bulgarien und die Türkei – als »die Mittelmächte« und auf der anderen Seite Großbritannien, Australien, Neuseeland, Frankreich, Russland und später auch Italien als »die Entente«.

Während die Nationen Europas in den beiden Lagern ihren Platz einnehmen, wissen die drei Jungtürken Cemal, Talat und Enver an der Spitze eines zerfallenden Reiches nicht, welche Politik sie verfolgen sollen. Einige Politiker wollen einen separaten Frieden. Der Marineminister Cemal plädiert für ein Bündnis mit England und Frankreich. Doch Enver entscheidet sich quasi im Alleingang für ein Bündnis mit Deutschland und damit für den Eintritt in den Ersten Weltkrieg. Die übrigen Regierungsmitglieder können Enver von seiner Entscheidung nicht abbringen und schicken seinen einflussreichen Freund Necip Bey zu ihm, um ihn zu überzeugen, sich nicht am Krieg zu beteiligen. Dieses Treffen schildert der renommierte Journalist und Schriftsteller Falih Rıfkı Atay, der selbst zum Kreis der Jungtürken gehörte, folgendermaßen:

»Enver hörte Necip Bey bis zum Schluss zu und sagte anschließend:

> *›Necip Bey, auch dich haben sie vergiftet. (...) Hab keinen Zweifel, Gott hat mich zur Errichtung des türkischen Großreichs auserwählt. Geh nach Hause und schlafe ruhig!‹*

Necip Bey sagte nach der Unterredung:

> *›Wenn dieser Mann nicht der Kriegsminister, der designierte Oberbefehlshaber und Adjutant des Sultans wäre, wäre er am besten in einer Irrenanstalt aufgehoben.‹«*[56]

Der Erste Weltkrieg

Am 2. August 1914 schließen Deutschland und das Osmanische Reich ein geheimes Militärbündnis. Einen Tag später ordnen die Türken die Generalmobilmachung an. Die Engländer beschlagnahmen daraufhin zwei Kriegsschiffe, die die Türken bei englischen Werften in Auftrag gegeben hatten. Wenige Tage später laufen die beiden deutschen Kriegsschiffe *Goeben* und *Breslau*, die der britischen Verfolgungsjagd im Mittelmeer entkommen können, durch die Dardanellen in Istanbul ein. Mit großen Feierlichkeiten werden die beiden

Schiffe nach einem Scheinkauf in türkische Dienste gestellt und in *Sultan Yavuz* und *Midilli* umgetauft.

Das Osmanische Reich, das seit der Thronbesteigung Abdülhamit II. im Jahre 1876 zu den Deutschen enge Beziehungen im militärischen Bereich unterhält, ist jetzt durch Envers Einsatz Bündnispartner der Mittelmächte. Auch wirtschaftlich sind die Türken schon seit langem eng mit Deutschland verbunden. Mehr als ein Viertel aller ausländischen Kapitalanlagen im Osmanischen Reich entfallen auf Deutschland, die Osmanen sind bei deutschen Firmen hoch verschuldet. Das Wettrennen um die Belieferung der osmanischen Armee mit Waffen und Munition hat die Firma Krupp schon vor dem Krieg gegen andere Konkurrenten aus Europa gewonnen. Auch der Auftrag für den Ausbau der türkischen Eisenbahnlinien ging an Deutschland. 1902 bekam die von der Deutschen Reichsbank kontrollierte Anatolische Eisenbahngesellschaft den Auftrag, die Hauptlinie von der anatolischen Stadt Konya bis zum Persischen Golf voranzutreiben. So begann eines der größten Projekte des Deutschen Reichs: die »Bagdad-Bahn«.

Nach dem Beitritt der Türken zum Bündnis der Mittelmächte planen die Deutschen, einen Landweg in den fernen Osten, nach Indien, zu bahnen.[57] Kaiser Wilhelm II. träumt davon, das reiche Herzstück des britischen Empires mit militärischen Mitteln an sich zu reißen. Während Enver Pascha im Bündnis mit den Deutschen, die an der französischen Front vorerst große Erfolge erzielen, die Rettung des Reiches sieht, ist Mustafa Kemal, der von Sofia aus die politischen Entwicklungen in Istanbul beobachtet, strikt gegen dieses Bündnis.

> *»Ich bin mir überhaupt nicht sicher, dass die Deutschen diesen Krieg gewinnen. Zwar marschieren sie momentan wie der Blitz auf Paris zu und schmettern die eisernen Festungen der Franzosen nieder. Aber die Russen stehen dafür an den Karpaten und üben auf die Verbündeten der Deutschen, auf Österreich, Druck aus. Die Deutschen werden gezwungen sein, ein Teil ihrer Kräfte den Österreichern zur Hilfe zu schicken.«*[58]

Mustafa Kemals politische Einschätzung des Bündnisses mit Deutschland beruht zwar auch auf seiner alten Abneigung gegen Enver Pascha, doch seine Befürchtungen bewahrheiten sich bald.

Zwei Männer, die sich seit ihrer Schulzeit kennen, stehen sich unversöhnlich gegenüber. Enver Pascha ist ein mutiger Abenteurer, der sich von seiner Euphorie leiten lässt. Seine jetzige Position als Führer der Nation und Lenker des Reiches verdankt Enver Pascha seiner sechs Jahre zurückliegenden Zerschlagung des korrupten Despotismus. Dabei beschnitt er Mustafa Kemals Karriere so geschickt, dass er den Konkurrenten fast ganz aus dem Feld schlagen konnte. Mustafa Kemal hat es unter Enver Pascha nur bis zum Rang eines Oberst gebracht, obwohl er es mit seinen Erfolgen auf dem Schlachtfeld durchaus mit Enver Pascha aufnehmen kann.

Enver Pascha versucht, das heruntergekommene Land, das dringend eine Verschnaufpause und einen gezielten Wiederaufbau benötigt, weiterhin mit der gleichen Heißblütigkeit zu regieren wie zu Beginn seiner Machtübernahme. Schwerwiegende Entscheidungen fällt er nach eigenem Gutdünken und ohne lange zu überlegen, wie bereits beim Kriegsbeitritt an der Seite der Deutschen.

Obwohl sich die türkischen Armeen nach den verheerenden Niederlagen auf dem Balkan in einem desolaten Zustand befinden, üben die deutschen Kommandeure Admiral Souchon und General von Sanders permanenten Druck auf Enver Pascha aus, damit er an der Seite der Deutschen aktiv in den Krieg eingreift. Das Drängen fruchtet. Ohne die Zustimmung des Ministerrates eingeholt zu haben, erteilt Enver Pascha Admiral Souchon, der zum Oberkommandierenden der osmanischen Marine ernannt worden ist, den Geheimbefehl, mit der türkischen Marine in See zu stechen und gegebenenfalls die russischen Kriegsschiffe im Schwarzen Meer anzugreifen.

Ohne von der Abmachung Envers mit den Deutschen etwas zu ahnen, glauben einige Minister in Istanbul, den Krieg noch vermeiden zu können. Als die osmanische Marine im November 1914 unter der Leitung Souchons im Schwarzen Meer ohne ersichtlichen Grund die südrussischen Küstenstädte angreift, treten vier Minister aus Protest von ihren Ämtern zurück. Am 4. und 5. November erklärt die Entente dem Osmanischen Reich den Krieg.

In Mustafa Kemals Augen wäre der Erste Weltkrieg für die Türken durchaus vermeidbar gewesen:

> *»Solange es keine zwingenden Gründe gab, wollte das türkische Volk keinen Krieg. Können wir trotzdem noch sagen, dass es unschuldig ist? Nein, leider ist das türkische Volk schuldig, denn es hat sich die Macht aus der Hand nehmen lassen.«*[59]

Enver Pascha trägt zwar für die Beteiligung des Osmanischen Reiches am Ersten Weltkrieg beinahe die alleinige Verantwortung, später müssen jedoch die gesamte Jungtürken-Bewegung und das türkische Volk für diesen Fehler bezahlen.

Auch nach dem Eintritt der Türkei in den Krieg wird Mustafa Kemal als Militärattaché in Sofia nur mit kleineren Aufgaben wie der Beschaffung von bulgarischem Kriegsmaterial beauftragt. Mustafa Kemal, der in der Zwischenzeit das Kriegsministerium in Istanbul mehrmals vergeblich um einen Fronteinsatz gebeten hat, weiß, wer hinter den Absagen aus Istanbul steckt. Schließlich richtet er einen Brief an Enver Pascha:

»Sagen Sie mir ganz offen. Sind Sie der Meinung, dass ich nicht die Fähigkeit besitze, als ein Offizier des ersten Ranges unter Ihnen zu dienen?« [60]

Enver Pascha beantwortet den Brief nicht. Erst als Enver gegen die Russen im Kaukasus in den Krieg zieht, greift Kriegsminister Hakkı Pascha auf Offiziere zurück, die wie Mustafa Kemal nicht in Envers Gunst stehen.

Am 19. Dezember 1914 greift Enver Pascha in Ostanatolien die russische Front an, um sich – von seinen panturkischen Idealen geleitet – einen Weg zu den Turkvölkern Zentralasiens, nach Persien und sogar bis nach Indien zu bahnen. Zahlreiche Soldaten erfrieren auf dem Vormarsch in den Kaukasus bei dem Versuch, die 3.000 Meter hohen Allahuekber Berge zu überqueren. Dezimiert kommen die Truppen in Sarıkamış an, wo sie die russischen Stellungen angreifen. Zu Beginn der Schlacht können sie der russischen Armee in der Gebirgsregion zusetzen. Doch Mitte Januar wird die türkische Armee, von Schneestürmen und schneidender Kälte geschwächt, innerhalb von 14 Tagen in der Schlacht von Sarıkamış von den russischen Truppen fast gänzlich vernichtet. 80 000 Mann fallen den Kugeln der Russen oder der Kälte zum Opfer. 8000 geraten in Gefangenschaft. Enver übergibt das Kommando seiner 3. Armee, die nur noch aus 12 000 Mann besteht, seinem Freund Hafiz Hakkı Pascha und kehrt nach Istanbul zurück. Kurze Zeit später sterben Hafiz Hakkı Pascha und viele der überlebenden Soldaten an einer Typhusepidemie. Enver kommentiert später den Tod tausender Soldaten mit den Worten:

»Eines Tages wären sie so oder so gestorben!« [61]

Die zweite große Niederlage erleidet die osmanische Armee am Suezkanal, als der Marineminister Cemal Pascha mit seinen 18 000 Soldaten versucht, Ägypten, das seit 1882 von den Engländern besetzt gehalten wird, zurückzuerobern. Die türkischen Soldaten werden beim Überqueren des Suezkanals von englischen Geschützen unter Feuer genommen und erleiden große Verluste. Nur wenigen gelingt es, den Kanal zu überqueren, doch das ändert am Scheitern der Offensive nichts. Später führen einige Freiwilligeneinheiten Sabotageakte an englischen Einrichtungen aus, die sich auf der gegenüberliegenden Kanalseite befinden.[62] Doch der von Cemal Pascha erhoffte Aufstand der Araber gegen die englische Besatzungsarmee bleibt aus. Nach der verlorenen Schlacht, die auf osmanischer Seite 3000 Soldatenleben fordert, kehrt Cemal Pascha in die sichere osmanische Provinz Palästina zurück.

Die Verteidigung der Dardanellen

Anfang 1915 beginnen Briten und Franzosen, Kriegsschiffe im ägäischen Meer vor den Dardanellen zusammen zu ziehen. Man will mit einer groß angelegten Marineaktion die Meerenge passierbar machen, um eine Seeverbindung nach Russland zu schaffen. Die Offensive soll den Bündnispartner der Deutschen treffen und militärisch vernichten. Der Durchbruch ist als reines Flottenunternehmen geplant.

Zur gleichen Zeit erhält Mustafa Kemal in Sofia den Befehl, eine Division der türkischen Landstreitkräfte an den Dardanellen zu übernehmen. Er soll als Befehlshaber der 19. Reservistendivision an der Verteidigung der Meerenge mitwirken – ein Kommando, das so unbedeutend es zunächst erscheint zum Wendepunkt seines Lebens werden soll.

Ende Januar 1915 spricht Mustafa Kemal im Kriegsministerium vor, um über die Details seiner Aufgabe aufgeklärt zu werden. Mustafa Kemal schildert später, wie er Enver im Kriegsministerium antraf:

»Enver sah schwach und blass aus. Zuerst sprach ich:

›Sie sehen müde aus.‹, sagte ich.

›Nein, nicht sehr.‹, sagte er.

›Was ist passiert?‹

›Wir haben gekämpft, das ist alles.‹

›Wie sieht die Lage momentan aus?‹

›Sehr gut!‹, antwortete er.

Ich wollte nicht in der Wunde herumbohren. Ich sprach meine Aufgabe an:

›Vielen Dank, dass Sie mir das Kommando der 19. Einheit übertragen haben. Wo befindet sie sich, welchem Armeekorps und welcher Armee ist sie unterstellt?‹

Enver antwortete:

›Sie werden die genauen Informationen erhalten, wenn Sie sich an den Generalstab wenden.‹« [63]

Keiner weiß jedoch, wo sich die 19. Division aufhält. Auch Liman von Sanders, der bald für die Verteidigung der Dardanellen verantwortlich ist, kann ihm die Frage nicht beantworten. Der deutsche General will bei dieser Gelegenheit von Mustafa Kemal erfahren, wie es mit den Bulgaren stehe und ob sie nicht mit den Türken in den Krieg ziehen wollen. Mustafa Kemal antwortet, dass die Bulgaren nicht an einen deutschen Sieg glauben. Als Liman von Sanders Mustafa Kemal nach seiner persönlichen Einschätzung fragt, antwortet er unerwartet, dass er derselben Meinung sei wie die Bulgaren. Später erzählt er:

»Ich glaubte nicht, dass unsere Verbündeten den Krieg gewinnen würden. Aber als Soldat gehorchte ich dem Befehl und versuchte an der Front so erfolgreich

wie möglich zu sein. Ich will die Deutschen und die deutschen Soldaten nicht kritisieren. Man sollte unsere eigenen Leute kritisieren. Denn sie glaubten, dass die türkische Armee zu schwach und unfähig war, um eigene Interessen zu vertreten. Deshalb luden sie die Deutschen in unsere Heimat ein.«[64]

Schließlich findet Mustafa Kemal heraus, dass die 19. Division erst noch in der Kreisstadt Tekirdağ zusammengezogen wird. Im Februar 1915 bezieht die Division in der Kleinstadt Eceabad (Maydos) auf der Halbinsel Gelibolu (Gallipoli) Position.

Am 19. Februar nehmen die Kriegsschiffe der Alliierten die Küstenbastionen der Türken unter Beschuss. Der oberkommandierende General auf der Halbinsel Gelibolu ist Mustafa Kemals ehemaliger Schuldirektor Esat Pascha. Am 18. März 1915 versucht die alliierte Flotte, mit sechzehn Großkampfschiffen die Dardanellen zu passieren. Ziel ist der Einmarsch in Istanbul und die Unterstützung der russischen Armee im Schwarzmeergebiet. Der britische Kriegsminister Lord Kitchener und sein Marinekommandant Churchill (der spätere britische Premierminister) haben den Angriff vier Monate zuvor gründlich geplant. Sie rechnen mit einer Durchfahrt der alliierten Kriegsschiffe ohne großen Widerstand der Türken. Doch der Versuch misslingt. Entgegen allen Erwartungen müssen sie sich unter dem Feuer der türkischen Küstenbatterien und der Torpedo- und Minenangriffe der deutschen U-Boote zurückziehen. Das französische Kriegsschiff *Bouvet* und die englischen Kreuzer *Irresistible* und *Ocean* werden versenkt, weitere vier Kriegsschiffe der Entente schwer beschädigt. Hunderte britischer und französischer Matrosen verlieren ihr Leben. Doch das ist erst der Anfang. Die türkische Verteidigung verbraucht zwar bei der Abwehr dieses Angriffs ihre gesamten Munitionsbestände, doch das erfährt die alliierte Marine nicht. Die zieht sich vorerst auf die naheliegenden Inseln zurück.

Kriegsminister Enver Pascha ernennt Liman von Sanders in der Gefechtspause zum Kommandanten der Halbinsel Gelibolu. Nach dem Misserfolg der Franzosen und Engländer zur See ist die türkische Verteidigung jetzt überzeugt, dass sie nunmehr eine Offensive auf dem Land planen, um ihre Flotte zu unterstützen. Denn um die Dardanellen zu passieren, müssen die Geschütze der Türken auf alle Fälle ausgeschaltet werden. Liman von Sanders glaubt, dass bei einer möglichen Invasion die Hauptangriffe des Feindes der anatolischen Küste am südlichen Ende der Dardanellen gelten werden.

Mustafa Kemal, der auf der nördlichen Hälfte der Halbinsel Gelibolu eine Reservistendivision befehligt, ist jedoch anderer Meinung:

»Meiner Meinung nach wird der Feind versuchen, an zwei Stellen an Land zu gehen. Bei Seddülbahir und bei Karatepe (auf der Halbinsel).«[65]

Tatsächlich versuchen die Verbündeten Ende April 1915 die Halbinsel Gelibolu, die das europäische Ufer der Dardanellen bildet, zu erobern, um die Kontrolle der Meerenge an sich zu reißen. Die Landung erweist sich als schwierig. Denn das unwegsame Gelände macht ein schnelles Vorrücken unmöglich. Am 25. April greifen die Alliierten mit 81 000 Mann Gelibolu an. Vor den Engländern soll jeweils eine Armeeeinheit von Australiern und Neuseeländern bei der Landzunge Arıburnu an Land gehen. Auch indische Soldaten der Kronkolonie werden an den Dardanellen eingesetzt. Die Engländer wollen in der Suvla-Bucht und an der südlichen Landzunge Helles landen. Mustafa Kemal hat in diesem Frontabschnitt mit seiner 19. Division die Aufgabe, eine mobile Fronteinheit zu bilden. Er beobachtet zwar die Landung der Alliierten bei Arıburnu, kann jedoch die Oberkommandantur davon nicht in Kenntnis setzen, da er über keine Telefonverbindung verfügt. Es dauert ihm zulange, seinen Vorgesetzten die Nachricht von der Invasion mit einem Boten auf dem Landweg zukommen zu lassen. Bis dahin wäre der Feind schon längst an den türkischen Verteidigungslinien angekommen. Dies ist für Mustafa Kemal der Moment, sein militärisches Talent auf dem Schlachtfeld zu beweisen. Er beschließt, seine kleine Division dem Feind in den Weg zu stellen.

Nach der Schlacht stellt er die Ereignisse einem türkischen Journalisten folgendermaßen dar:

»Die folgende Szene (...) war meiner Meinung nach der wichtigste Moment des Geschehens.

Ich sah, wie die Soldaten, die für die Küstensicherung auf der Höhe 261 (der höchste Berg der Bucht) stationiert waren, in Richtung Conkbayırı davonliefen. (...) Ich stellte mich ihnen in den Weg:

›Warum lauft ihr davon?‹, fragte ich.

›Der Feind!‹, sagten sie.

›Wo?‹

›Dort!‹, sagten sie und zeigten auf die Höhe mit der Nummer 261.

Der Feind war schon an der Höhe angekommen. (...)

Also war der Feind mir näher als meine Soldaten.

Ich sagte zu den flüchtigen Soldaten:

›Vor dem Feind läuft man nicht davon.‹

›Wir haben keine Munition mehr.‹, sagten sie.

›Wenn ihr keine Munition mehr habt, dann habt ihr eure Bajonette!‹, sagte ich und befahl ihnen, ihre Bajonette anzubringen und in Stellung zu gehen.«[66]

Die Engländer greifen mit ihrem linken Flügel die türkischen Truppen an. Die vorderste Linie der Türken schlägt sich tapfer, und der größere Teil von Mustafa Kemals Division eilt schließlich herbei, um sie bei der Verteidigung zu unterstützen. Bevor die Engländer durchschauen, dass die türkischen Soldaten ihnen zahlenmäßig unterlegen sind, sind schon die türkischen Hilfstruppen herbeigeeilt. Gemeinsam können sie den Vormarsch der Engländer stoppen. Die Alliierten erobern zwar einige Brückenköpfe, können sie aber gegen die türkischen Verteidiger nur schwer halten. Mustafa Kemal, dessen Division die Hauptlast der Verteidigung zu tragen hat, nutzt geschickt alle Geländevorteile aus. Die Front erstarrt schließlich im Stellungskrieg. Nach Einschätzung britischer Militärs vereitelt jedoch Mustafa Kemal den Sieg der Entente-Truppen fast im Alleingang:

> *»Wenn jener Offizier am 25. April die Lage nicht richtig erkannt hätte, hätten die Anzac*[67]*-Kräfte schon am ersten Tag der Invasion einen Erfolg erzielen können.«*[68]

Die Deutschen versuchen an Schlüsselpositionen der Halbinsel die türkischen Truppen mit eigenen Offizieren zu befehligen. Die türkischen Befehlshaber leisten dagegen Widerstand und lehnen die Ablösung ihrer Leute ab. Am 3. Mai schreibt Mustafa Kemal einen Brief an Enver Pascha, in dem er sich über die Deutschen beklagt:

> *»Bei der Verteidigung unserer Heimat sind die Deutschen im Gegensatz zu uns nicht mit Herz und Gewissen dabei, und bitte, glauben Sie auf keinen Fall, dass die Deutschen uns – allen voran von Sanders – geistig überlegen sind. Bruder, es ist von Nöten, dass Sie hier persönlich erscheinen und gewisse Entscheidungen treffen, die zur Erfüllung unserer Bedürfnisse dienen.«*[69]

Am 8. Mai scheitert ein weiterer Versuch der Neuseeländer, Australier und Franzosen an der südlichen Landzunge bei Alçıtepe, die türkischen Stellungen auszuschalten. Die Entente-Soldaten können die türkischen Stellungen nicht erobern und ziehen sich zurück. 800 von ihnen verlieren hier ihr Leben. Das ist der Beginn der größten Niederlage der Entente während des Ersten Weltkrieges. Besonders für die Australier wird der Krieg an den Dardanellen zur nationalen Tragödie.[70] Churchill urteilt:

> *»Die Türken verteidigten sich erfolgreich. Sie gaben lieber ihr Leben her als ein Stück ihres Vaterlandes.«*[71]

Am 19. Mai starten die Türken in der Bucht, in der die Anzac-Truppen ihren Brückenkopf haben, einen Gegenangriff, um die Feinde endgültig aus ihren Stellungen und vom Festland zu vertreiben. Doch nach sechs Stunden Kampf müssen sie ihr Vorhaben aufgeben. 10 000 türkische Soldaten verlieren dabei ihr Leben – auf der Seite der Alliierten sind es lediglich 200 Soldaten. Um die Gefallenen zu begraben, wird am 24. Mai eine Feuerpause vereinbart.

Als einen Monat nach der Invasion der Entente-Truppen ein deutscher Oberst das Kommando der Truppen am rechten Flügel übernehmen will, widersetzt sich Mustafa Kemal seiner Ablösung. Rückendeckung bekommt er von General Esat Pascha, der Mustafa Kemals Machtbefugnisse sogar noch ausweitet. Am 1. Juni wird Mustafa Kemal wegen seiner Erfolge gegen die alliierten Truppen zum Oberst befördert. In einem Brief an die deutsche Freundin, die ihm in Sofia Deutschunterricht erteilte, schreibt er:

»Seit fünf Tagen bin ich Oberst. Darüber hinaus erhielt ich nicht nur von seiner Majestät, dem Sultan, silberne und goldene Kriegsauszeichnungen, sondern auch vom bulgarischen König Ferdinand die Sen Aleksandr Auszeichnung mit dem Rang eines Kommandeurs. Kaiser Wilhelm, den ich sehr schätze (er ist der größte Feldherr unserer Zeit), zeichnete mich mit dem Eisernen Kreuz aus.«[72]

So verbissen die Alliierten auch kämpfen; sie scheitern immer wieder am Widerstand der türkischen Soldaten, die mit Todesmut ihr Vaterland verteidigen. Die Verluste sind auf beiden Seiten hoch. Den weit besser ausgerüsteten alliierten Truppen hat Mustafa Kemal nur die Opferbereitschaft seiner Soldaten entgegenzusetzen, über die er sich in einem Brief an Corinne mit bemerkenswert kaltschnäuziger Ironie äußert:

»Gott sei Dank sind meine Soldaten mutiger und stärker als der Feind. Außerdem vereinfacht ihr religiöser Glaube das Befolgen meiner Befehle, die ihnen den Tod bringen. Schließlich gibt es für sie zwei Möglichkeiten: ein Gazi (Verwundeter im Heiligen Krieg) zu sein oder ein Şehit (Märtyrer im Heiligen Krieg). Wissen Sie, was Letzteres bedeutet? Den direkten Weg ins Paradies. Dort werden sie von den schönsten Jungfrauen Gottes empfangen, die ihnen für immer zur Verfügung stehen werden.«[73]

Für Mustafa Kemal ist der Krieg nur eine erste Bewährungsprobe auf dem Weg zur Macht: Eine Aufgabe, die er erfüllt, ohne vor Entscheidungen über Leben und Tod zurückzuschrecken. Seine Soldaten sind nichts weiter als Befehlsempfänger. Ihr Wert bemisst sich nach ihrer Tapferkeit und Gefügigkeit.

Kommandant von Anafartalar

Mustafa Kemal wurde durch seine Erfolge gegen die Anzac-Truppen ein bekannter Offizier. Als die Entente-Truppen 20 000 Mann Verstärkung bekommen, wird er sogar zum Kommandanten von Anafartalar ernannt, mit dem Auftrag, die feindlichen Kräfte an der Küste zu binden.

»Ich sagte General von Sanders, dass die Lage nun eine besondere sei und dass man die Feinde bei Anafartalar genau beobachten müsse, um zu erfahren, welche Maßnahmen man treffen könne. Man müsse alle Truppen unter einen Befehl stellen.

Am Morgen des 27. Juli, um 9 Uhr 50, erklärte mich der Armeekommandant Liman von Sanders zum Befehlshaber von Anafartalar.«[74]
Durch seine Beförderung zum stellvertretenden Armeekorpskommandanten hat Mustafa Kemal nun freie Hand. In der Annahme, dass die Alliierten eine Gegenoffensive starten wollen, lässt er wiederholt die Stellungen der Engländer angreifen. Ein verhängnisvoller Irrtum, der Hunderten von Soldaten das Leben kostet. Daraufhin entzieht man ihm seine Aufgabe als stellvertretender Armeekorpskommandant.[75]

Fünf Monate nach dem Beginn des Krieges an den Dardanellen, in der Nacht vom 6. zum 7. August 1915, versuchen die Engländer mit weiteren 70 000 Mann in der Nähe der Suvla-Bucht, nördlich der strategisch wichtigen Anhöhe Arıburnu, den rechten Flügel der türkischen Armee zu umgehen. Zur gleichen Zeit attackieren die Australier mit ihrer leichten Infanterie die türkische Front und nehmen die ebenfalls wichtige Anhöhe Kocaçimen ein.

Als sich die englischen Truppen entlang der Bucht von Suvla formieren, schickt General Liman von Sanders, dem Kommandanten der Truppeneinheiten in diesem Frontabschnitt, Oberst Fevzi, Hilfstruppen, um sich ihnen in den Weg zu stellen. Doch Oberst Fevzi gehorcht dem General nicht. Er erwidert, dass die Soldaten müde seien und bittet um eine Erholungspause. Liman von Sanders lehnt ab und ersetzt Oberst Fevzi durch Mustafa Kemal.[76]

Nach der Schilderung des Atatürk-Biographen Falih Rıfkı Atay, der sich auf ein späteres Interview mit Mustafa Kemal bezieht, haben sich die Ereignisse folgendermaßen abgespielt: Der deutsche General ruft Mustafa Kemal an, um zu erfahren, was er über die Landung der neuen englischen Truppen denkt und was man dagegen tun könne. Mustafa Kemal schlägt vor:

»Stellen Sie die Soldaten, die Ihnen unterstellt sind, unter meinen Befehl.«
Liman von Sanders ist von Mustafa Kemals Übermut überrascht und reagiert etwas argwöhnisch:

»Meinen Sie nicht, dass die gesamten Truppen für Sie etwas zu viel sind?«
Mustafa Kemal antwortet:

»Sie sind sogar zu wenig!«[77]
Mit einer Verstärkung durch zusätzliche Hilfstruppen erobert Mustafa Kemal schließlich die Kocaçimen-Höhe zurück und startet am 9. August einen Gegenangriff. Unter dem Kugelhagel der Entente-Truppen führt er seine Soldaten selbst beim Überqueren eines wichtigen Passes an. Ein Ausspruch Mustafa Kemals während dieser Schlacht wird in die Geschichte eingehen:

»Ich befehle euch nicht anzugreifen, sondern ich befehle euch zu sterben!«[78]
Und Tausende Soldaten gehorchen. Tatsächlich fallen bei den Kämpfen auf der Halbinsel Gelibolu doppelt so viele türkische wie alliierte Soldaten.

Schließlich gelingt es Mustafa Kemal, die Gegner in ihre Ausgangsposition zurückzuwerfen.

Bei der Schlacht von Kocaçimen wird er von einem Granatsplitter getroffen. Die Taschenuhr, die er auf seiner linken Brust trägt, schützt ihn jedoch vor einer schweren Verletzung. Später berichtet er, dass General von Sanders ihm die eigene Uhr als Auszeichnung für seine Tapferkeit geschenkt und die getroffene Uhr als Andenken an sich genommen habe.[79] Bezeichnenderweise war es in Wirklichkeit genau umgekehrt: Mustafa Kemal schenkt dem deutschen General seine Uhr als Andenken, und dieser erwidert die Geste.

Die Stellungen der beiden Armeen stehen sich zeitweise in nur zehn Meter Entfernung gegenüber. Keine Seite weicht zurück. Selbst für den inzwischen kriegserfahrenen Offizier Mustafa Kemal ist ein solcher Stellungskrieg neu:

> *»Viele Soldaten hatten es geschafft, in die Gräben des Feindes einzudringen. Aber die eigentlichen Späh- und Jägerverbände blieben zwanzig, zehn, sogar acht Meter von den feindlichen Stellungen entfernt stecken. Dass die Schlacht bei dieser (kurzen) Entfernung (überhaupt) fortgeführt wurde, war aus militärischer Sicht erstaunlich. Denn nach den damaligen Kriegstheorien müsste die Schlacht selbst bei einer wesentlich größeren Entfernung der Fronten schon längst entschieden worden sein. Aber die Zähigkeit und Standhaftigkeit des Feindes und der Todesmut unserer heldenhaften Soldaten ließen, selbst in dieser Kriegsstellung Auge in Auge, den Krieg in vielen blutigen Phasen noch monatelang andauern.«*[80]

Aus einem Kriegsbericht der Engländer wird deutlich, dass Mustafa Kemal, nach seiner Ernennung zum Befehlshaber der nördlichen Armeeeinheiten, den Alliierten empfindliche Niederlagen beigebracht hat:

> *»Obwohl er erst wenige Stunden das Kommando der nördlichen Linie übernommen hatte, startete er am Morgen des 8. August einen heftigen Gegenangriff. Dieser Angriff stoppte unseren ohnehin verspäteten Vormarsch. Er besiegte sogar das 9. Armeekorps. Der Gegenangriff, den er 24 Stunden später auf der Höhe Conkbayırı begann, brachte die Türken in eine überlegene Position.«*[81]

Während dieser Schlacht meldet sich bei Mustafa Kemal ein altes Leiden, das Hepatitisfieber, das er sich in Nordafrika zugezogen hat. Krank und geschwächt kommandiert er dennoch seine Armee weiterhin Tag und Nacht.

Zur selben Zeit, in der Mustafa Kemal an den Dardanellen kämpft, ereignet sich in der Osttürkei ein Drama von welthistorischem Ausmaß: die Vertreibung und Ermordung der Armenier.

Enver Pascha und Innenminister Talat gehen die Endlösung des sogenannten Armenierproblems an. Armenische Freischärler kämpfen in der Osttürkei seit längerer Zeit für einen unabhängigen Staat. Die türkische Armee geht brutal gegen die Rebellen und die Zivilbevölkerung vor. Tausende Armenier werden erschossen oder erhängt. Nach der brutalen Niederschlagung des Aufstands findet eine der größten Zwangsumsiedlungen der Geschichte statt. Mehr als zwei Millionen Armenier müssen ihre Heimat verlassen und werden nach Syrien deportiert.

Die deutsche Botschaft in Istanbul meldet nach Berlin:

»Innenminister Talat Bey hat sich hierüber (...) ausgesprochen, dass die Hohe Pforte (die Regierung des Osmanischen Reichs) den Weltkrieg dazu benutzen wollte, um mit ihren inneren Feinden – den einheimischen Christen – gründlich aufzuräumen, ohne dabei durch eine diplomatische Intervention des Auslandes gestört zu werden.« [82]

Hunderttausende Armenier sterben bei der Vertreibung durch Hunger und Krankheiten. Wer davon kommt, ist Freiwild für kurdische Räuberbanden, die nach der letzten Habe der Armenier trachten. Die türkische Regierung garantiert ihnen dafür sogar Straffreiheit.

An den Dardanellen neigt sich der Krieg seinem Ende zu. Nach den Niederlagen im August versuchen die Engländer jetzt, gegen die türkische Armee Gas einzusetzen, um sie zum Aufgeben zu zwingen. Doch auch dieses Unternehmen schlägt fehl. Mustafa Kemal kann die verängstigten Soldaten beruhigen:

»Ich überlegte mir folgendes: die türkische Armee hatte gegen diese Waffe keine Schutzmaßnahmen. Also behauptete ich, dass das Giftgas des Feindes der türkischen Armee nicht schaden könne, weil diese sich auf den Höhen aufhielte und die englische Armee jedoch unten an der Küste, am Fuß der Berge. Diese Nachricht verbreitete sich unter den türkischen Einheiten schnell. Tatsächlich unternahm der Feind einige Versuche. Da sich aber die Windrichtung änderte, nutzte es unseren Einheiten sogar. So wurden wir dieses Übel mit dem Gas wieder los.« [83]

Die Entente schickte in den Kämpfen insgesamt 489 000 Soldaten auf die Halbinsel Gelibolu, und war am Ende keinen Schritt weitergekommen. Die Türken, die etwa 90 000 Gefallene und 200 000 Verwundete zu beklagen haben, können die Meerenge erfolgreich verteidigen. Die Engländer zählen am Ende 22 000 Gefallene, die Australier 9000, die Franzosen 10 000, die Neuseeländer 2700 und die Inder etwa 1400 Gefallene. Die Zahl der Verletzten unter den Ententetruppen beläuft sich etwa auf 100 000.

Mustafa Kemal, der nach dem Sieg mit Anerkennung und Lob überschüttet wird und davon überzeugt ist, sich auf dem Schlachtfeld erfolgreich bewiesen zu haben, wird dennoch von Enver Pascha und den Jungtürken ignoriert. Enver Pascha lobt zwar bei seinem Besuch auf Gelibolu die Leistungen der Soldaten, nimmt sich jedoch keine Zeit, um Mustafa Kemal zu treffen. Mustafa Kemal ist gekränkt. Zweimal bittet er um seine Entlassung, zweimal muss Liman von Sanders ihn umstimmen. Schließlich tritt er sowohl wegen seiner Krankheit als auch wegen der mangelnden Anerkennung seiner Leistung seitens des Generalstabs im Oktober von seinem Amt als Kommandant von Anafartalar zurück. Er reist nach Istanbul. Seine Stelle übernimmt Fevzi (Çakmak). In Istanbul begründet er seinem Freund Salih (Bozok) den Rücktritt folgendermaßen:

»Ich hatte bemerkt, dass sich der Feind zurückziehen wollte und habe einen großangelegten Angriff vorgeschlagen. Aber sie (die ranghöheren Offiziere) lehnten dies ab. Das hat mich geärgert. Da ich auch etwas erschöpft war, bat ich sie um Erlaubnis, nach Istanbul zu reisen.« [84]

Der Landeversuch der Entente war endgültig am Widerstand der Türken gescheitert. Nach sechs Monaten Kampf sehen sich die alliierten Truppen zum Rückzug gezwungen. Churchill verliert nach der Niederlage auf Gelibolu seine Stellung als Kriegsminister. In Istanbul preisen die Zeitungen Mustafa Kemal als Retter und Helden des Vaterlandes, sein Ruhm breitet sich zum erstenmal weltweit aus. Er bezieht im Istanbuler Stadtteil Şişli eine Wohnung und beginnt mit der Nichte seines Stiefvaters, Fikriye, eine Liebesbeziehung.

Mustafa Kemals größte Sorge war bisher, von den Regierungskreisen in Istanbul nicht die nötige Aufmerksamkeit geschenkt zu bekommen. Nun rechnet er damit, schon bald eine ganze Armee zu befehligen: diejenige, die gerade in Mazedonien zusammengezogen wird. Doch auch dieses Mal wird er enttäuscht. Man bietet ihm lediglich das Kommando über die türkische Armee in Ostanatolien an. Als er diese Aufgabe nur unter der Bedingung annehmen will, dass er gleichzeitig auch zum Gouverneur und Oberbefehlshaber im Irak ernannt wird, bietet man die Stelle dem deutschen General von der Goltz an.

Auch in der Folgezeit bleiben Mustafa Kemals Versuche, in der Politik des Landes mitzumischen, erfolglos. Für die Minister ist er nichts weiter als ein lästiger Nörgler. Desillusioniert äußert er in Istanbul öffentlich die Meinung, dass die Türkei mit den Alliierten einen separaten Frieden schließen solle, weil die Deutschen den Krieg nicht gewinnen könnten. Im Kabinett verlangt man, ihn wegen seiner öffentlichen Kritik an den Verbündeten zu bestrafen. Doch Sanktionen gegen den *Retter von Istanbul,* wie er von manchen bezeichnet wird, sind der Regierung zu gefährlich. Am 27. Januar 1916 wird Mustafa Kemal erneut zum Kommandanten des 16. Armeekorps ernannt, das inzwischen von der Halbinsel Gelibolu nach Edirne versetzt worden ist. Hier wird er von einer begeisterten Menschenmenge empfangen.

Kurze Zeit später, als die 3. Armee in Ostanatolien die Schlacht gegen Russland verliert und die türkische Stadt Erzurum fällt, werden die westlichen Truppen – darunter auch das 16. Armeekorps – in den Osten verlegt, um hier gegen die Russen eine neue Offensive zu starten. Während die 3. türkische Armee die russischen Stellungen frontal angreift, soll die 2. Armee die Russen von Süden her umzingeln und einkesseln. Mustafa Kemal soll einen der drei Heeresverbände der 2. Armee führen.

An der russischen und syrischen Front

Am 18. März 1916 übernimmt Mustafa Kemal das 16. Armeekorps im Kaukasus. Zwei Wochen nach seiner Ankunft an der ostanatolischen Front wird Mustafa Kemal am 1. April mit dem Titel Pascha geehrt, der jedem Militär vom General an aufwärts zusteht. Allerdings zögert Enver seine Beförderung so lange wie möglich hinaus. In einem Gespräch mit dem Innnenminister Talat Bey begründet er das:

»Ihr kennt ihn nicht. Wenn man ihn zum General befördert, wird er Sultan sein wollen, wenn man ihn zum Sultan macht, wird er Gott sein wollen.« [85]

An der Ostfront befinden sich die Soldaten in einem desolaten Zustand. In Lumpen gekleidet und permanent unterernährt, sind sie nichts weiter als Kanonenfutter eines Krieges, der nicht zu gewinnen ist. Als Mustafa Kemal seinen Dienst antritt, greifen die Russen die 3. Armee der Türken an, noch bevor die 2. Armee im Süden Stellung beziehen kann. Ohne großen Widerstand kann die feindliche Armee ins Landesinnere vordringen. Die wichtigste Hafenstadt am Schwarzen Meer, Trabzon (Trapezunt), wird von den Russen eingenommen. Nach dem Fall von Trabzon bricht auch die Verteidigung der Städte Erzurum, Erzincan, Gümüşhane und Bayburt zusammen, die ebenfalls von der feindlichen Armee besetzt werden. Anschließend greifen die Russen im Süden die 2. Armee an und werfen sie bis zur kurdischen Stadt Diyarbekir zurück.

Der Krieg verschlimmert die Lage des ohnehin schon verarmten Osmanischen Reichs. Bis zum Herbst 1917 verliert die türkische Armee an der Ostfront allein durch Hunger, Krankheit und Kälte mehr als 60 000 Soldaten. Die türkischen Soldaten, die teilweise seit fünf Jahren – seit dem Ersten Balkankrieg – ununterbrochen kämpfen, sind kriegsmüde. Viele von ihnen verlassen in kleinen und großen Gruppen die Schlachtfelder und kehren ins türkische Kernland zurück. Hier bilden sie regionale Freischärlertruppen, die von Raub und Mord leben. Liman von Sanders schätzt die Zahl der Deserteure allein an der syrischen Front auf 300 000. In einem Telegramm an den deutschen Konsul in Istanbul schreibt er:

»Es gibt heute mehr Deserteure als Soldaten unter Waffen. Die Türken fühlen sich für die Verpflegung und für die Bekleidung der Soldaten nicht verantwortlich. Wenn Sie in diesem Zusammenhang Versprechungen machen, halten sie sich meistens nicht daran. Die Bekleidung der Soldaten unter meinem Befehl ist so schlecht, dass manche Offiziere in zerrissenen Uniformen herumlaufen.«[86]

Dazu kommt die Lebensmittelknappheit. Der Grund sind die fehlenden Arbeitskräfte auf dem Land. Denn fast alle türkischen Männer, die Feldarbeit verrichten können, sind entweder an der Front oder auf der Flucht. 1917 werden nur noch 47 Prozent der Anbaufläche des Landes im Vergleich zu 1913 genutzt. Da die türkische Armee alles beschlagnahmt, was sie gebrauchen kann, verringert sich der Bestand der Zugtiere um 85 Prozent. Die Getreideproduktion, die ohnehin gering ist, wird dadurch zusätzlich gesenkt. Mit dem Tagelohn eines Arbeiters kann man schon im zweiten Jahr des Ersten Weltkrieges im Osmanischen Reich nur noch 250 g Brot kaufen.

Im August 1916 starten die Türken in Ostanatolien eine neue Offensive gegen Russland. Zwar kann Mustafa Kemals 16. Division die Städte Mus und Bitlis zurückerobern, aber die Russen nehmen wenige Tage später Mus erneut ein. Dann geschieht etwas, das die Türken als »Glück im Unglück« bezeichnen können: In Russland bricht die Februarrevolution aus. Die russische Armee, die sich wenige Monate später gänzlich auflösen wird, räumt die Kampfzone um die ostanatolischen Städte nahezu freiwillig. Auch wenn später von den glorreichen Siegen Mustafa Kemals gegen die russische Armee erzählt wird, verdankt die türkische Armee die Rückeroberung Ostanatoliens allein der Russischen Revolution. Die Lage der osmanischen Armee ist jedoch an allen Fronten hoffnungslos. Unter Druck gerät sie auch zunehmend durch die Aufstände der Araber im Süden des Reiches. Obwohl die türkische Regierung die arabischen Gebiete – nicht zuletzt aus religiösen Gründen – selbstverständlich als einen Teil des Osmanischen Reiches ansieht, wollen die Araber die Unabhängigkeit von Istanbul. Der Schriftsteller und Journalist Falih Rıfkı Atay, der zu diesem Zeitpunkt an der arabischen Front kämpft, berichtet:

»Wenn man jemanden – selbst einen Türken – in Syrien, Palästina oder Ägypten fragte, ob er Türke sei, war die Antwort meistens:

›Ich bitte Sie, selbstverständlich nicht!‹

Wir hatten diese Gebiete weder ausgebeutet, noch bewohnt. Das Osmanische Reich war hier nur Straßenwächter ohne Bezahlung.«[87]

Ihren Widerstand gegen die Türken tragen die Araber inzwischen offen zur Schau. Im Juni 1916 erheben sie sich unter der Führung des Scharifen von

Mekka und seines Sohnes Emir Faisal und erobern die gesamte arabische Halbinsel bis auf Medina. Bald bilden die Araber eine eigene Armee, die von dem Beduinenprinzen Faisal angeführt wird, dem späteren König des Irak. Im Kampf gegen die Türken wird Faisal vom englischen Oberst Thomas Lawrence beraten, der später als *Lawrence von Arabien* bekannt werden wird.

Nicht nur die Araber, sondern auch die Engländer setzen der türkischen Armee im Süden heftig zu. Im März 1917 nehmen sie Bagdad ein. Am 5. Juli 1917 erhält Mustafa Kemal das Kommando der 7. Armee, die sich im Raum Aleppo sammelt. Als ihm sein Adjutant das Telegramm des Oberkommandierenden Enver Pascha überbringt und ihm gratuliert, bekennt er:

»Ich werde das Angebot, die 7. Armee zu befehligen, annehmen. Aber ich werde es nicht tun, um unter dem Befehl von General Falkenhayn zu dienen, wie du glaubst, sondern nur um dessen Arbeit zu behindern.« [88]

Der deutsche General Falkenhayn soll an der Spitze der Heeresgruppe »Yıldırım« (Blitz) Bagdad von den Engländern zurückerobern. Falkenhayns Plan ist einfach: Bevor er mit seinen Hauptkräften auf Bagdad vorrückt, soll Mustafa Kemal im Süden mit seiner 7. Armee die Sinaifront unterstützen und gemeinsam mit der 8. Armee den Kanal überqueren, um in Ägypten einzumarschieren. Mustafa Kemal bezeichnet das ganze Unternehmen als unrealistisch, da die britischen Truppen am Euphrat um das Vierfache überlegen seien und eine überwältigende Feuerkraft besäßen. Sein Konzept ist ein anderes: Man solle verteidigen anstatt anzugreifen und konzentrieren statt zu zersplittern. Einer der Anführer der Jungtürken, der Kommandant der 4. Armee in Damaskus Cemal Pascha, unterstützt zwar Mustafa Kemal in seiner Meinung, aber den siegesgewissen Enver Pascha können sie nicht überzeugen.

Am 20. September 1917 schreibt Mustafa Kemal – mit Hilfe seines Obersten Ismet – einen Bericht an Enver Pascha, in dem er seine Einschätzung von der Lage an der Südfront gibt. Es ist das Gegenteil dessen, was Enver Pascha und Falkenhayn annehmen:

»Das Volk ist des Krieges müde. Zu Hause geblieben sind nur die Frauen, Kinder, Kranken und Deserteure. Alle arbeiten hart, um gerade soviel ernten zu können, dass sie am Leben bleiben. Aber die Regierungsbeamten nehmen ihnen auch dieses Wenige weg, um die große hungrige Maschine – die türkische Armee – zu füttern. Das Volk steht Auge in Auge dem Hungertod gegenüber. (…) Wir können deshalb ruhig sagen, dass es zwischen dem Volk und der Regierung keinerlei Übereinstimmung mehr gibt.«

Zur militärischen Lage schreibt er:

»Unsere Armee ist furchtbar schwach. Die Zahl der Einheiten beträgt heute ein Fünftel weniger als zu Beginn des Krieges. Die Versorgungsquellen des Landes

sind nicht länger in der Lage, das Loch zu stopfen. (...) So bestehen z.B. die neuen Einheiten, die man mir schickte, aus Jugendlichen zwischen 17 bis 20 Jahre, oder aus Männern, die älter als 55 sind, vom Schicksal gebeugt und ohne Kampfgeist. Sie sind alle krank, unterernährt und sehen elend aus. Sie wären besser in einem Krankenhaus aufgehoben als auf dem Schlachtfeld.«

Die militärische und politische Strategie, die man nun befolgen soll, ist nach den verheerenden Niederlagen für Mustafa Kemal eindeutig: die Verteidigung des Kernlandes.

»Wir müssen die Türkei verteidigen. Kein einziger Soldat darf mehr für das Osmanische Reich geopfert werden, jeder muss aufgespart werden für die Türkei.«

Auch der Bündnispartner Deutschland wird in seinem Bericht angegriffen. Aus Mustafa Kemals Sicht sind die Deutschen an einem Bündnis nur deshalb interessiert, weil sie durch die türkische Armee ihre Expansionsziele verfolgen wollen:

»Wenn wir weiterhin mit ihnen zusammenarbeiten, wird sie das in keiner Weise gnädiger stimmen. Im Gegenteil, es wird für sie eine zusätzliche Ermutigung sein, ihre künftigen Kolonisationspläne in die Tat umzusetzen. Schon schickt Falkenhayn deutsche Offiziere mit Propagandaaufträgen zu den arabischen Stämmen, um sie für Deutschland zu gewinnen. Er sagte mir persönlich, dass die Araber die Feinde der Osmanen seien und daher leicht für Deutschland, für das zukünftige Deutschland, gewonnen werden könnten. Sein Traum besteht darin, alle arabischen Länder unter deutscher Herrschaft zu vereinen.«[89]

Enver Pascha antwortet Mustafa Kemal am 2. Oktober und setzt den Schlusspunkt unter die Diskussion. Er stellt die Haltung der obersten türkischen Heeresleitung unmissverständlich klar:

»Ich bin sicher, dass der Oberkommandierende der türkischen Armeen auf der Sinaihalbinsel, General Falkenhayn, die richtigen Entscheidungen treffen wird, um das Unternehmen zum Erfolg zu führen.«[90]

Dieses Telegramm lässt Mustafa Kemal keinen Spielraum mehr. Er hat verloren. Nun legt er das Kommando der 7. Armee nieder. Falkenhayn fordert darauf sogar seine Bestrafung wegen Befehlsverweigerung. Doch einen Kriegshelden wie Mustafa Kemal kann man nicht bestrafen, ohne öffentlichen Protest zu riskieren. Deshalb bietet Enver Pascha dem Widerspenstigen das Kommando der 2. Armee an. Als jener auch dieses ablehnt, gewährt die Regierung ihm unbegrenzten Krankenurlaub.

Reisen nach Deutschland und nach Karlsbad

Mustafa Kemal kehrt Mitte Oktober 1917 nach Istanbul zurück und wählt das Pera Palast Hotel als ständigen Wohnsitz.

Währenddessen nehmen die Engländer Jerusalem ein. Der Fall der Stadt bedeutet für viele Türken nicht nur eine militärische Niederlage, sondern aufgrund der religiösen Bedeutung des Ortes in der islamischen Welt auch ein moralisches Desaster. Als der Jungtürkengeneral Cemal Pascha die Nachricht erhält, kann er seine Tränen nicht zurückhalten. Nach dem Rückzug der Türken aus der heiligen Stadt gelingt es ihnen, den schnellen Vormarsch der britischen Truppen etwas weiter nördlich vorerst zu stoppen. Bei Jaffa bauen sie eine neue Verteidigungslinie auf.

Jetzt, ohne offizielles Amt und Aufgaben, übt Mustafa Kemal an der Politik der Jungtürken öffentlich Kritik und macht sich in Regierungskreisen weiter unbeliebt. An die Front will er jedoch nicht zurück. Enver Pascha und die Deutschen wollen den Störenfried vorübergehend aus Istanbul entfernen. Er erhält den Auftrag, den türkischen Thronfolger Vahdettin auf seiner Reise zum deutschen Hauptquartier nach Belgien und von dort nach Deutschland zu begleiten. Ihm kommt diese Dienstreise wie gerufen, weil sie ihm Gelegenheit gibt, den Thronfolger Vahdettin, der jeden Moment seinen schwer erkrankten Bruder, Sultan Mehmet V., ablösen kann, für sich zu gewinnen. Er will den zukünftigen Sultan davon überzeugen, dass das Land von zwei Übeln befreit werden muss: vom Krieg und von Enver Pascha.

Am 15. Dezember 1917 fährt der Zug mit Kronprinz Vahdettin und Mustafa Kemal in Richtung Deutschland ab. Gleich nach Reisebeginn bittet Mustafa Kemal den Kronprinzen darum, ihm nach dessen Thronbesteigung das Oberkommando über die gesamte türkische Armee zu übergeben. Denn nur er selbst sei in der Lage, das zerfallende Reich zu ordnen und eine größere Niederlage der türkischen Armee zu verhindern.

Am 16. Dezember kommt die türkische Reisegruppe mit Vahdettin und Mustafa Kemal im deutschen Hauptquartier im belgischen Spa an. Die türkischen Gäste werden hier von der Reichselite – Kaiser Wilhelm II., General Ludendorff und Marschall Hindenburg – empfangen. Im Anschluss besuchen sie die Stellungen der deutschen Armee im Gebiet Elsass, bevor sie über Essen nach Berlin reisen. In Deutschland entwerfen die Militärs vor dem türkischen Thronfolger hingegen ein positives Bild der Kriegslage. Die deutschen Armeen bereiten in diesen Tagen eine Großoffensive an der Westfront vor und sind sich des Sieges sicher. Als Mustafa Kemal den Oberbefehlshaber, General Ludendorff, fragt, bis zu welcher Linie die deutschen Armeen vorstoßen sollen, erhält er eine Antwort, an der die Planlosigkeit der Deutschen in seinen Augen nur allzu deutlich wird:

»Wir führen unsere Offensive durch und sehen dann zu, wie sich die Ereignisse entwickeln.«

Zwar kann Mustafa Kemal den türkischen Thronfolger nicht für sich gewinnen, aber die Meinung Vahdettins über die Deutschen scheint er beeinflusst zu haben. Bei einem Gespräch mit Wilhelm II. bringt der türkische Thronfolger schließlich seine Skepsis über das Bündnis mit den Deutschen zum Ausdruck:

»Die Schläge, von denen die Türkei betroffen wird, lassen nicht nach, sie werden nur immer stärker. Wenn das noch eine nur kurze Zeit so andauert, wird die Türkei zusammenbrechen. Ich habe in den Erklärungen Eurer Majestät nicht die Versicherungen gefunden, die es erlauben zu hoffen, dass diesen Schlägen abgeholfen werden kann.«

Der deutsche Kaiser ist verärgert. Es ist ihm bekannt, dass Mustafa Kemal nicht an einen deutschen Sieg glaubt. Er ist sich sicher, dass Vahdettin in seinen Ideen von diesem beeinflusst wurde. Nach einer Schilderung Mustafa Kemals antwortet Wilhelm II. dem türkischen Thronfolger:

»Verehrter Kronprinz, ich glaube zu wissen, dass es Leute gibt, die Zweifel in Ihnen zu wecken suchen. Können Sie noch Zweifel hegen, da ich, der deutsche Kaiser, zu ihnen von dem nahen Sieg gesprochen habe?«[91]

Mit seiner undiplomatischen und direkten Art macht sich Mustafa Kemal auf dieser Reise vielerorts unbeliebt. Er vertritt öffentlich die Meinung, dass die Deutschen die Lage im Osmanischen Reich falsch einschätzen und kaum Chancen für einen Sieg hätten. Auf verschiedenen Empfängen brüskiert er die Gastgeber. Nach seiner Rückkehr berichtet er:

»Ein deutscher Regierungsbeamter sagte, dass die Armenier gutmütige Menschen seien und die Türken brutal gegen sie vorgegangen wären. Daraufhin zeigte der Thronfolger Vahdettin auf mich und sagte:

›Dieser Kommandant kennt sich mit dem Thema sehr gut aus. Er wird sie mit Sicherheit aufklären können.‹

Ich sagte zu ihm:

›Wie können Sie mit einem Verbündeten so reden, der für dieses Bündnis seine gesamten materiellen und ideellen Werte opfert. Wie können Sie für die Armenier sprechen, die behaupten in dieser und jener Epoche der Weltgeschichte dort (in Anatolien) zu Hause zu sein und so versuchen, die Welt zu belügen?‹

Ich konnte diesen Beamten, der die Existenzberechtigung des armenischen Volkes auf türkischem Territorium verteidigte, nicht ernst nehmen.«[92]

Ohne Vahdettin tiefer beeinflusst oder von seiner Person überzeugt zu haben, kehrt Mustafa Kemal am 4. Januar 1918 nach Istanbul zurück.

Vier Tage später deklariert der amerikanische Präsident Wilson seine »14 Punkte« als Grundlage für Friedensverhandlungen. Später wird sich Mustafa Kemal auf Punkt 12 beziehen, um den türkischen Befreiungskampf zu legitimieren. Er lautet:

»In den türkisch bewohnten Gebieten des jetzigen Osmanischen Reiches muss eine türkische Regierung ermöglicht werden. Allerdings muss den anderen ethnischen Minderheiten, die bisher unter der türkischen Herrschaft gelebt haben, eine Existenzgarantie eingeräumt werden. Die Meerenge der Dardanellen muss unter internationaler Aufsicht den Handelsschiffen aller Nationen geöffnet werden.«[93]

Mustafa Kemal bemerkt, dass die westlichen Mächte selbst im Falle einer türkischen Niederlage einem türkischen Staat eine Existenzgarantie einräumen werden. Er schöpft für die Zukunft seines Landes neue Hoffnung und macht sich Gedanken über die Zeit nach dem Krieg. Auf die Rückseite eines seiner Fotos, das er dem Journalisten Eşref (Ünaydın) schenkt, schreibt er:

»Trotz allem schreiten wir in Richtung eines Lichts voran. Nicht nur die Liebe zu meinem Vaterland lässt in mir diesen Glauben fortleben, sondern die Tatsache, dass ich in meinem Land eine Jugend beobachte, die in dieser Dunkelheit, in dieser Bosheit und in dieser Korruption das Licht sucht und es auch mit ihrer Vaterlandsliebe nährt.«[94]

Im Juni reist Mustafa Kemal nach Wien, um hier ein Nierenleiden, das er sich bereits einige Jahre zuvor zugezogen hat, ärztlich untersuchen zu lassen. Der Arzt schickt ihn für mehrere Monate nach Karlsbad zur Kur. Hier hat Mustafa Kemal viel Zeit, um über seine künftige Rolle in der Heimat nachzudenken. In einem Notizheft hält er Gedanken und Gespräche fest:

»Wenn ich die Macht in die Hand bekomme, glaube ich, die Revolution, die wir in unserem gesellschaftlichen Leben anstreben, sehr schnell und mit einem ›Coup‹ realisieren zu können. Ich glaube nicht, dass man sie erst machen sollte, nachdem man das Bewusstsein und das Auffassungsvermögen des Volkes langsam auf mein Niveau gebracht hat. Etwas in meinem Kopf sträubt sich dagegen. Warum sollte ich mich nach all meinen Studien über die menschliche Zivilisation und so vielen Jahren Freiheitskampf auf das Niveau der Ungebildeten begeben?«[95]

Auch über die Freiheit der Frauen in der kommenden türkischen Gesellschaft macht er sich zahlreiche Notizen.

Für die damalige Zeit, in der die Frauen im öffentlichen Leben keine Rolle spielen und den Männern vollkommen untergeordnet sind, kann man Mustafa Kemals Gedanken geradezu als revolutionär bezeichnen. Besonders die Verheiratung der Mädchen durch den Vater ohne jede Mitsprache der Braut kann er nicht akzeptieren:

»Sie (die Frauen) sollten sich öffnen. Ihr Geist sollte sich mit Kunst und Wissenschaft füllen. Die Tugend und die Wissenschaft müssen wir mit gesundem Menschenverstand definieren. (...) Was die private Beziehung eines Mannes zu ihnen anbetrifft: Wir sollten uns eine Frau suchen, die unserer Natur und unserer Moral entspricht, und die Heiratsbedingungen sollten wir mit ihnen offen vereinbaren.«[96]

In Karlsbad erfährt Mustafa Kemal vom Tod Sultan Mehmets V. und von der Thronbesteigung Vahdettins als Mehmet VI. am 3. Juli 1918. Der neue Sultan beordert ihn wenige Wochen nach seiner Thronbesteigung zurück nach Istanbul. Mit großen Hoffnungen kehrt Mustafa Kemal, obwohl er noch nicht richtig genesen ist, heim in die Türkei. Doch bald wird er feststellen müssen, dass Vahdettin ihm zwar neue Aufgaben übertragen, aber keine verantwortungsvollere Rolle in der Politik zugestehen will.

Leidenstage in Istanbul und die Rückkehr an die Front

Mustafa Kemal lässt sich wieder im Pera Palast Hotel nieder. Hier erfährt er von der Ablösung Enver Paschas in seinem Amt als Oberkommandierender und schlägt sich dem Sultan erneut als Chef des Generalstabs vor. Zwar versucht der neue Sultan in der Armee und in der Regierung eine Umstrukturierung durchzuführen, eine Alternative zu den Jungtürken und Enver Pascha hat er jedoch nicht. Nach langem Zögern entscheidet er sich schließlich gegen Mustafa Kemal und erneut für den eben erst abgelösten Enver Pascha. Die Zusammenarbeit zwischen der Monarchie und der Jungtürkenpartei *Einheit und Fortschritt* soll fortgeführt werden. Tagelang wartet Mustafa Kemal vergeblich auf eine Einladung des Sultans und sucht ihn schließlich selbst auf. Beim Empfang ist von der freundschaftlichen Beziehung aus den Zeiten des Staatsbesuches in Deutschland nichts mehr zu spüren. Vahdettin bestätigt kühl die Machtpositionen der beiden alten Gegner Mustafa Kemals. Talat Pascha soll die türkische Regierung, Enver Pascha die türkische Armee anführen. Mustafa Kemal versucht den Sultan von seinem Entschluss abzubringen, doch dieser ist nicht umzustimmen:

»Ich habe mit Talat und Enver Pascha gesprochen. Wollt Ihr etwa mit mir über ihre Aufgaben und Kompetenzen verhandeln?«

Obwohl er nie näher daran war, Enver Pascha abzulösen, muss Mustafa Kemal auch diesmal eine Niederlage einstecken.

Am 18. Juli 1918 durchstoßen die französischen, britischen und amerikanischen Truppen die westliche Frontlinie der Mittelmächte und zwingen die deutschen Armeen an der deutsch-französischen Grenze zum Rückzug. Am 15. September durchbrechen die Entente-Truppen die mazedonische Front, und der Bündnispartner der Mittelmächte Bulgarien muss kapitulieren. Wenige Tage später zerschlagen die Engländer die Palästinafront der Türken.

Trotz seines Misserfolgs bei der Unterredung mit dem Sultan gibt Mustafa Kemal nicht auf. Seine häufigen Besuche bei den Kriegs-, Außen- und Innenministern erwecken den Eindruck, als ob er durch sein Auftreten einen verantwortungsvollen Posten geradezu erzwingen möchte. Seine Einmischung wird entweder als lästig empfunden, oder er wird erst gar nicht angehört. Als er seine Erfolglosigkeit erkennt, attackiert er öffentlich das Bündnis mit den Deutschen. Rückblickend begründet Mustafa Kemal sein Verhalten:

> *»Die Katastrophe bewegte sich wie ein wilder Fluss auf das Land zu. Wie konnte ich in dieser Situation noch schweigen?«*[97]

Sultan Vahdettin (Mehmet VI.) möchte den störrischen Mustafa Kemal, der mehr und mehr zum Problemfall wird, aus Istanbul entfernen. Er lädt ihn zu einer Audienz ein und bietet ihm in Anwesenheit zweier deutscher Generäle das Kommando der 7. Armee in Syrien an. Dort soll er gegen die Franzosen kämpfen. Enttäuscht verlässt Mustafa Kemal den Sultanspalast, weil er wieder mit dem Kommando für die Gesamtarmeen gerechnet hat. Im Wartesaal des Palastes begegnet er dem amtierenden Oberbefehlshaber Enver Pascha und ahnt, dass der Vorschlag für seinen neuen Dienst von ihm stammt. Er sagt zu Enver:

> *»Bravo. Ich gratuliere Ihnen, Sie haben es geschafft! Lassen Sie uns wenigstens über einige Maßnahmen reden. Denn soweit ich weiß, existiert die türkische Armee in Syrien nur noch dem Namen nach. Mit dieser Aufgabe wollen Sie sich an mir rächen.«*[98]

Wenige Tage später reist Mustafa Kemal an die syrische Front und trifft die Heeresgruppe »Yıldırım« in einem erbärmlichen Zustand an. Falkenhayn ist in der Zwischenzeit von Liman von Sanders abgelöst worden. Der deutsche General berichtet in seinen Memoiren:

> *»Dieser talentierte General (Mustafa Kemal), den ich von der Schlacht von Gelibolu her sehr gut kannte, begriff schnell, dass er betrogen worden war, sobald er sich die (ihm unterstellte) kleine und müde Armee anschaute. Denn Enver hatte ihm mit übertriebenen Angaben ein positives Bild der Lage gezeichnet.«*[99]

Mustafa Kemal erkennt, dass er dem Feind nichts entgegenzusetzen hat:

> *»Syrien ist in einem bemitleidenswerten Zustand. Es gibt hier weder einen Gouverneur noch einen Kommandanten, dafür aber jede Menge englische Propaganda. Die Geheimagenten der Engländer sind überall aktiv, und die Bevölkerung hasst die Istanbuler Regierung. Sie warten darauf, dass die Engländer*

hier so schnell wie möglich die Macht übernehmen. Der Feind ist uns zahlenmäßig deutlich überlegen, und unsere Stärke gleicht nur der eines dünnen Fadens.«[100]

Die 96 000 Mann zählenden Truppen des englischen Kommandeurs Allenby, ausgerüstet mit 40 000 Kamelen und 13 000 Lasttieren, haben den türkischen Armeen in Palästina vor Mustafa Kemals Ankunft heftig zugesetzt. Um den türkischen Truppen den Todesstoß zu versetzen, greifen die Engländer nun zuerst die 8. Armee an und vernichten sie fast gänzlich. Anschließend richten sich die Angriffe der Engländer gegen die 7. Armee, die Mustafa Kemal befehligt. Ihm unterstehen jetzt auch seine Freunde Ismet und Ali Fuat. Mit Mühe und Not kann sich die Armee – dank der Besonnenheit Mustafa Kemals und dessen Truppenkommandeuren Ali Fuat und Ismet – in Jordanien in Sicherheit bringen. Die Heeresgruppe »Yıldırım« bricht endgültig zusammen. Die 8. Armee existiert nicht mehr, die Reste der 7. Armee, ganze 1000 Mann, unterstellt Mustafa Kemal nach der Flucht vor den englischen Truppen dem Kommando der 4. Armee und macht sich allein auf den Weg nach Rayak. Hier soll er Liman von Sanders bei der Erstellung einer kampffähigen Truppe unterstützen. Doch dazu wird es nicht mehr kommen. Am 1. Oktober wird Damaskus durch die Truppen von Thomas Lawrence und Emir Faisal eingenommen. In Rayak trifft Mustafa Kemal auf orientierungslose Reste der türkischen Armee. An eine Verteidigung Syriens ist so nicht mehr zu denken.

Während das Osmanische Reich auf den Schlachtfeldern des Krieges zusammenschrumpft, ernennt Sultan Vahdettin Mustafa Kemal, der seinen Glauben an einen Sieg längst aufgegeben hat, am 22. September 1918 zu seinem persönlichen Flügeladjutanten. Die Ernennung verdiene er, so der Sultan, weil er die Armee vor einer völligen Vernichtung bewahrt habe.[101]

Liman von Sanders, der sich die Niederlage eingestehen muss, zieht die deutschen Offiziere aus der Gefahrenzone ab. Auch Mustafa Kemal befiehlt Ali Fuat und Ismet, sich in den Nordwesten Syriens bis Aleppo zurückzuziehen. Er selbst folgt ihnen mit den Truppenresten aus Rayak. Viele der Soldaten desertieren auf dem Rückzug. Von den ursprünglich 100 000 Mann der Heeresgruppe erreichen lediglich 17 000 Aleppo.

Als die Bulgaren Mitte September ihre Verteidigungslinie in Ostmazedonien gegen die Truppen des französischen Generals Franchet d´Esperey nicht mehr halten können und der Entente einen separaten Friedensplan anbieten, ist das Einfallstor nach Istanbul im Westen geöffnet. Der Libanon und Syrien werden ohne größere Widerstände an die Engländer verloren. Die Niederlage des Osmanischen Reiches im Ersten Weltkrieg ist unabwendbar. Die »Deutschenfreunde« Enver und Talat Pascha können sich nicht länger an der Macht halten und treten am 8. Oktober 1918 zurück. Für Mustafa Kemal gibt es nur einen einzigen Schuldigen:

»In der Kriegsführung wurden unzählige Fehler gemacht. Der Verantwortliche für diese Fehler ist einzig und allein Enver Pascha.«[102]

Kaum sind Enver Pascha und sein Kabinett zurückgetreten, findet der deutschenfeindliche Izzet Pascha, der das neue Kabinett bilden soll, auf seinem Schreibtisch ein Telegramm von Mustafa Kemal vor. Der nunmehr 37-jährige General versucht unermüdlich jede Gelegenheit zu nutzen, um in eine wichtige Position zu gelangen. Seine beinahe peinlichen karrieristischen Bestrebungen erklärt er mit Vaterlandsliebe:

»In Aleppo dachte ich über die Lage des Landes nach. Wir hatten den Krieg verloren. Aber der Türkei ging es um die nackte Existenz. Ich schickte Vahdettin ein Telegramm. Darin schlug ich mich als Kriegsminister vor.«[103]

Der Journalist Falih Rıfkı Atay wird Zeuge, wie sich der scheidende Oberkommandierende Enver zum ersten Mal für seinen einstigen Rivalen einsetzt. Enver soll dem Ministerpräsidenten, der dem Sultan die Auflösung seines Kabinetts mitteilt, gesagt haben:

»Schlag für das Kriegsministerium Mustafa Kemal vor. Er muss dieses Amt übernehmen. Außer ihm kann niemand diese Armee aufrichten.«[104]

Doch auch dieses Mal bekommt Mustafa Kemal nicht das Amt, das er seit Jahren anstrebt. Das Kabinett wird ohne ihn gebildet. Ahmet Izzet Pascha wird Regierungschef und übernimmt auch das Ressort des Kriegsministers. Er ernennt nicht Mustafa Kemal, sondern seinen Kampfgefährten in Palästina, Oberst Ismet (Inönü) zu seinem Stellvertreter. Der ehemalige Botschafter von Sofia, Fethi (Okyar), wird zum Innenminister und Oberst Rauf (Orbay) erneut zum Marineminister ernannt.

Talat und Enver Pascha, die nun in Istanbul um ihr Leben fürchten, verlassen das Land mit einem deutschen Torpedoboot. Enver wird nie wieder türkischen Boden betreten. Er stirbt im Jahre 1922 in Turkmenistan in einer Schlacht gegen die Bolschewiki.

Am 30. Oktober 1918 muss das Osmanische Reich mit den Alliierten auf der Insel Lemnos den »Waffenstillstand von Mudros« abschließen. Der Vertrag ist die Besiegelung der Niederlage des Osmanischen Reiches im Ersten Weltkrieg. Dem Großwesir gelingt es, den freien Abzug der deutschen Truppen aus der Türkei auszuhandeln.

Einen Tag nach dem Waffenstillstandsabkommen übergibt Liman von Sanders das Kommando der Blitzarmeen, die es in Wirklichkeit nicht mehr gibt, an Mustafa Kemal. Der junge General schöpft neue Hoffnung und schmiedet Pläne zur Verteidigung des Landes. Mitten in der Vorbereitung –

während er den Widerstand gegen die Engländer organisiert – erreicht ihn jedoch aus Istanbul die Mitteilung vom Waffenstillstand. Er liest das Waffenstillstandsabkommen und ist empört:

»Der osmanische Staat hatte sich bedingungslos dem Feind ergeben, nicht nur das, er hatte ihm sogar seine Hilfe bei der Besetzung des Landes zugesichert.«[105]

Die Waffenstillstandsbedingungen sind für das Osmanische Reich katastrophal. Die türkischen Soldaten müssen in Mazedonien kapitulieren und sich aus Kilikien zurückziehen. Die Meerengen der Dardanellen und des Bosporus müssen für die englischen und französischen Kriegsschiffe geöffnet werden, um eine Besetzung Istanbuls zu ermöglichen. Das türkische Kernland werde nicht besetzt, heißt es. Manche Türken sehen in der Besetzung Istanbuls und der Meerengen durch die Engländer die Rettung des Reiches und empfangen die Alliierten mit Jubel. Doch die britische Besatzungsmacht ist fest entschlossen, diese Sympathiebekundungen zu ignorieren. Der britische Kommissar in der Türkei, Admiral Arthur Somerset Gough Calthorpe, erhält gleich am ersten Arbeitstag ein Schreiben des Kriegsministeriums aus London:

»Bis zu einem Friedensabkommen ist die Gastfreundschaft der Türken abzulehnen, und es ist notwendig, die Beziehung zwischen den Entente-Streitkräften und den Türken auf einer amtlichen Ebene zu belassen.«[106]

Am 8. November 1918 besetzen die Engländer – ungeachtet der Proteste der Istanbuler Regierung – die südanatolische Stadt Iskenderun und die irakisch-kurdische Stadt Musul und Umgebung.

Mustafa Kemal lässt in der Südtürkei, in den Städten Antep, Maraş und Mersin, Waffen zur Selbstverteidigung gegen die Franzosen verteilen. In mehreren Telegrammen an die Istanbuler Regierung bringt er seinen Unmut über die Waffenstillstandsbedingungen zum Ausdruck. Seine Kritik an der Regierungspolitik und seine Absicht, mit einem bewaffneten Kampf einen türkischen Nationalstaat zu gründen, irritieren den Sultan und die Alliierten gleichermaßen.

Als die Engländer am 5. November der Istanbuler Regierung mitteilen, dass sie den Hafen von Iskenderun besetzen werden, teilt Mustafa Kemal dem Kriegsminister Ahmet Izzet Pascha mit, dass er im Falle einer englischen Invasion das Feuer eröffnen werde. Doch wenige Tage später werden die sogenannten »Blitzarmeen« aufgelöst und Mustafa Kemal nach Istanbul beordert. Er leistet diesem Befehl Folge.

Am 8. November tritt Ahmet Izzet Pascha wegen der aggressiven Haltung der Engländer von seinem Amt als Kriegsminister und als Kabinettschef zurück. Tevfik Pascha übernimmt seine Aufgaben. Am 21. Dezember 1918 besetzen die Franzosen die südanatolische Stadt Adana. Unter den französischen

Truppen befinden sich auch Freiwilligeneinheiten, die aus Armeniern bestehen, die zuvor aus der Türkei vertrieben wurden. Als die Armenier ihre Häuser, die sie im Jahre 1915 verlassen mussten, wieder beziehen und an den moslemischen Bewohnern der Stadt Rache üben, bilden sich in der türkischen Bevölkerung Widerstandsgruppen gegen die armenischen Rückkehrer und die französischen Besatzer.

Im besetzten Istanbul

Am 13. November 1918 kommt Mustafa Kemal in Istanbul im Haydarpaşa-Bahnhof an: ein General ohne Aufgabe. Mit großem Schmerz stellt er fest, dass die Ententesoldaten, denen das Passieren der Dardanellen mit kriegerischen Mitteln nicht gelang, ihr Ziel nun durch ein Waffenstillstandsabkommen erreicht haben. Mit seinem Adjutanten Cevat Abbas nimmt er ein Motorboot und fährt durch die Linie der feindlichen Kriegsschiffe bis zum europäischen Bosporusufer. Beim Anblick der vom Feind belagerten Hauptstadt ist Mustafa Kemal tief betroffen. Nach langem Schweigen sagt er zu seinem Adjutanten:

»Sie werden gehen, wie sie gekommen sind.«[107]

An vielen Häusern in Istanbul hängen griechische Fahnen. Die christlichen Bewohner Istanbuls, die ihre Sympathien für die Besatzer nicht verheimlichen, genießen auf Seiten der Sieger – im Gegensatz zu den Muslimen – eine bessere Behandlung.

Eine Woche nach Mustafa Kemals Ankunft in Istanbul hält der griechische Admiral Kakolidis, der mit seinem Kriegsschiff am Bosporus ankert, im Club der Istanbuler Griechen eine Rede:

»Meine Soldaten und Offiziere sind stolz darauf, Euch, Vertretern des Griechentums in der Türkei, den Gruß des Vaterlandes erbieten zu können. Der griechischen Regierung ist es gelungen, euch die griechische Fahne zu überreichen.«[108]

Den englischen und französischen Truppen in Istanbul folgen bald auch die italienischen. Sie wollen mit ihrer Präsenz in der osmanischen Hauptstadt ihren Anspruch auf Gebiete verdeutlichen, die ihnen 1915 in einem geheimen Abkommen in London im Falle eines Sieges versprochen wurden. Diese Gebiete umfassen den gesamten Südwesten Anatoliens, einschließlich Izmirs und der mittelanatolischen Stadt Konya.

Mustafa Kemal wohnt nach seiner Ankunft in Istanbul wieder im Hotel Pera Palas. Einer Anekdote zufolge erscheint eines Tages eine Gruppe von

Ententeoffizieren im Speisesaal des Hotels, unter ihnen auch der englische General Harrington. Der General der Besatzungsmacht lädt Mustafa Kemal an seinen Tisch, worauf dieser dem Überbringer der Einladung sagt:

»Sie sollen an meinen Tisch kommen. Schließlich bin ich hier der Gastgeber und sie nur die Gäste.« [109]

Über Mustafa Kemals Schlagfertigkeit und seine spitze Zunge kursieren zu jener Zeit viele Anekdoten. Welche jedoch wahr und welche unwahr sind, lässt sich nur schwer überprüfen. Denn schon zu seinen Lebzeiten werden die Geschichten – solange sie ihn nur im rechten Licht zeigen – von ihm und seinen Anhängern nicht dementiert, sondern einige davon sogar bewusst in Umlauf gesetzt.

In den folgenden sechs Monaten, die er in Istanbul verbringt, macht Mustafa Kemal sich über die Zukunft des Landes und über seine eigene Rolle dabei viele Gedanken. Er trifft sich regelmäßig mit seinen Offizierskollegen und Freunden und diskutiert mit ihnen die Wege und Möglichkeiten zur Beendigung der Besatzung des Landes.

Zwar hat der Sultan ein Waffenstillstandsabkommen unterzeichnet, das einer Kapitulation der türkischen Armeen gleichkommt. Im ganzen Land entstehen jedoch »Gesellschaften zur Verteidigung der Rechte« der türkischen Provinzen und Städte, so im November 1918 die »Gesellschaft zur Verteidigung der Rechte Thraziens«. Im Dezember folgen die Gesellschaften in Izmir und Adana. Diese Organisationen werden später das Rückgrat eines landesweit ausgetragenen Befreiungskampfes sein. Mustafa Kemal beobachtet die Entwicklungen im Land mit wachsamen Augen und tauscht sich immer wieder mit Kommandeuren wie Oberst Refet (Bele), Oberst Ismet (Inönü) und dem Marineminister Rauf (Orbay) aus, um mit ihnen das zukünftige Vorgehen gegen die Besatzer zu planen.

In dieser Zeit denkt Mustafa Kemal immer ernsthafter über einen Befreiungskrieg nach, kann sich jedoch nicht entschließen, Istanbul zu verlassen und als einfacher Zivilist nach Anatolien zu gehen, um dort den Widerstand gegen die Besatzer zu organisieren. Er befürchtet, als Soldat ohne Befugnisse bei der türkischen Bevölkerung keine Anerkennung zu finden. Später wird er jedoch behaupten, dass er den Entschluss, mit Istanbul zu brechen, bereits zu diesem Zeitpunkt gefasst habe:

»Ich wollte zu einem günstigen Zeitpunkt Istanbul verlassen und nach Anatolien gelangen. Hier wollte ich eine zeitlang unauffällig arbeiten und später dem türkischen Volk die Katastrophe (die Besatzung und Teilung des Landes) vor Augen führen. Dieses Geheimnis teilte ich erst einmal niemandem mit. Ich lebte weiter, als ob ich keine Entscheidung getroffen hätte.« [110]

In Istanbul herrscht unter der Bevölkerung inzwischen eine gegen die Jungtürken gerichtete probritische Stimmung, weil man Enver Pascha und seine Mitstreiter für die Niederlage im Krieg verantwortlich macht. Auch Sultan Mehmet VI., Vahdettin, wendet sich von den Jungtürken ab und unterstützt ein britisches Protektorat. Er ernennt am 11. November 1918 den ehemaligen Botschafter in London, seinen Schwager Damat Ferit, als Zeichen seiner englandfreundlichen Politik zum Großwesir. Damat Ferit ist gleichzeitig der Führer der Partei *Freiheit und Fortschritt*, die als Alternative zu der Partei der Jungtürken *Einheit und Fortschritt* gegründet worden war und das parlamentarische Sultanat verteidigt. Darüber hinaus ist er, neben dem Innenminister Ali Kemal, der Gründer einer »Vereinigung der Freunde Englands«. Daneben existiert eine im Dezember 1918 gegründete »Wilson-Liga«, die sich ihrerseits für ein amerikanisches Mandat über die Türkei einsetzt. Auch einige Freunde Mustafa Kemals sind für diese Alternative. Sie hoffen dadurch, die Unabhängigkeit der Türkei auf friedlichem Wege erreichen zu können. Denn Wilson erwähnt in seinen »14 Punkten« vom 8. Januar 1918 die »Sicherung einer stabilen Souveränität der türkischen Teile des Osmanischen Reiches«.

Mustafa Kemal hält jedoch nichts von einer Politik, bei der die Rettung des Vaterlandes nur mit ausländischer Unterstützung zu verwirklichen ist. Seine Haltung wird er neun Jahre später in einer Rede vor dem türkischen Parlament unmissverständlich in Worte fassen:

> *»Die Schutzherrschaft eines (anderen) Staates anzustreben ist nichts weiter als die Offenbarung der eigenen menschlichen Schwäche und eigenen Unfähigkeit. Niemand (...) kann freiwillig befürworten, einen fremden Efendi ins Land zu holen. Der Stolz und das Selbstvertrauen der Türken sind sehr groß. Ein solches Volk sollte lieber zugrunde gehen, als in Gefangenschaft zu leben. Deswegen: Tod oder Freiheit!«* [III]

Eine andere Gruppe, die in der türkischen Politik großes Gewicht hat, sind die Istanbuler Geschäftsleute. Die jüdischen, griechischen und armenischen Kaufleute, die den gesamten Außenhandel des Landes beherrschen, sehen in der Aufsplitterung der Türkei eine Chance für noch profitablere Geschäfte. Während die Juden, die allgemein finanziell besser dastehen als die Muslime, für die Erhaltung des Osmanischen Reiches plädieren, träumen die Griechen von einem Anschluss Istanbuls an das griechische Kernland. Die Tatsache, dass die christlichen Minderheiten die Besatzer als Befreier empfangen haben, führt zu Feindseligkeiten unter den Bewohnern von Istanbul, die später offen zu Tage treten werden.

Der britische General Allenby ordnet gemäß dem Friedensabkommen von Mudros die Rückführung der etwa 100 000 armenischen Gefangenen in ihre Heimat an. Gleichzeitig beginnen in Südanatolien die »Racheaktionen« der Armenier an der türkischen Bevölkerung, die sie für die früheren Verfolgungen verantwortlich machen. Die »Armenische Legion«, die in die französische Besatzungsarmee eingegliedert ist, spielt bei diesen Gräueltaten die Hauptrolle. Anfang 1919 nehmen die armenischen Übergriffe solche Ausmaße an, dass die Franzosen die Auflösung der »Armenischen Legion« anordnen.

Mustafa Kemal spürt, dass das türkische Volk – trotz der probritischen, profranzösischen oder proamerikanischen Haltung mancher Gruppen – die Besatzung seiner Heimat nicht ohne weiteres hinnehmen wird. Er nimmt Kontakt zu seinen Offizierskollegen in Anatolien auf, die von ihrem Dienst nicht suspendiert worden sind, um mit ihnen über die Organisation eines möglichen Widerstands gegen die Besatzer zu sprechen. Hierbei spielen auch die armenischen Übergriffe eine wichtige Rolle.

Mustafa Kemal und seine Freunde sehen in Sultan Vahdettin, der für ein englisches Mandat plädiert, einen Verräter. Deswegen ist das Ziel des türkischen Widerstandes nicht nur die Befreiung des Vaterlandes von den äußeren Feinden, sondern auch eine Säuberung im Inneren. Allerdings kann Mustafa Kemal den Sultan, der noch immer das unumstrittene Oberhaupt des türkischen Volkes ist, vorerst nicht öffentlich kritisieren. In seiner berühmt gewordenen Rede wird er neun Jahre später sagen:

> *»Das Fundament des Osmanischen Reiches war zerfallen und seine Zeit abgelaufen. Die Länder des Osmanischen Reiches waren zersplittert. Es war nur noch ein kleines Stück Land übriggeblieben, wo die Türken heimisch waren. Jetzt drohte auch dieses Gebiet noch aufgeteilt zu werden. (...) In dieser Situation galt es, nur eine einzige Entscheidung zu treffen: einen neuen unabhängigen Staat zu gründen, der auf der Herrschaft des Volkes basierte.«* [112]

Mustafa Kemal versucht, in Istanbul weiter größeren politischen Einfluss zu gewinnen. Vergeblich bemüht er sich, mit einer Rede vor dem Istanbuler Parlament Abgeordnete dafür zu gewinnen, bei der Vertrauensfrage gegen das amtierende Kabinett zu stimmen. Er hofft, dass der abgesetzte Izzet Pascha bei einer Kabinettsneubildung wieder zum Großwesir ernannt wird und er unter ihm als Kriegsminister arbeiten könnte. Nach langen Gesprächen glaubt Mustafa Kemal, einige der Abgeordneten für seine Meinung gewonnen zu haben. Doch wird am 19. November dem Kabinett von Tevfik Pascha mehrheitlich das Vertrauen ausgesprochen.

Allerdings wird Tevfik Pascha, der im Parlament wegen der starken Opposition handlungsunfähig ist, schon einen Monat später Sultan Vahdettin darum bitten, das Parlament aufzulösen, denn viele Volksvertreter teilen die

Haltung des Sultans nicht und wollen die Besetzung ihrer Heimat nicht ohne weiteres hinnehmen. Dem entspricht der Sultan. Ohne das Parlament hat er nun völlig freie Hand bei seinen Aktivitäten. Er behält Tevfik Pascha weiterhin als Regierungschef und löst das Kabinett auf, um zwei Wochen später, am 12. Januar 1919, ein neues, ihm loyales zu bilden. Das Amt des Kriegsministers wird mit dem alten General Ömer Yaver Pascha besetzt, während der junge nationalistische General Fevzi (Çakmak) zum Generalstabschef ernannt wird. Doch diese Regierung bleibt nicht lange im Amt. Vier Monate nach der Regierungsbildung, am 4. März, tritt Tevfik Pascha zurück, und der englandfreundliche Damat Ferit bildet ein neues Kabinett. Er ordnet die Verhaftung von vierunddreißig nationalistischen Politikern an – darunter auch der ehemalige Großwesir Sait Halim Pascha und der ehemalige Innenminister der Jungtürkenregierung Fethi (Okyar).

Am 4. Februar legt der griechische Premierminister Venizelos der Kommission der Entente einen Teilungsplan für die Resttürkei vor, nach dem Thrazien und Westanatolien von Griechenland besetzt werden sollen. Einen Monat später gibt der griechisch-orthodoxe Patriarch in Istanbul bekannt, dass die Istanbul-Griechen ihre osmanische Staatsbürgerschaft aufgeben und ihre Pflichten als Bürger nicht mehr erfüllen werden.[113]

Am 8. Februar 1919 hält General Franchet d'Ésperey an der Spitze französischer Truppen seinen triumphalen Einzug in Istanbul, obwohl die Engländer ihm um Wochen zuvorgekommen waren. Er reitet auf einem Schimmel über teppichbelegte Straßen zur Hagia Sofia – wie einst Sultan Mehmet II., der mit der Einnahme Istanbuls 1453 dem Byzantinischen Kaiserreich ein Ende bereitet hatte. Die Straßen von Istanbul werden von den Soldaten der Besatzermächte Italien, Großbritannien und Frankreich beherrscht. Mustafa Kemal empfindet dies als eine Schmach, wie sie das Osmanische Reich seit seiner Gründung noch nie erlebt hat:

> *»Die Stimme eines großen Volkes war erstickt worden. Was am Horizont von Istanbul emporstieg waren die Stimmen, Beleidigungen, Fahnen und Bajonette des Feindes.«*[114]

Allein am Bosporus und an den Dardanellen halten sich zu diesem Zeitpunkt 35 000 englische und 28 000 französische Soldaten auf. Dazu kommen 4 000 italienische Soldaten, die den Istanbuler Stadtteil Beyoğlu besetzt halten. Trotz der militärischen Präsens dreier Nationen haben tatsächlich nur die Briten in der europäischen Türkei das Sagen.

Inzwischen ist auch Mustafa Kemal in Istanbul nicht mehr sicher. Aus Geldmangel muss er seine Residenz im Pera Hotel aufgeben und mietet im Istanbuler Stadtteil Şişli ein Haus. Immer wieder wird er von den Soldaten der Besatzermächte belästigt. Nicht einmal der Generalstitel schützt ihn vor Hausdurchsuchungen, hinzu kommen finanzielle Schwierigkeiten. Aus Not ziehen seine Mutter und seine Schwester zu ihm.

Die Engländer wollen nicht nur die Meerengen und die Hauptstadt kontrollieren, sondern auch die Bahnlinie Istanbul – Konya und damit die südostanatolischen Städte Maraş, Antep und Urfa. Der britische Premierminister Lloyd George will mit allen Mitteln verhindern, dass Frankreich und Italien im türkischen Kernland (Anatolien) an Einfluss gewinnen. Um Italiens Ansprüche zu beschneiden, kommen die im Februar 1919 von Ministerpräsident Venizelos vorgebrachten griechischen Forderungen nach einer Annexion Thraziens und Izmirs gerade recht. Eine Kommission soll die Ansprüche der Griechen untersuchen. Um einen Teil ihrer Beute zu sichern, landen die Italiener am 29. März 1919 in Antalya und marschieren gegen die mittelanatolische Stadt Konya.

Zu diesem Zeitpunkt plant Mustafa Kemal in seiner Wohnung in Şişli bereits einen bewaffneten Widerstand gegen die Siegermächte, die inzwischen auch weite Teile Anatoliens unter ihre Kontrolle gebracht haben. Er intensiviert seine Kontakte zu den Kommandeuren der türkischen Armee in Anatolien und versucht, die Lage zugunsten eines Befreiungskampfes zu beeinflussen. Mustafa Kemals Freund Ali Fuat (Cebesoy), der in Anatolien als kommandierender General tätig ist, besucht ihn in Istanbul. Hier entwerfen sie den ersten Plan für einen Befreiungskrieg.

Der Marineminister Rauf tritt zurück und schließt sich wie Oberst Ismet (Inönü) Mustafa Kemal an. Dieser will von Ismet erfahren, welche Region in Anatolien für den Beginn eines Befreiungskampfes in Frage käme. Ismet kann sich nicht für ein bestimmtes Gebiet entscheiden.

In diesen Tagen bekommt Mustafa Kemal Besuch von Kazım Pascha Karabekir aus Thrazien, der ihm die Entscheidung abnimmt. Der General ist in die Osttürkei versetzt worden und soll hier das 15. Armeekorps befehligen. Er schlägt vor, den Befreiungskrieg von seinem Kommandogebiet aus in der Stadt Erzurum zu beginnen und sich von dort in Richtung Westen zu bewegen. Doch vorerst bleiben das nur Pläne. Eins kann durch diese Treffen jedoch erreicht werden: Mustafa Kemal wird von den Generälen Ali Fuat und Kazım Pascha ermutigt, nach Anatolien zu kommen. Sie und andere Kommandeure rüsten sich seit einiger Zeit für einen Widerstand gegen die Besatzer. Sie weigern sich, die Waffen ihrer Truppen, wie die Waffenstillstandsbedingungen es vorsehen, an die Siegermächte abzuliefern. Große Teile der Waffen bringen sie in Anatolien heimlich in Sicherheit. Doch viele Offiziere und Politiker sind von den Engländern, die Hauptstadt und Meerengen sicher im Griff haben, eingeschüchtert. Ali Fuat schreibt später in seinen Memoiren, dass nur wenige hochrangige Offiziere den Plan für einen Befreiungskampf unterstützten:

»Wir hatten zu vielen großen Persönlichkeiten Kontakt aufgenommen. Nur Rauf (Orbay), Refet (Bele) und einige Kommandeure von Armeeeinheiten waren bereit, in Anatolien Aufgaben zu übernehmen.«[115]

Keiner der Ententestaaten will die zur Besatzung notwendigen Streitkräfte nach Anatolien schicken. Dafür ist der Erfolg zu ungewiss, und Anatolien aus ihrer Sicht keine großen Opfer wert. Lloyd George ist für eine indirekte Kontrolle der Region und schlägt die Gründung eines internationalen Staates im Meerengengebiet vor. Daneben soll ein armenischer Staat entstehen, der sich vom Schwarzen Meer bis zur Südküste Anatoliens am Mittelmeer erstreckt.

Als die Schwarzmeergriechen um die Küstenstadt Trabzon (Trapezunt) herum einen eigenen Staat gründen wollen, herrschen dort bald bürgerkriegsähnliche Zustände. Ein Freischärler namens Topal Osman, der in der Umgebung für seine Brutalität bekannt ist, tötet mit seinen Leuten Hunderte christliche Bewohner in Giresun, Samsun und Merzifon. Die Engländer schicken 200 Soldaten in die Küstenstadt Samsun, um Übergriffe zu verhindern. Als die Kämpfe zwischen den Muslimen und Christen Anatoliens nicht aufhören, beschließen die Istanbuler Regierung und die Engländer, drei Armee-Inspekteure zu ernennen, die dort für Ordnung sorgen sollen.

Bei der Suche nach geeigneten Inspekteuren bekommt der beschäftigungslose General Mustafa Kemal schließlich seine Chance. Der Sultan ernennt den General Fevzi (Çakmak) zum Inspekteur der 2. Armee, die zwar offiziell für Istanbul und Umgebung zuständig ist, jedoch wegen der Militärpräsens der Siegermächte nichts zu sagen hat. General Cemal (Mersinli) ist für die 1. Armee zuständig, die sich in der mittelanatolischen Stadt Konya befindet. Mustafa Kemal wird Inspekteur der 9. Armee und der Armeeteile im Süden, die in der ostanatolischen Stadt Erzurum stationiert sind. Außerdem soll er an der Schwarzmeerküste sowohl gegen die aufständischen Armenier und Griechen als auch gegen die gewalttätigen Muslime vorgehen. Endlich hat er die Möglichkeit, als Pascha des Sultans und mit Privilegien ausgestattet nach Anatolien zu reisen und hier im geheimen für die Befreiung des Landes tätig zu werden. Acht Jahre später wird er behaupten, dass hinter seiner Ernennung die versteckte Absicht des Sultans und der Engländer gestanden hätte, ihn aus Istanbul zu entfernen:

»Ich muss gestehen, dass sie mir diesen Gefallen getan haben, ohne es zu wissen und zu verstehen. Diejenigen, die mich aus Istanbul entfernen wollten, hatten für mich die Aufgabe ersonnen, ›die Übergriffe und die Gesetzlosigkeit in der

Umgebung von Samsun‹ zu unterbinden. Ich habe behauptet, ich benötigte für so eine Aufgabe ein Amt und Befugnisse. Sie hatten keine Einwände.«[116]

In Abwesenheit des Kriegsministers verfasst Mustafa Kemal (das berichtet er jedenfalls seinem Biographen Falih Rıfkı Atay) gemeinsam mit einem Mitarbeiter des Ministeriums eine Vollmacht, die ihn mehr oder weniger zum Generalinspekteur der türkischen Armeen in Anatolien erklärt. Mit dieser Ermächtigung will er in fünf Kreisstädten die Funktion eines Gouverneurs ausüben und über die Waffen verfügen, die sich in der Region befinden. Der Kriegsminister Şakir Pascha, der die von Mustafa Kemal und seinem Freund verfasste Dienstbeschreibung billigen muss, verweigert seine Unterschrift, stellt jedoch seinen Stempel zur Verfügung. Mustafa Kemals Freude kennt nun keine Grenzen:

»Das Schicksal hatte für mich solch günstige Bedingungen geschaffen, dass ich mein Glück nicht fassen konnte. Ich kann mich erinnern, dass ich mir vor Aufregung auf die Lippen biss, als ich das Ministerium verließ. Jetzt war der Käfig offen und vor mir lag eine große Welt. Ich war wie ein Vogel, der bereit war, davonzufliegen.«[117]

Nach seiner »Ernennung« trifft er sich mit dem noch amtierenden Generalstabschef Fevzi (Çakmak) und mit General Cevat (Çobanli). Bei diesem Treffen vereinbaren sie das zukünftige Vorgehen Mustafa Kemals und halten folgende Eckdaten fest:

- die Waffen werden nicht an die Siegermächte ausgeliefert,
- eine nationale Verwaltung soll gegründet werden,
- die türkischen Streitkräfte werden sich nicht nur auf die Verteidigung beschränken.[118]

Der oberste Rat der Entente genehmigt am 6. Mai die griechische Okkupation Izmirs mit der Begründung, dass die Sicherheit der Alliierten und der griechischstämmigen Bevölkerungsteile bedroht sei. (Später wird eine interalliierte Untersuchungskommission feststellen, dass das nicht der Wahrheit entsprach.) Die Entscheidung der Entente wird bis zur Invasion geheimgehalten, um einen möglichen Widerstand der türkischen Bewohner und der türkischen Armee zu verhindern.

Am 15. Mai 1919 landen die griechischen Marineinfanteristen unter dem Schutz britischer, französischer und amerikanischer Schiffe bei Izmir. Militärexperten befürchten, dass die Türken diese Demütigung nicht hinnehmen und gegen die griechischen Besatzer Widerstand leisten werden. Das wiederum könne die britische Präsens in der Region gefährden, meint Winston Churchill:

»Ich kann mich sehr gut daran erinnern, wie ich in Paris an einem schönen Nachmittag von dieser unglücklichen Tat erfahren habe. Ich war überrascht und empört. (...) Unsere Mittel in der Region waren sehr begrenzt. Dieses Unternehmen, das viele Gefahren mit sich brachte, war keineswegs intelligent.« [119]

Die Griechen wollen in Westanatolien mit der Besetzung Izmirs die Fundamente zu einem »großgriechischen Reich« legen. Die griechischstämmigen Bewohner, die etwa die Hälfte der Bevölkerung ausmachen, begrüßen die Soldaten mit Blumen und Sympathiekundgebungen. Als ein Türke namens Hasan Tahsin während der Invasion den griechischen Fahnenträger erschießt, kommt es zu Übergriffen der griechischen Soldaten. Die türkischen Bewohner schießen zurück. Obwohl die griechische Armee die Stadt bereits unter ihre Kontrolle gebracht hat, eröffnet sie das Feuer auf die türkische Kaserne. Der Kommandant der türkischen Garnison hat aus Istanbul den Befehl, nicht gegen die griechische Invasion zu intervenieren. Als er die Kaserne kampflos übergeben will, wird er ohne ersichtlichen Grund von den Griechen erschossen.

Am Ende der Auseinandersetzungen zählen die griechischen Bewohner etwa 100 und die Türken insgesamt 300 Tote. Seit ihrer Eroberung durch die Türken im Jahre 1425 ist Izmir zum ersten Mal wieder in griechischer Hand. In Anatolien herrscht darüber Entsetzen und Empörung.

Einen Tag nach der griechischen Invasion macht Mustafa Kemal dem Sultan Vahdettin beim traditionellen Freitagsgebet seine Aufwartung. Bevor er seine Reise nach Anatolien antritt, will er sich von ihm verabschieden. Der Sultan zeigt sich seinem General gegenüber sehr freundlich. Mustafa Kemal schildert dieses Treffen folgendermaßen:

»Der Sultan sagte zu mir:

›Pascha, Sie haben diesem Staat bis zum heutigen Tag sehr gut gedient. Die Taten sind in diesem Buch festgehalten worden.‹

Er legte seine Hand auf ein Buch und fügte hinzu:

›Sie sind in die Geschichte eingegangen.‹

In diesem Moment habe ich verstanden, dass es sich dabei um ein Geschichtsbuch handelte. Ich hörte ihm vorsichtig und aufmerksam zu:

›Vergessen Sie nun das Ganze. Das, was Sie als nächstes tun werden, kann viel wichtiger sein, als das, was Sie bisher getan haben. Pascha, Sie können unseren Staat retten!‹ [120]

Ob dieses Gespräch tatsächlich so stattgefunden hat, bleibt offen. Eins ist sicher: Nach diesem Gespräch schenkt der Sultan Mustafa Kemal eine Taschenuhr, auf der das Wappen des Reiches abgebildet ist.

Am nächsten Tag macht sich Mustafa Kemal mit neunzehn Begleitern, die er unter seinen Freunden und Bekannten ausgesucht hat und die mit seinen Absichten vertraut sind, an Bord eines alten Kutters namens *Bandırma* auf den Weg an die Schwarzmeerküste. Dies ist der Schritt, der Mustafa Kemal endgültig zum ›Retter der Nation‹ machen wird.

In Anatolien

»Im Mai 1919 kam ich in Samsun an. Die Lage des Landes war folgende: Die Verbündeten des Osmanischen Reiches hatten den Krieg verloren, der osmanischen Armee war überall Schaden zugefügt worden, und ein Abkommen mit schweren Auflagen war unterschrieben worden. Im Laufe der Jahre, während des großen Krieges, war das türkische Volk ermüdet und verarmt. Diejenigen, die das Land und das Volk zum Krieg getrieben hatten, flohen ins Ausland, um ihr Leben zu retten. Vahdettin, der das Sultanat und das Kalifat innehielt, versuchte nur seinen Thron und seine Privilegien zu retten. (...) Die Armee war und wurde entwaffnet.«[121]

Dies ist der Anfang seiner berühmten, etwa 400 Seiten langen Rede, die als wichtigste schriftliche Hinterlassenschaft Mustafa Kemals gilt. Acht Jahre nach seiner Ankunft in Anatolien wird er sie vor dem türkischen Parlament halten. Den Tag seiner Ankunft in der Küstenstadt Samsun wird er später sogar als seinen Geburtstag angeben.

Am 19. Mai gehen der inzwischen achtunddreißig Jahre alte Mustafa Kemal und seine Begleiter nach einer aufregenden Fahrt – sie befürchteten, von den Engländern aufgespürt und versenkt zu werden – in Samsun an Land. Drei Tage nach seiner Ankunft schreibt er an den Großwesir einen Bericht, in dem er die Ausgangsposition seiner zukünftigen Politik formuliert:

»Das Volk hat sich vereint und hat sich seine eigene Herrschaft und den türkischen Nationalismus zum Ziel gesetzt.«[122]

Damit spielt Mustafa Kemal auf die Prinzipien des »Türkismus« an, der zur Regierungszeit der Jungtürken nach den großen Gebietsverlusten vor Ausbruch des Ersten Weltkrieges als neue Staatsideologie angesehen wurde. Es ist ein Appell an den Sultan, den Traum von dem Vielvölkerstaat, der das Osmanische Reich einst war, endgültig aufzugeben, weil das türkische Volk sich jetzt nur noch mit seiner eigenen Nationalität identifizieren könne.

Da in der Stadt britische Truppen stationiert sind, hält sich Mustafa Kemal nur eine Woche in Samsun auf und verlegt sein Hauptquartier in das etwas sicherere Landesinnere, in die Kleinstadt Havza. Die Weiterreise nach Havza begründet er am 24. Mai 1919 in einem Telegramm an das Kriegsministerium:

»Wegen mancher Beschwerden in den Ortschaften Merzifon, Vezirköprü, Amasya, Ladik und Havza werde ich mein Hauptquartier morgen nach Havza verlegen, um hier die Lage persönlich überprüfen und einige Vorsichtsmaßnahmen treffen zu können. Aber wegen einer sicheren Postverbindung wird meine Adresse weiterhin Samsun bleiben.«[123]

Natürlich ist Mustafa Kemal mit seinem Vorhaben, bewaffneten Widerstand zu leisten, nicht allein. Neben Hunderten von Offizieren in Anatolien sympathisieren selbst der Kriegsminister und der Generalstabschef der türkischen Armee mit dieser Idee. Doch sind sie entweder handlungsunfähige Regierungsmitglieder oder Einzelgänger, die keinen Kontakt zueinander haben. Das ist Mustafa Kemals Chance: Bald wird er zur alles vereinenden Gestalt werden.

In Havza lässt er zunächst in den Thermalanlagen sein altes Nierenleiden kurieren und beginnt mit den Kommandeuren in anderen Regionen einen intensiven Telegrammwechsel. Sein Hauptziel ist zu diesem Zeitpunkt die Sicherstellung der Waffen und die Bildung einer widerstandsfähigen Armee in Anatolien.

Die Übergriffe der griechischen Truppen im besetzten Izmir lassen die Zahl der Sympathisanten Mustafa Kemals anwachsen. Überall wird die gewaltsame Vertreibung der Griechen aus Anatolien propagiert. Schließlich kommt es am 28. Mai nördlich von Izmir zu ersten Kampfhandlungen zwischen griechischen und türkischen Soldaten. Oberst Ali (Çetinkaya) lässt in der Kleinstadt Ayvalık ohne Befehl aus Istanbul auf die griechischen Invasoren das Feuer eröffnen.

Vier Tage nach seiner Ankunft in Havza schickt Mustafa Kemal folgende Anweisungen an die Kommandeure und Verwaltungsbeamten in Anatolien:

»Die Einheit des Landes muss geschützt werden. Deswegen muss eine nationale Organisation gegründet werden. Gegen die feindliche Besatzung des Landes müssen Demonstrationen organisiert werden, und diese Aktionen müssen per Telegramm dem Volk, der Regierung in Istanbul und dem Ausland mitgeteilt werden.«[124]

In einem weiteren Schreiben wird er noch deutlicher:

»Die Istanbuler Regierung hat Anatolien nicht zu beherrschen, sondern sich unterzuordnen!«[125]

Mustafa Kemal nimmt in Havza auch Kontakte zu nationalistischen Freischärlern auf, um sie im bewaffneten Kampf als Armeeeinheiten einzusetzen. Seine Beziehung zu dem Banditen Topal Osman, der in der Schwarzmeerregion Giresun für seine brutalen Übergriffe auf christliche Bewohner bekannt ist, wird jedoch von vielen als Fehler angesehen.

Seit seiner Ankunft in Anatolien versucht er, sowohl in der Bevölkerung als auch in der Armee die Führungsrolle zu übernehmen. Widerstände gegen seine Person gibt es in beiden Lagern genug. Es wird noch mehrere Jahre dauern, bis er von allen Schichten als Führer der nationalen Bewegung und schließlich des Staates anerkannt wird.

Die Bestrebungen Mustafa Kemals, eine militärische und zivile Einheit zu bilden, bleiben den Engländern nicht lange verborgen. Nach intensivem Schriftwechsel zwischen dem osmanischen Kriegsministerium und dem Kommandanten der britischen Armee am Schwarzen Meer, General Milne, verlangt dieser am 6. Juni in einem Telegramm an die Istanbuler Regierung schließlich die sofortige Rückkehr Mustafa Kemals nach Istanbul:

»Die Anwesenheit eines berühmten Paschas mit seinen Begleitern in türkischen Provinzen stört nicht nur die Öffentlichkeit, sondern es besteht aus militärischer Sicht dort auch kein Bedarf nach seinen Diensten. Deshalb verlange ich die unverzügliche Rückkehr Mustafa Kemals und seiner Begleiter nach Istanbul.«[126]

Auch die Istanbuler Regierung beobachtet die Aktivitäten mit zunehmender Sorge. Drei Wochen nach seiner Abreise wird im Ministerrat die ›Angelegenheit Mustafa Kemal‹ ausführlich diskutiert. Der Kriegsminister Şevket Turgut Pascha schickt daraufhin folgendes Telegramm:

»An den Inspekteur der 9. Armee,
Sie werden gebeten, sich mit einem Ihnen zur Verfügung gestellten Dampfboot hierher zu begeben.«[127]

Gleich nach dem Empfang des Telegramms verfasst Mustafa Kemal folgende Antwort an den Sultan:

»Ich bin bereit, wenn nötig, meinen Beamtenstatus abzulegen und in Anatolien unter dem Volk zu bleiben, und ich werde meine Dienste für das Vaterland mit klareren Schritten fortsetzen.«[128]

Mustafa Kemal beobachtet in Anatolien den Willen des türkischen Volkes, sich der Besetzung der Heimat zu widersetzen, allerdings ist es führerlos und der militärische Widerstand, den es vorerst nur im Westen gibt, eher individuell. Der Sultan, der in Istanbul von den Briten beherrscht wird, hat auf die Bevölkerung kaum noch Einfluss. In der folgenden Zeit versucht Mustafa Kemal mit einer Propagandareise durch Anatolien, als die vereinende Figur aller Kräfte im Lande aufzutreten, die so dringend gebraucht wird. Dafür ist er allerdings nicht bekannt genug, er muss andere Anwärter auf diese Position aus dem Rennen werfen. Am 12. Juni reist er in die etwa fünfzig Kilometer südlich gelegene Stadt Amasya, wo er unter großem Jubel der Stadtbewohner empfangen wird. Viele würdigen seine Erfolge an den Dardanellen und sehen in ihm den zukünftigen ›Retter des Vaterlandes‹. Mustafa Kemal, der sich von der Stimmung mitreißen lässt, hält eine Rede vor der Bevölkerung, bei der er sich zum ersten Mal öffentlich gegen den Sultan stellt und ihn als einen handlungsunfähigen ›Gefangenen der Entente‹ bezeichnet.

Dem bewaffneten Widerstand, der inzwischen die »Befreiungsbewegung« genannt wird, schließt sich, nachdem er sich in Westanatolien mit einigen Volksvertretern getroffen hat, auch der ehemalige Marineminister Rauf (Orbay) an, der in der Bevölkerung große Beliebtheit genießt. Nach dem Sieg wird er zum größten Widersacher Mustafa Kemals werden.

Für den Fall seiner Entlassung aus der Armee pflegt Mustafa Kemal regelmäßigen Kontakt zu den Widerstandsorganisationen des Landes, lenkt und beherrscht sie, um sich, wenn nötig, auf sie stützen zu können. Überall lässt er neue Filialen der Gesellschaft zur Verteidigung des Vaterlandes gründen. In seinem späteren Kampf beruft sich Mustafa Kemal immer wieder auf diese Organisationen und die türkische Armee, um seine Rebellion zu legitimieren.

Am 18. Juni sendet Mustafa Kemal der Gesellschaft in Thrazien ein Telegramm, in dem er andeutet, sich endgültig der Befreiung des Landes gewidmet zu haben. Die Gesellschaft soll ihn als ihren Führer anerkennen:

> *»Ich habe bei allem, was mir heilig ist, geschworen, im Einklang mit der Nation in voller Ergebenheit zu arbeiten, bis wir unsere volle Unabhängigkeit errungen haben. Ich habe den festen Entschluss gefasst, Anatolien nicht mehr zu verlassen.«*[129]

Überall, wo Mustafa Kemal auftritt, genießt er bei der Bevölkerung eine gewisse Beliebtheit, weiß jedoch, dass sich das schnell ändern kann. Man darf nicht vergessen, dass im Osmanischen Reich niemand die Stellung des Sultans als religiöses und politisches Oberhaupt jemals in Frage zu stellen wagte. Mustafa Kemal weiß, dass er sich dem Sultan entgegenstellen muss, wenn er im Land die Führungsrolle übernehmen will, dabei aber vor allem auf die Unterstützung der türkischen Armee angewiesen ist. So versucht er, den Eindruck zu erwecken, dass die Befreiungsbewegung nicht den Zivilorganisationen, sondern der Armee entsprungen sei. Um der Erhebung gegen den Sultan und die Istanbuler Regierung den Anschein einer bloßen Meuterei zu nehmen und die Zweifel in den Köpfen der unsicheren Offiziere zu verscheuchen, betont er bei jeder Gelegenheit, die volle Unterstützung des Volkes zu haben. An die türkische Armee in Thrazien schickt er folgendes Telegramm:

> *»Das gesamte anatolische Volk ist vereint. Die Entscheidungen werden nach der militärischen Kommandoordnung praktiziert. Fast alle Gouverneure und Beamte sind auf unserer Seite. Die Organisation reicht bis in die Kleinstädte hinein. Die Anhängerschaft eines freien Kurdistans unter englischer Obhut ist beseitigt worden, und die Kurden haben sich mit den Türken vereint.«*[130]

Mustafa Kemal und seine Vertrauten unternehmen erste Schritte, um dem Aufstand einen zivilen und demokratischen Charakter zu verleihen. Denn seine Entlassung aus der Armee ist nur noch eine Frage der Zeit. Am 22. Juni 1919 verfassen sie ein Rundschreiben, in dem sie die Entsendung von Volksvertretern für einen National-Kongress in Sivas und für einen Regional-Kongress der Ostprovinzen in Erzurum fordern:

»*1. Die Unabhängigkeit der Nation ist in Gefahr.*

2. Die Zentralregierung ist ihrer Aufgabe nicht gewachsen, was zur Folge hat, dass unsere Nation (bei wichtigen internationalen Entscheidungen) nicht mitberücksichtigt wird.

3. Nur die Energie und der Wille einer Nation kann die Unabhängigkeit des Landes retten.

4. Die Schaffung einer Nationalversammlung ist dringend nötig. Sie muss gegen jede Beeinflussung geschützt und frei von jeder Kontrolle sein. Nur sie darf die Lage der Nation überprüfen und vor der Welt für die Geltendmachung unserer Rechte eintreten.«[131]

Mustafa Kemals Wegbegleiter wie Oberst Refet (Bele), General Ali Fuat (Cebesoy) und der ehemalige Marineminister Rauf (Orbay) unterschreiben die Deklaration.

Selbst der englandtreue Kabinettschef Damat Ferit, der stets für das britische Mandat plädiert hatte, ist nach der Landung der Griechen in Izmir kampfbereit. Am 23. Juni 1919 sagt er im Parlament:

»*Das osmanische Volk wird die Teilung oder die Besatzung des Reiches durch andere Nationen nicht hinnehmen. Keine Regierung der Welt kann gegen den Willen ihres Volkes handeln.*«[132]

In der ganzen Türkei sind nun Widerstandsparolen zu hören. Junge Offiziere fliehen aus Istanbul und kommen nach Anatolien, um sich Mustafa Kemal und seinem Kreis anzuschließen. Viele Menschen in der Welt betrachten den Zusammenhalt der Türken gegen die Besatzung ihrer Heimat mit Verständnis und Sympathie. Für Churchill sind allein die Griechen für die Eskalation verantwortlich:

»*Die Türkei ließ es zu, von ihrem ›alten Freund‹ England bestraft zu werden. Aber als die Türken merkten, dass sie sich nicht den Engländern, sondern den Griechen beugen mussten, mit denen sie mehrere Generationen überdauernde Hassgefühle verbanden, gerieten sie außer Kontrolle.*«[133]

Sultan Vahdettin bleibt weiterhin auf seiner politischen Linie, den britischen Forderungen Folge zu leisten, um sein Land vor größeren Strafen der Siegermächte zu bewahren. Er bittet Mustafa Kemal nunmehr persönlich, umgehend nach Istanbul zurückzukehren. Am 2. Juli empfängt Mustafa Kemal in der ostanatolischen Stadt Erzincan, wo er für den Kongress in Erzurum unterwegs ist, das Telegramm des Sultans:

»Im Kriegsministerium haben wir beschlossen, dass Sie nicht aus Ihren Diensten entfernt werden sollen. Denn wir wollen Ihre Person nicht auf Druck der Ausländer kränken. Deshalb: legen Sie entweder Ihr Amt nieder und kommen Sie nach Istanbul, oder begeben Sie sich für zwei Monate zur Luftveränderung in eine andere Stadt, bis sich die Lage geklärt hat und der Frieden gesichert ist.«[134]

Dennoch gibt es viele Abgeordnete und sogar Regierungsmitglieder, die mit der nationalen Bewegung in Anatolien sympathisieren. Einer der größten Anhänger Mustafa Kemals ist der Kriegsminister Şevket Turgut Pascha. Als es zwischen dem Innenminister Ali Kemal Bey und ihm zum Streit kommt, weil der Innenminister gegen Mustafa Kemal Stellung bezieht, legt der Kriegsminister sein Amt nieder.[135] Sein Amt übernimmt Ferit Pascha, der den rebellierenden General Mustafa Kemal erneut zurück beordert. Dieses Mal ist der Ton deutlicher:

»Die Niederlage ist eine Krankheit ohne Gegenmittel. Wenn man den Wünschen der Sieger nicht nachkommt, wird das Vaterland noch größere Katastrophen heimsuchen. Deshalb muss die Regierung auf ihre Dienste verzichten. (...) Es ist notwendig, dass Sie die Gegend verlassen und sich hierher begeben.«

Die Briten erkennen an, dass der Sultan und die Regierung alles tun, um Mustafa Kemal Einhalt zu gebieten. Der britische Beamte Sir Harry Luke beobachtet die englandfreundlichen Unternehmungen gar mit Rührung:

»Der Sultan und der Kabinettschef Damat Ferit waren bemitleidenswert. Sie liebten ihre Heimat keineswegs weniger als Mustafa Kemal. Nur dass sie das Heil ihres Landes in der Zusammenarbeit mit der Entente sahen und in der exakten Erfüllung der Forderungen des Waffenstillstandvertrags.«[136]

Mustafa Kemal versucht, die Befehle aus Istanbul zu umgehen, indem er sich in seinen Schreiben immer wieder auf die desolaten Zustände des Landes bezieht und die Notwendigkeit darlegt, sich in Anatolien für eine Verbesserung der Lage einzusetzen. Noch fehlt ihm der Mut, sein Amt niederzulegen und den Volksaufstand gegen den Sultan und die Istanbuler Regierung öffentlich auszurufen. Vorerst bleibt er dem Kabinettschef gegenüber diplomatisch:

»Das türkische Volk ist darüber empört, dass die östlichen Gebiete seiner Heimat den Armeniern versprochen worden sind. (In dieser Situation) kann ich ihrem Ansinnen, das Volk im Stich zu lassen und mich dorthin (nach Istanbul) zu begeben, leider nicht Folge leisten. Das erlaubt mir weder mein Verstand noch mein Gewissen.«[137]

Tage in Erzurum

Kaum ist Mustafa Kemal am 3. Juli 1919 in der ostanatolischen Stadt Erzurum angekommen, hält er in derselben Nacht eine Sitzung ab. An ihr nehmen neben dem Kommandanten des 16. Armeekorps, Kazım Karabekir Pascha, sieben weitere Beamte und Offiziere teil. Mustafa Kemals größte Stütze in diesen Tagen ist der General Kazım Karabekir, der ihm schon in Istanbul seine Verbundenheit versichert hatte und mit seiner gesamten Armee zur Verfügung steht.

Mustafa Kemal gibt in dieser Nacht zum ersten Mal öffentlich bekannt, dass er beabsichtigt, einen unabhängigen Staat zu gründen, in dem die Macht beim Volk liegt. In einer pathetischen Ansprache verlangt er unbedingte todesmutige Gefolgschaft:

»Freunde, wie ihr seht, ist der Weg, den wir gehen wollen, voller Gefahren und Hindernisse. Die Wahrscheinlichkeit zu sterben oder getötet zu werden, ist sehr groß. Es ist ein harter und steiler Weg. Wenn unter uns hier anwesenden Freunden einige sind, die nicht die Möglichkeit, die Entschiedenheit, die Kraft oder den Mut besitzen, diesen Gefahren zu trotzen, sollen sie uns jetzt verlassen. Nur diejenigen sollen mit mir zusammenarbeiten, die diese Gefahren und Beschwernisse in Kauf nehmen.«[138]

Während der nächsten Sitzung versichern alle Teilnehmer feierlich, dass sie Mustafa Kemal folgen werden, auch wenn sie für die Befreiung des Vaterlandes sterben müssen.

Doch nur zwei Tage später setzen sich zwei der sieben Teilnehmer, der Gouverneur von Erzurum Münir Bey und Oberst Kazım Bey, nach Istanbul ab. Hinzu kommt, dass der Inspekteur der zweiten Armee Cemal (Mersinli) Pascha, auf den Mustafa Kemal große Hoffnungen gesetzt hat, einem Befehl aus Istanbul gehorcht und ebenfalls dorthin zurückkehrt. Auch anderenorts verlässt die rebellischen Militärs der Mut. Obwohl man sich darüber geeinigt hatte, Befehlen aus Istanbul nicht mehr zu gehorchen, lässt sich der Gouverneur von Samsun, Hamit Bey, ohne Widerstand ablösen. Die Schar der Gefolgsleute um Mustafa Kemal wird sechs Wochen nach seiner Ankunft in Anatolien zunehmend kleiner. Seine pessimistische Stimmung in diesen Tagen erreicht schließlich ihren Höhepunkt, als ihn am 8. Juli ein Befehl aus Istanbul erreicht:

»Da ihrem Beamtenstatus ein Ende gesetzt wurde, werden Sie vom Sultan nach Istanbul bestellt.«

Mustafa Kemal liest das Telegramm und sagt:

»Freunde, von nun an habe ich keinen amtlichen Status und keinen Beamtenti-

tel mehr. Ich werde von nun an als Teil des Volkes und durch die von ihm bezogene Macht meine Arbeit fortsetzen.«[139]

Am 9. Juli lässt Mustafa Kemal dem Sultan nach eingehender Korrespondenz mit der Regierung mitteilen, dass er von allen seinen Ämtern zurücktritt und als ein einfacher Bürger für die Befreiung seines Landes kämpfen werde. Rückblickend berichtet er:

»Es war nicht mehr möglich, die Lage mit dem Titel eines Kommandanten zu beherrschen und zu leiten. Da ich mit der Ausweitung der nationalen Bewegung und mit ihrer Organisation fortfuhr, war ich ohne Zweifel ein Aufständischer. Es ist nicht schwer zu erraten, dass ich bei meinem Vorhaben nun besonders entschieden und hart vorgehen musste. Deswegen mussten diese Unternehmungen so schnell wie möglich von meiner Person losgelöst und einer Kommission unterstellt werden, die das Volk vertrat.«[140]

Einen Tag nach seinem Rücktritt teilt ihm sein Adjutant Kazım (Dirik) mit, dass er nicht mehr für ihn arbeiten könne, da Mustafa Kemal nun nicht mehr Offizier der osmanischen Armee sei. Mustafa Kemal erörtert mit Rauf (Orbay) das Problem, dass man nicht mehr auf ihn hören werde, seit er den Dienst in der Armee quittiert hat. In diesem Moment stattet der General Kazım Karabekir mit einigen Offizieren Mustafa Kemal einen unerwarteten Besuch ab. Der Adjutant Muzaffer Kılıç wird Zeuge folgender Szene:

»Wir saßen alle mit Rauf Bey in einem Raum. Der Diener Cevat Abbas kam hereingelaufen und sagte außer Atem:

›Mein Herr, der kommandierende General Kazım Karabekir stattet ihnen einen Besuch ab!‹

Ich war seit Aleppo Atatürks Adjutant und kannte ihn sehr gut. Ich war oft mit ihm in den Krieg gezogen, hatte ihn nie mutlos und pessimistisch erlebt. Er war immer zielbewusst, mutig und strahlte für seine Mitmenschen Sicherheit aus. Aber in diesem Moment, als Atatürk diese Nachricht hörte, erblasste er und geriet in Panik. Denn er wusste, dass seine Stelle als Inspekteur der dritten Armee inzwischen von Kazım Karabekir Pascha besetzt wurde und Kazım Karabekir aus Istanbul den Befehl erhalten hatte, Atatürk zu verhaften. (…) Wenn Kazım Karabekir diesem Befehl gehorchen würde, wäre alles vorbei, bevor es angefangen hatte. (…)

›Er soll hereinkommen bitte!‹, sagte Atatürk mit weicher Stimme.«[141]

Den weiteren Verlauf des Geschehens berichtet Kazım Karabekir in seinen Memoiren:

»Ich habe ihm (Mustafa Kemal) ehrlich mitgeteilt, dass meine Freundschaft und Hochachtung ihm gegenüber auch weiterhin bestehen bleibe. In strammer Haltung sagte ich ihm, dass ich bereit sei, seine Befehle zu befolgen.«[142]

Die Gefahr ist vorerst gebannt. Mustafa Kemal vereinbart mit seinen Freunden, am 10. Juli in Erzurum einen kleinen Kongress einzuberufen, an dem einige Vertreter der anatolischen Provinzen teilnehmen sollen. Am Tag vor dem geplanten Kongress stattet ihm der Kommandant der englischen Besatzungsarmee in Erzurum, Oberst Ravlenson, einen Besuch ab. Mustafa Kemals Begleiter Mazhar Müfit Bey wird Zeuge des folgenden Gesprächs:

»›Ich hörte, dass Sie hier morgen einen Kongress eröffnen werden!‹

›Ja, das Volk hat sich dazu entschlossen (...).‹

›Wenn Sie die Idee nicht aufgeben, wird man gezwungen sein, die Sitzung mit Gewalt aufzulösen.‹

›Wenn das so ist, werden wir leider diese Gewalt mit Gegengewalt erwidern müssen, um die Entscheidung des Volkes durchzusetzen. (...) Es koste, was es wolle, wir werden diesen Kongress eröffnen. Unser Gespräch ist beendet.‹«[143]

Diese unnachgiebige Haltung gegenüber den Engländern imponiert vielen seiner Kampfgefährten. Doch in der Bevölkerung regen sich die ersten Widerstände gegen Mustafa Kemal. Zwar unterstützt man die Befreiungsbewegung, ist jedoch gegen die Teilnahme Mustafa Kemals am Kongress, weil man in ihm einen antitraditionalistischen Jungtürken sieht. Für manche ist er nicht religiös genug, für andere wiederum ist er nur ein Soldat und kein Volksvertreter.

In Erzurum werden zum ersten Mal die Konflikte zwischen den Vertretern des noch immer in seiner Mehrheit traditionell denkenden Volkes und einem Mustafa Kemal, der die westlichen Errungenschaften auf sein Land übertragen will, deutlich. Kazım Karabekir setzt sich für Mustafa Kemal ein und fordert die Kongressteilnehmer auf, ihn zu unterstützen:

»Mustafa Kemal darf am Kongress nicht nur teilnehmen, sondern muss zum Präsidenten gewählt werden. Ein Armeekommandeur hat seine gesamten Verdienste für Euch geopfert. Wir müssen ihm vertrauen, dass er sich nicht gegen das Volk und dessen Entscheidungen stellen wird. Ihr könnt sicher sein, wenn das der Fall sein sollte, werde ich mich ihm persönlich in den Weg stellen.«[144]

Dank des Engagements von Kazım Karabekir, der durch seine Stellung als Befehlshaber der einzigen intakten Armee in Anatolien großes Gewicht hat, darf Mustafa Kemal an dem Kongress teilnehmen und ihn sogar leiten.

Mustafa Kemal unternimmt hier in Erzurum die Generalprobe für eine landesweite Nationalversammlung. Am 23. Juli 1919 versammeln sich die 35 Delegierten und wählen Mustafa Kemal zum Vorsitzenden des Kongresses. In einem Manifest verkündet der Kongress die Unteilbarkeit und die Unverletzlichkeit des türkischen Territoriums und fordert von den Entente-Mächten, das Land nicht zu teilen. Dabei bezieht man sich auf die Grenzen, die von der Entente vor der Unterzeichnung des Waffenstillstandsabkommens von Mudros anerkannt wurden. Das bedeutet, dass der Kongress auf die arabischen Gebiete, die zum Osmanischen Reich gehörten, verzichtet, jedoch den Armeniern und den Kurden im Osten des Landes keine Sonderrechte zubilligt.

Mustafa Kemal hat inzwischen die Uniform der türkischen Armee abgelegt, die er seit seinem zwölften Lebensjahr trägt. In ziviler Kleidung fühlt er sich allerdings unwohl und befürchtet, als Zivilist sein Ansehen im Volk zu verlieren. Hinzu kommt, dass der Sultan am 30. Juli, drei Wochen nach Mustafa Kemals Niederlegung seiner militärischen Ämter, dem kommandierenden General der Ostanatolienarmee Kazım Karabekir den Befehl erteilt, Mustafa Kemal zu verhaften und nach Istanbul zu schicken. Mustafa Kemal ist über den Befehl aus Istanbul informiert. Kazım Karabekir widersetzt sich jedoch dem Befehl auch dieses Mal und versichert Mustafa Kemal seine Loyalität. Somit gibt es vorerst keine Hindernisse mehr, und der türkische Befreiungskrieg kann beginnen.

Am 7. August 1919, beschließt der Kongress in Erzurum in einer letzten Sitzung folgende Punkte:

» - *Die Türkei ist eine unteilbare Ganzheit. Es wird weder für die Armenier, noch für die Griechen, auch nicht für die Entente ein Stück Land geben.*

- *Es ist beschlossen worden, das Vaterland gegen alle Gefahren, die auf seine Einheit und Unabhängigkeit zielen, zu verteidigen – egal woher sie kommen.*«[145]

Mit dem Manifest von Erzurum will Mustafa Kemal deutlich machen, dass nicht die amtierende Regierung in Istanbul, sondern die neue Volksversammlung in Anatolien die wahren Interessen des türkischen Volkes vertritt und die Siegermächte nicht mit dem Sultan, sondern mit ihr zu verhandeln hätten.

Zu diesem Zeitpunkt sympathisiert eine westliche Großmacht mit Mustafa Kemal: die USA. Die Amerikaner wittern in einem Befreiungskrieg die Chance für eine Verstärkung ihres Einflusses in der Region. Der amerikanische General Harbord berichtet dem Kongress der USA von Erzurum:

»*Der Anführer Mustafa Kemal Pascha ist ein ehemaliger türkischer General, der an den Dardanellen eine Armee hervorragend kommandiert hat. Er ist darüber hinaus intelligent, jung und stark. Um diese Befreiungsbewegung anzuführen, hat er die Armee verlassen.*«[146]

Kaum ist der Kongress von Erzurum beendet, da schmiedet Mustafa Kemal schon große Pläne für die Zukunft des Landes. Nach dem Kongress sitzen die drei Freunde, Ibrahim Süreyya, Mazhar Müfit und Mustafa Kemal in einem Zimmer und diskutieren bis in die Morgenstunden über den türkischen Staat, der neu entstehen soll. Ibrahim Süreyya erinnert sich an diese Nacht:

»Mustafa Kemal Pascha sagte; dass die Notizen, die diese Gruppe jetzt machen werde, geheim bleiben müssten. (...)
- Nach dem Sieg wird die Staatsform eine Republik sein. (...)
Das ist der erste Punkt.
- Zweitens: Gegen den Sultan wird vorgegangen, wenn es so weit ist.
- Drittens: Die Verschleierung der Frauen wird verboten.
- Viertens: Der Fes wird abgeschafft, es werden Hüte getragen, wie es in der zivilisierten Welt üblich ist.
- Fünftens: Die lateinische Schrift wird eingeführt.
Nach dem vierten Punkt ließ Mazhar Müfit Bey den Stift sinken und schaute Mustafa Kemal ins Gesicht. Mustafa Kemal fragte:
›Wieso hast du aufgehört zu schreiben?‹
›Verzeihen Sie mir Pascha, aber Sie sind ein Träumer.‹
Mustafa Kemal antwortete
›Das wird die Zeit zeigen. Schreib weiter(...).‹
›Pascha, es reicht. Erst sollte die Republik gegründet werden.‹«[147]

Viele Ideen Mustafa Kemals stammen aus der Zeit des politischen Widerstands gegen den Sultan Abdülhamit II. und sind mit den Vorstellungen des radikalen Flügels der Jungtürken in vieler Hinsicht identisch. Sie zielen darauf ab, aus dem osmanischen Vielvölkerstaat einen modernen türkischen Nationalstaat nach westlichem Muster zu machen. Allerdings erscheinen die Maßnahmen zur Umsetzung dieser Ideen zu radikal und zu revolutionär, als dass sie in der Bevölkerung auf Unterstützung rechnen könnten. Deshalb müssen sie vorerst geheim bleiben. Jahre später, nachdem Mustafa Kemal all diese Punkte verwirklicht hat, wird er seinen damaligen Begleiter und Sekretär Mazhar Müfit fragen:

»Na, mein Lieber, an welchem Punkt sind wir inzwischen angekommen, überprüfst du manchmal deine Notizen?«

Am 13. August 1919 schreibt Mustafa Kemal an zahlreiche Anführer der Kurdenstämme Telegramme, in denen er sie um ihre Unterstützung bittet. Jeden von ihnen versucht er auf eine andere Art und Weise von seiner Sache zu überzeugen. Den Anführer des Mutki-Stammes, Hacı Mustafa Bey, erinnert er an ihre alte Freundschaft zur Zeit des Ersten Weltkrieges.[148] Die Großgrundbesitzer (Agas) Abdurrahman aus Şırnak, Ömer aus Dersev, Resul aus Musa und die Scheichs Abdülaki aus Bitlis und Ziyaettin aus Norsins versucht er bei ihren religiösen Gefühlen zu packen. Dabei behauptet Mustafa Kemal sogar, für die Erhaltung des Sultanats und des Kalifats zu kämpfen:

»Kein guter Moslem darf zulassen, dass das Kalifat und das osmanische Sultanat zerstört werden.«[149]

Mustafa Kemals wirksamstes Argument, um die Kurden auf seine Seite zu bringen, ist jedoch ein anderes:

> *»Unsere Feinde bestehen leider darauf, die ostanatolischen Regionen den Armeniern zu schenken.«*[150]

Die Drohung, den Kurden ureigenes Siedlungsgebiet streitig zu machen, ist Grund genug für sie, um gemeinsam mit Mustafa Kemal zu kämpfen. Insgesamt wächst in ganz Anatolien die Solidarität mit der nationalen Sache, so dass überall im Land Filialen der Befreiungsbewegung entstehen. Mustafa Kemal und seine Begleiter verlassen Erzurum, um in der mittelanatolischen Stadt Sivas am 4. September 1919 an einem ersten, nunmehr landesweiten Kongress teilzunehmen, dessen Einberufung sie inzwischen überall im Land angekündigt haben. Die Kongressteilnehmer sollen zwar in allen Regionen von der Bevölkerung ernannt werden, bestehen praktisch jedoch vorwiegend aus Nationalisten aus Istanbul.

In Sivas

Trotz aller Hinderungsversuche der Entente und der Istanbuler Regierung können neununddreißig Delegierte aus fünfzehn Regionen zur Kongresseröffnung in Sivas anwesend sein. Sie machen nur ein Drittel der vorgesehenen Delegiertenzahl aus. Der Kongress hat somit keineswegs den Charakter einer Nationalversammlung – wie Mustafa Kemal behauptet. Aber selbst diese geringe Teilnahme ist aus der Sicht der türkischen Nationalisten ein großer Erfolg. Denn für Mustafa Kemal und seine Freunde ist die Versammlung in Sivas der Beweis dafür, dass die Siegermächte und die Istanbuler Regierung Anatolien keineswegs unter ihrer Kontrolle haben.

In Sivas wird mit den anwesenden Delegierten ein Repräsentativkomitee gebildet, das sich »Gesellschaft zur Verteidigung der Rechte Anatoliens und Rumeliens« (des europäischen Teils des Osmanischen Reiches) nennt. Mustafa Kemal wird mit drei Gegenstimmen zum Präsidenten des Kongresses gewählt. Besonders Rauf (Orbay) wendet sich gegen Mustafa Kemals Führungsrolle. Er befürchtet, dass die nationale Sache allein den Stempel Mustafa Kemals tragen wird und andere Führungspersönlichkeiten in den Hintergrund treten werden. Er und General Ismail Fazıl Pascha (Ali Fuats Vater) plädieren für eine wechselnde Führung des Kongresses, was jedoch nicht angenommen wird. Damit beginnt Raufs langjährige Rolle als Führer der Opposition gegen Mustafa Kemal. Die Delegierten schwören, dass sie keine Wiederbelebung der jungtürkischen Organisation *Einheit und Fort-*

schritt anstreben und auch sonst keiner politischen Partei angehören. Zwar hat Mustafa Kemal mit Blick auf seine Vision eines türkischen Staates in diese Versammlung große Hoffnungen gesetzt, doch die Ziele, die das Komitee in Sivas in Zukunft befolgen soll, sind im Gegensatz zu Erzurum vorerst traditionell religiös, ja sogar monarchistisch gefärbt. Einflussreiche Teilnehmer, zum Teil ehemalige Reichspersönlichkeiten, können sich im Kongress durchsetzen und beschließen, mit der Befreiungsbewegung die Rettung der traditionellen Werte anzustreben:

» – *(...) die Vereinigung hat die Einheit des Landes, das Sultanat, das Kalifat sowie die nationale Unabhängigkeit zu verteidigen,*
– *alle muslimischen Bürger sind die natürlichen Mitglieder dieser Vereinigung.*«[151]

Darüber hinaus plädieren wichtige Offiziere wie Ismet (Inönü), Ali Fuat (Cebesoy), Refet (Bele) und Rauf (Orbay), bei den ersten Gesprächen für eine amerikanische Schutzherrschaft, die zu der britischen eine bessere Alternative darstelle. Denn für sie ist die schnelle Befreiung des Landes von den Großmächten mit militärischen Mitteln nicht realistisch. Ein amerikanisches Mandat würde aber dem Land die territoriale Einheit garantieren und den Menschen – im Gegensatz zu der Schutzherrschaft Großbritanniens oder Frankreichs – ein Leben mit mehr Freiheiten ermöglichen. Mustafa Kemal grämt sich besonders darüber, dass auch manche ihm nahestehende Persönlichkeiten für ein amerikanisches Mandat sind, obwohl sie wissen, dass er von dieser Idee nichts hält. Die Mehrheit des Kongresses entscheidet sich schließlich gegen ein Mandat. Dank dieses Ergebnisses kann Mustafa Kemal es bei der Bestätigung des 7. Artikels des Manifestes von Erzurum belassen, wonach technische und wirtschaftliche Hilfe eines jeden Staates angenommen werden darf, sofern dieser die Grenzen der Türkei in ihrer Ganzheit respektiert.

Acht Jahre später, als die Türkei ein unabhängiger Staat ist, wird Mustafa Kemal in seiner berühmten Rede, *Söylev,* mit den Mandatsanhängern abrechnen:

»*Als wir den Befreiungskampf aufnahmen, waren viele der Meinung, dass man die großen Mächte wie England, Frankreich und Italien nicht beleidigen dürfe. Fast alle dachten, dass man nicht einmal mit einem dieser Staaten fertig werden könnte. Für sie war es dumm und unlogisch, zu glauben, dass man gegen die Entente, die das Osmanische Reich, Deutschland, Österreich und Ungarn gemeinsam besiegt und niedergeworfen hatte, irgendetwas ausrichten könne.*«[152]

Bevor der Kongress von Sivas auseinander geht, beschließen die Teilnehmer am 14. September dem Sultan die Forderung zu stellen, den Großwesir Damat Ferit Pascha abzusetzen und ein neues Kabinett einzuberufen, weil das jetzige nicht dem Willen des Volkes und der Armee diene. Darüber hinaus wird Damat Ferit Pascha vorgeworfen, die Gouverneure von Malatya und Ankara beauftragt zu haben, den Kongress in Sivas aufzulösen und Mustafa Kemal zu verhaften. Der Sultan reagiert nicht auf die Forderungen des Kongresses. Daraufhin geht im Telegrafenamt von Istanbul am 18. September eine letzte Nachricht aus Sivas ein:

> *»Die Nation hat beschlossen, alle administrativen Beziehungen und alle telegrafischen und postalischen Verbindungen mit der Zentralregierung in Istanbul abzubrechen, bis eine gesetzmäßige Regierung eingesetzt ist.«*[153]

Mustafa Kemal ist trotz der Erfolge im Kongress von Sivas vorsichtig und traut der positiven Stimmung unter den Nationalisten nicht. Drei Jahre später sagt er in Izmit zu Journalisten:

> *»Die Feinde besetzten Istanbul, entmachteten die Regierung. Kalif und Sultan wurden zu ihrem Werkzeug. Die wertvollsten Teile des Landes hielten sie besetzt. Glaubt ihr etwa, dass das Volk Anatoliens damals bereit war, mit mir zu gehen, als ich ihnen sagte:*
>
> > *›Wir wollen uns vereinen, wir müssen uns befreien!‹*
>
> *Erst als ich mit dem Titel eines Generalinspekteurs der türkischen Armee und mit großen Vollmachten in Samsun an Land ging, gehorchten alle meinen Befehlen. Nach fünf bis zehn Tagen schickte der damalige Innenminister Ali Kemal den Gouverneuren ein Telegramm, in dem stand:*
>
> > *›Gehorcht Mustafa Kemal nicht und nehmt keinen Kontakt zu ihm auf, denn er ist nicht mehr in staatlichen Diensten!‹*
>
> *Menschen, von denen ich vor der Ankunft dieses Telegramms annahm, dass sie mit mir gehen würden, wurden zu meinen Gegnern. Unter ihnen waren sogar Menschen, die mir zuvor versichert hatten, bis in den Tod allen Gefahren an meiner Seite trotzen zu wollen. Das Volk von Sivas samt ihren islamischen Gelehrten sagte zu mir, dass es meiner Person gegenüber loyal bleiben werde. Aber sobald das Telegramm von Ali Kemal eintraf, klebten sie Zettel an die Häuserwände, auf denen stand, dass Mustafa Kemal ein Verräter sei (...). Ich begann diesen Kampf, um sie zu retten, aber leider wollten manche von ihnen – trotz der Gewissheit, dass sie anderenfalls der Tod, das Elend und die Armut erwartete – nicht mit mir gehen und hinderten andere Menschen daran, sich unserer Bewegung anzuschließen.«*[154]

Der Kommandant der ostanatolischen Armee Kazım Karabekir Pascha beschwert sich bei Mustafa Kemal, dass dieser über die in Erzurum getroffenen Beschlüsse hinausgehe und bei den Entscheidungen in Sivas seine Einwilligung nicht eingeholt habe. Er meint, dass es falsch sei, den Kontakt zur Istanbuler Regierung gänzlich abzubrechen. Außerdem sei er dagegen, dass Mustafa Kemal inzwischen wichtige Beschlüsse mit seinem Namen unterschreibe, anstatt im Namen des Kongresses. Zwar kann Mustafa Kemal den General vorerst besänftigen, indem er auf Missverständnisse und Intrigen verweist, doch Kazım Karabekir geht immer mehr in Opposition.

Wenige Tage nach dem Kongress von Sivas ist offensichtlich, dass die Befreiungsbewegung, die Mustafa Kemal in Gang gesetzt hat, von den Engländern und der Istanbuler Regierung nicht mehr aufzuhalten ist. Der Sultan hat in Anatolien kaum noch Einfluss. So geben der Monarch und die Alliierten schließlich nach und lassen, wie der Kongress in Sivas drei Wochen zuvor verlangte, die Istanbuler Regierung fallen. Am 1. Oktober 1919 wird Damat Ferit Pascha seines Amtes enthoben. Sultan Vahdettin betraut einen anderen England-Anhänger, Ali Rıza Pascha, mit der Regierungsbildung. Die neue Regierung gibt Mustafa Kemal seinen Titel als Armeekommandant zurück.

Der Kabinettschef Ali Rıza Pascha erklärt sich nach der Amtsübernahme sogar bereit, den in Sivas dokumentierten nationalen Willen und das Repräsentativkomitee anzuerkennen sowie freie Wahlen für eine Nationalversammlung auszuschreiben. Daraufhin erklärt das Repräsentativkomitee in Sivas am 7. Oktober, dass nunmehr volle Einigkeit mit der Istanbuler Regierung bestünde. In dieser Situation muss Mustafa Kemal um seine Führungsrolle fürchten. Denn eine Istanbuler Regierung mit ähnlichen Zielen wie die Nationalisten in Anatolien wird bei der Bevölkerung mehr Gehör als die Bestrebungen einiger »Aufständischer« finden. Zumal diese in der Mehrzahl der verhassten Jungtürkenbewegung angehörten, die nach wie vor für die Niederlage im Ersten Weltkrieg verantwortlich gemacht wird. Hinzu kommt, dass es im Lande immer noch eine nicht zu unterschätzende Anzahl von treuen Anhängern des Sultans gibt, und viele Türken Mustafa Kemal kritisch gegenüberstehen – selbst in den Reihen der Nationalisten. Rauf (Orbay), Kazım Karabekir, Refet (Bele) und andere befürchten seine Alleinherrschaft, und für weite Teile der türkischen Bevölkerung ist der Sultan eben das Staatsoberhaupt und Mustafa Kemal lediglich ein »Aufständischer«.

Doch das geschlossene Auftreten der Nationalisten in Erzurum und Sivas trägt Früchte. Schließlich unterzeichnet ein Vertreter der Istanbuler Regierung, der Marineminister Salih Pascha, am 20. Oktober in Amasya mit Mustafa Kemal zwei Geheimprotokolle, in denen die Istanbuler Regierung die Nationalversammlung von Sivas so gut wie anerkennt. Der Marineminister befürwortet die Zusammenkunft der neugewählten Abgeordneten in Anatolien, bevor sie sich nach Istanbul begeben. Im Gegenzug erklärt sich Mustafa Kemal bereit, die Widerstandskomitees in Anatolien aufzulösen, wenn das neugewählte Parlament in Istanbul tatsächlich die nationalen Interessen vertreten sollte.[155] Er will sich die Option bewahren, Anatolien im Falle des Scheiterns der Istanbuler Regierung weiterhin als das Rückzugsgebiet der Nationalisten unter seiner Führung zu nutzen.

In der letzten Oktoberwoche 1919 übernehmen französische Truppen die Verwaltung der südtürkischen Städte Maraş, Antep und Urfa. Die Franzosen beginnen in dieser Region mit der Ansiedlung der drei Jahre zuvor vertriebenen Armenier. Die Rückkehrer verlangen von den türkischen Bewohnern ihre Besitztümer zurück. Wieder kommt es zwischen den Armeniern und der türkischen Bevölkerung zu Auseinandersetzungen. Bald bilden sich in der Region türkische Widerstandsgruppen, die gegen die französischen Besatzer kämpfen. Mustafa Kemal beschließt, die aufständischen Türken im Süden zu unterstützen. Er schickt Offiziere in die Region, damit diese aus den Freischärlern schlagkräftige mobile Einheiten machen.

Versuche der Versöhnung mit Istanbul

Am 27. Dezember 1919 verlegt das sogenannte Repräsentativkomitee seinen Sitz von Sivas nach Ankara. In Wirklichkeit besteht die Reisegesellschaft des Komitees nur aus vier Personen, von denen lediglich Mustafa Kemal und Rauf (Orbay) politisch in Anatolien eine entscheidende Rolle spielen. Mustafa Kemal wählt den Ort, weil Ankara zentraler liegt als Sivas und sich an der wichtigsten Eisenbahnlinie Anatoliens befindet.

In Sivas sympathisierten nicht alle hochrangigen Persönlichkeiten der Stadt mit Mustafa Kemal, und es gab kritische Stimmen gegen seine Person und seine Politik. In der Kleinstadt Ankara hingegen hat Mustafa Kemal kaum Widerstände zu befürchten. Auch aus militärischer Sicht ist Ankara sicherer. Denn der Kommandant des in der Nähe von Ankara stationierten 20. Armeekorps ist Mustafa Kemals Studienfreund General Ali Fuat (Cebesoy). Nicht alle führenden Persönlichkeiten in Anatolien sympathisieren mit den Nationalisten. In manchen Städten wie in Trabzon und Konya weigern sich die Provinzgouverneure, vom Repräsentativkomitee in Ankara Weisungen entgegenzunehmen. Eine Reihe von Gouverneuren, Bürgermeistern und Polizeibeamten werden daraufhin durch Mustafa Kemal ergebene Männer ersetzt. Gegen Ende 1919 hat das Repräsentativkomitee fast alle Behörden in den von den Alliierten nicht besetzten Gebieten unter seiner Kontrolle. Auch den Gouverneur von Ankara hat das Repräsentativkomitee ernannt. Die Regierungsbeamten aus Istanbul werden von Ankara ferngehalten. Mustafa Kemal bezieht in einer Landwirtschaftsschule außerhalb der Stadt sein Quartier.

Ankara und Umgebung, mit weniger als zweihunderttausend Einwohnern, wird bald das Zentrum des Landes sein.

Anfang Dezember finden die mit der Istanbuler Regierung ausgehandelten Wahlen statt. Von den 175 neugewählten Abgeordneten gehören 116 zur nationalen Befreiungsbewegung. Nach den Wahlen macht sich Mustafa Kemal über eine neue politische Strategie Gedanken. In Zukunft wird er die Volksvertreter nicht mehr unter Kontrolle haben können, weil Istanbul auch der Sitz des neu gewählten Parlaments bleibt. Er und seine Freunde sind der Meinung, dass die neugewählten nationalistischen Abgeordneten, die der »Gesellschaft zur Verteidigung der Rechte Anatoliens und Rumeliens« angehören, im Parlament eine Fraktion mit dem gleichen Namen bilden sollen. Im Laufe der nächsten Wochen kommen die neugewählten Abgeordneten nach Ankara, um hier ihren Eid auf die nationale Sache abzulegen und sich von Mustafa Kemal zu verabschieden. Mustafa Kemal, der ebenfalls zum Abgeordneten gewählt wurde, bleibt in Ankara, weil er befürchtet, in Istanbul trotz seines Abgeordnetentitels wegen Rebellion gegen den Sultan festgenommen zu werden.

In London versuchen einige britische Politiker, Mustafa Kemals Erfolge zu begrenzen. Am 4. Januar 1920 überreicht der britische Außenminister Lord Curzon dem Oberhaus einen Plan, der die Trennung Istanbuls und des restlichen europäischen Teils von der Türkei vorsieht:

> *»Der Grund, warum ich auf diesem Plan bestehe, ist, dass die Gelegenheit genutzt werden muss, um die Verbindung der Türken zu Europa abzuschneiden. Wenn wir das nicht tun, werden wir den Weg zu einem zukünftigen Chaos ebnen. Wir werden einen Orientkrieg weitervererben, der mehrere Generationen überdauern wird.«*[156]

Mustafa Kemal und seine Freunde protestieren entschieden gegen diesen Plan. Die Befürchtungen Lord Curzons, dass die Türken in Europa einen beständigen Unruheherd darstellen könnten, erweisen sich als unrichtig. Das britische Oberhaus lehnt Curzons Plan ab, und Istanbul und Ostthrazien bleiben türkisch, ohne dass es deswegen jemals zu irgendwelchen Kampfhandlungen kommt.

Am 8. Januar 1920 reist Oberst Ismet (Inönü) nach Ankara, um sich hier der nationalen Bewegung anzuschließen. Mustafa Kemal empfängt seinen alten Kampfgefährten sehr herzlich und bespricht mit ihm gleich am ersten Tag die militärische Strategie gegen die griechische Besatzerarmee. Er fragt Ismet, ob er in einem Guerillakrieg Erfolgschancen sieht. Ismet ist für reguläre Truppen und bestätigt somit Mustafa Kemal in seiner Meinung, dass gegen die Griechen sobald wie möglich eine schlagkräftige Armee aufgebaut werden müsse.

Obwohl die von Mustafa Kemal geforderten freien Wahlen inzwischen stattgefunden haben und die Abgeordneten der nationalen Sache im Istanbuler Parlament als eine eigene Fraktion auftreten, löst Mustafa Kemal die provisorische Regierung in Ankara nicht auf. Am 23. Februar fordert Kazım Karabekir Pascha Mustafa Kemal auf, sich dem Parlament in Istanbul zu fügen – was dieser ablehnt. Auch auf den Rat seiner engsten Freunde hört er nicht, weil er dem Sultan und den Briten nicht traut. Er merkt, dass er mit der Forderung nach freien Wahlen einen strategischen Fehler gemacht hat. Nun sitzt er selbst isoliert in Ankara, während in Istanbul, wohin er sich nicht traut, die anderen die Politik machen.

Mustafa Kemals Vorbehalte bewahrheiten sich. Istanbul ist ein unsicheres Pflaster, und der Sultan ein unzuverlässiges Oberhaupt der Nation. Manche Abgeordnete der nationalen Sache geraten schnell unter den Einfluss des Monarchen und sehen in ihm den wahren Vertreter der Nation. Nach dem Zusammenschluss des Parlaments in Istanbul und der Auflösung der Nationalversammlung in Ankara vertreten sie nun öffentlich die Meinung, dass sowohl die »Gesellschaften zur Verteidigung der Rechte (...)« als auch die nationalen Streitkräfte in Anatolien überflüssig geworden seien. Die nationalistischen Abgeordneten halten auch dann noch still, als die Alliierten den Kriegsminister Cemal (Mersinli) und den Generalstabschef Cevat (Çobanli), beide Sympathisanten der nationalen Sache, ablösen lassen.

Mustafa Kemal nutzt derweil die Zeit, um seine Position in Ankara zu festigen. Inzwischen hat er in Anatolien in Abwesenheit anderer Persönlichkeiten wie Rauf (Orbay) die Zügel der nationalen Bewegung fest in der Hand. Er baut seinen Offiziersstab in Ankara mit den Neuankömmlingen aus Istanbul gezielt aus. Bald werden diese jungen Offiziere Mustafa Kemals größte Stütze im Kampf gegen seine inneren und äußeren Feinde sein.

Im Februar 1920 stimmt die britische Regierung den interalliierten Vereinbarungen von London zu, wonach Istanbul zwar weiterhin der Sitz des Sultans bleibt, die Meerengen aber internationalisiert und neutralisiert werden. Der Vorschlag der Alliierten, Istanbul ganz den Türken zu überlassen und dafür Izmir zu griechischem Territorium unter osmanischer Verwaltung zu erklären, wird vom britischen Premierminister Lloyd George abgelehnt. Er und die Griechen glauben trotz großer Bedenken der Militärexperten weiterhin fest daran, Westanatolien halten zu können.

Am 3. März 1920 gehen die griechischen Truppen östlich von Izmir zur Offensive über. Damit beginnt die größte Tragödie der Griechen im 20. Jahrhundert. Ohne großen Widerstand rücken sie ins Landesinnere vor. Sultan Vahdettin protestiert nur vage gegen den griechischen Vormarsch, und die

Briten unterstützen die Griechen heimlich in ihrem Vorhaben. Nur der Kabinettschef Ali Rıza Pascha, ein Anhänger der Nationalisten, tritt noch am selben Tag aus Protest von seinem Amt zurück.

Die Alliierten einigen sich schließlich am 10. März, Istanbul gänzlich zu besetzen und mit den türkischen Nationalisten aufzuräumen. Denn sie glauben die Türken in Anatolien besser in Schach halten zu können, wenn sie Istanbul und den Sultan fest unter ihrer Kontrolle haben. Kurze Zeit später läuft das britische Mittelmeergeschwader in den Bosporus ein. In der Nacht des 15. März werden die wichtigsten Gebäude Istanbuls von britischen Soldaten besetzt und 150 Abgeordnete und prominente Anhänger der Befreiungsbewegung verhaftet. Unter den Inhaftierten befinden sich auch die Führer der Nationalisten im Parlament, Rauf Bey und Kara Vasıf Bey. Am 18. März tritt das Parlament in Istanbul zum letzten Mal zusammen, protestiert gegen die Verhaftung der Abgeordneten und löst sich anschließend auf.

Die Übergriffe der Engländer in Istanbul entfachen im Kampf um die Befreiung des besetzten Landes neues Feuer. Die einzige Bahnlinie zwischen Istanbul und Anatolien wird von den Nationalisten zerstört, und die Behörden in Anatolien brechen erneut alle Verbindungen zur Istanbuler Regierung ab. Hunderte Menschen verlassen Istanbul in Richtung Ankara, um sich der Befreiungsbewegung anzuschließen, unter ihnen der ehemalige Kriegsminister General Fevzi und ein junges Paar, das sich bereits einen Namen gemacht hat: Doktor Adnan (Adıvar), ein bekannter Jungtürke, und seine Frau, die Schriftstellerin Halide Edip, die vor ihrer Abreise in Istanbul mehrere Demonstrationen gegen die Besatzermächte organisiert hatte und deswegen von den Behörden gesucht wird. Sie ist die einzige Frau, die sich auf höchster Ebene für die nationale Sache engagiert und es später in der türkischen Armee bis zum Unteroffizier bringen wird. Das junge Ehepaar wird von Mustafa Kemal in Ankara persönlich vom Bahnhof abgeholt. Diese Geste ändert jedoch nichts daran, dass er in ihnen von Anbeginn an zwei Konkurrenten sieht.

Unabhängig von den Ereignissen in Istanbul gehen die spontanen Aufstände gegen die Besatzer in vielen Regionen Anatoliens ununterbrochen weiter. Am 17. Dezember 1919 erheben sich die Bevölkerung und die Freischärler aus der Umgebung der südanatolischen Stadt Maraş gegen die Franzosen. Nach einem achtzehntägigen Kampf muss die dezimierte französische Garnison die Stadt verlassen. In Akbaş auf der Halbinsel Gelibolu räumen die türkischen Freischärler am 27. Januar 1920 die französischen Waffen- und Munitionslager aus. 8.000 Gewehre, 40 Maschinengewehre und 20.000 Patronenkisten werden in einer Nacht-und-Nebel-Aktion auf die asiatische Seite geschafft. Am 9. Februar erheben sich die Bewohner der südostanatolischen Stadt Urfa und anschließend die Nachbarstadt Antep gegen die Franzosen. Am 30. Mai sehen sich die französischen Soldaten gezwungen, mit den Nationalisten einen dreiwöchigen Waffenstillstand zu vereinbaren.

Bei allen Erfolgen im Kampf gegen die Franzosen, die jedoch ohnehin in der Türkei keinen Krieg mehr führen wollen, bleibt der Hauptfeind immer noch Istanbul. Am 11. Mai 1920 verurteilt Sultan Vahdettin Mustafa Kemal in dessen Abwesenheit zum Tode, was bei der einfachen Bevölkerung, die weiterhin im Sultan die höchste Instanz des Landes sieht, auf Zustimmung stößt. Das Urteil des Sultans legitimiert jetzt zusätzlich die Übergriffe der Sultananhänger auf die Nationalisten, die zu diesem Zeitpunkt in vielen Regionen stattfinden. Am erfolgreichsten sind die Aufstände der Tscherkessen, die im 19. Jahrhundert den Kaukasus verlassen hatten, sich im Nordwesten Anatoliens, im Gebiet um Bolu und Düzce, niedergelassen haben und jetzt viele nationalistische Beamte vertreiben.

Das neue Machtzentrum Ankara

Nach der Verfolgung der Volksvertreter in Istanbul gewinnt Ankara mehr und mehr national und international an Bedeutung. Am 2. April 1920 beauftragt der Sultan den bei den Nationalisten verhassten ehemaligen Regierungschef Damat Ferit, ein neues Kabinett zu bilden. Damit wird das Hauptquartier Mustafa Kemals in der Landwirtschaftsschule in Ankara erneut zur einzigen Befehlsstelle der nationalen Bewegung.

Damat Ferit und Sultan Vahdettin versuchen mit allen Mitteln, den »Brandherd« in Anatolien zu löschen. Dabei setzen sie auf die religiösen Kräfte im Lande, die dem Sultan, der als Kalif zugleich die höchste religiöse Instanz der islamischen Welt ist, weiterhin die Treue halten. Denn in den »Aufständischen« mit ihren modernen Gedanken sehen die Traditionalisten eine Gefahr für den Islam. Sie erwirken am 10. April 1920 beim religiösen Oberhaupt des Landes, dem ›Scheich-ül-Islam‹, eine Fatwa, die Mustafa Kemal und sechs seiner Begleiter – darunter Ali Fuat, Ismet und die beiden Neuankömmlinge Doktor Adnan und Halide Edip – zu Rebellen erklärt. Im Namen der Scharia verlangt der Obermufti des Landes von den Gläubigen die Tötung der gesuchten Aufständischen und verspricht den Tätern im Falle eines Erfolges den Eingang ins Paradies. Britische Flugzeuge werfen die Fatwa auf Flugblättern in ganz Anatolien ab. Die Rechnung der Engländer und des Sultans scheint aufzugehen. Im Frühjahr und im Sommer des Jahres 1920 steht der nationale Befreiungskampf kurz vor dem Scheitern.

Zwar besetzen die Nationalisten überall in Anatolien die Schlüsselpositionen und genießen die Unterstützung der geistigen Elite des Landes und der Armee, aber die einfache Bevölkerung kann mit den »jungen Politikern in Ankara« und deren fremdartigen, beinahe blasphemischen Ideen nicht viel anfangen. In vielen Orten folgt man der Fatwa aus Istanbul und greift im Namen Allahs die Nationalisten an. Der Sultan holt zum letzten Schlag aus. Am 18. April gibt er bekannt, dass gegen die Rebellen Ordnungstruppen zusammengezogen werden, die man die »Kalifatsarmee« nennt. Ziel ihrer Mission ist die Zerschlagung der nationalen Bewegung und die Verhaftung oder Tötung Mustafa Kemals. Auch die aufständischen Tscherkessen schließen sich der Kalifatsarmee an. (Sie ordnen sich später jedoch einem tscherkessischen Anhänger der Nationalisten namens Ethem unter, der während des Befreiungskampfes in Mittelanatolien die Interessen Ankaras vertritt und Mustafa Kemal wichtige Dienste leisten wird.)

Den Sultansgetreuen gelingt es, den Kommandanten der 24. Division der nationalistischen Armee, Oberst Mahmut, in einen Hinterhalt zu locken und zu töten. Dabei geht die gesamte Ausrüstung der nationalen Armee verloren.

In Mittel- und Ostanatolien kommt es zu Aufständen gegen Ankara. Die beiden Städte Yozgat und Tokat werden von der Kalifatsarmee ohne große Gegenwehr eingenommen. Einer der Gründe für die Erfolge der Sultansgetreuen besteht darin, dass sie der nationalistischen Armee nicht nur zahlenmäßig überlegen, sondern darüber hinaus auch religiös motiviert sind.

Mustafa Kemal sagt später:

»Das Volk und die Armee waren dem Sultanat und dem Kalifat treu ergeben, weil sie von dem Verrat (Istanbuls) nichts wussten. Außerdem war das Volk denjenigen gegenüber, die diese Ämter bekleideten, durch Jahrhunderte alte religiöse Traditionen verbunden. (...) Es konnte sich eine Befreiung ohne den Kalifen und den Sultan nicht vorstellen. Wer sich in der Opposition befand und eine gegensätzliche Meinung vertrat, wurde schnell zum Gottlosen und zum Verräter erklärt.«[157]

Auch einige Kurdenstämme im Südosten des Landes folgen dem Aufruf des religiösen Anführers aus Istanbul und bekämpfen die Vertreter der nationalen Bewegung. Doch Mustafa Kemal kann in dieser schweren Stunde vom Mufti von Ankara und von 152 anderen Geistlichen in Anatolien eine Gegenfatwa erwirken, mit der die Fatwa des Sultans für ungültig erklärt wird.

In einigen Gebieten Anatoliens, wo weder die Istanbuler Regierung noch die Nationalisten aus Ankara die Kontrolle haben, entstehen Freischärlerarmeen, von denen manche zu Gunsten Istanbuls Partei ergreifen. Die schlagkräftigsten Freischärler unterstützen jedoch Mustafa Kemal. Eine dieser Freischärlereinheiten ist die »Grüne Armee«, die von ehemaligen Anhängern der

Jungtürken-Organisation *Einheit und Fortschritt* gegründet wurde. Ziel dieser Armee ist die Gründung eines sozialistischen Staates in der islamischen Welt. Die »Grüne Armee« unterstützt zwar die Bestrebungen Ankaras, nimmt aber später viele Kommunisten in ihren Reihen auf, als diese von Mustafa Kemal verfolgt werden. 1921, nachdem Mustafa Kemal landesweit die Oberhand gewonnen hat, löst sich die »Grüne Armee« fast völlig auf. Istanbuls Politik richtet sich nun ausschließlich auf die Zerschlagung der neuen Machtzentrale in Anatolien, doch erzielen die nationalistischen Armeeeinheiten an vielen Orten Siege über die Anhänger des Sultans und unterdrücken die Aufstände gegen Ankara. Für Mustafa Kemal scheint die Zeit gekommen zu sein, in Ankara eine eigene Regierung auszurufen. Allerdings braucht er für ihre Anerkennung ein Parlament, das aus Vertretern aller Landesteile besteht:

> *»Als das Istanbuler Parlament angegriffen wurde, dachte ich in Ankara, dass man das Volk an eine neue Zentrale binden sollte, um seine Aktivitäten zu lenken. Aber ich wollte nicht, dass diese Zentrale eine nur aus wenigen Menschen bestehende Institution würde. Es sollte eine große Versammlung sein, denn je größer sie wäre, umso größer wäre auch das Vertrauen, das das Volk in sie setzte. Außerdem wollte ich, dass auch die Befugnisse dieser Versammlung ebenso groß wären(…), und sie sollte legislative und exekutive Vollmachten haben.«*[158]

Bei der Zerschlagung des Istanbuler Parlaments durch die Briten waren einige nationalistische Abgeordnete inhaftiert worden. Viele stehen noch immer unter permanenter Beobachtung, so dass sie sich an der neuen Regierung in Ankara nicht beteiligen können. Mustafa Kemal fordert die »Organisationen zur Verteidigung der Rechte Anatoliens« auf, neue Volksvertreter nach Ankara zu schicken. Die Volksvertreter sollen nach einer freien Wahl und nur in den Gebieten aufgestellt werden, deren Vertreter in Istanbul festgenommen worden sind oder in Ankara nicht anwesend sein können. Ein großer Teil des Istanbuler Parlaments, vierundachtzig Abgeordnete, die nach Ankara fliehen können, setzt hier die Arbeit fort. Die Abgeordnetenwahlen, die ohnehin nur in einigen wenigen Gebieten abgehalten werden, finden ohne große Zwischenfälle statt. Zwar haben für Mustafa Kemal diese Wahlen für die zukünftige Staatsform des Landes einen wichtigen Symbolcharakter, mit dem Ergebnis ist er jedoch nicht ganz zufrieden:

> *»Wenn man ehrlich ist, unternahmen einige Regionen nicht die richtigen Schritte, weil sie die (geschichtliche) Entwicklung falsch einschätzten und uns keine klugen und gebildeten Abgeordneten schickten. Trabzon und Samsun etwa schickten gar keine Abgeordneten und zogen es vor, abzuwarten. Manche der Abgeordneten entsprachen durchaus nicht dem Bild eines Volksvertreters, dies bestätigten uns auch die Bewohner dieser Gebiete. Man hatte vielerorts ausge-*

rechnet die schädlichen kriminellen Elemente ins Parlament geschickt, weil man dachte, dass man sie sowieso in Ankara hängen würde. Wie auch immer, solche Menschen kamen an und versammelten sich in Ankara. Aber warum sie gekommen waren, und was sie machen sollten, das wussten sie – wenn man die Wahrheit sagen soll – nicht.«[159]

Am 23. April 1920 wird die Große Türkische Nationalversammlung in Ankara feierlich eröffnet. Diesen Anlass nutzt Mustafa Kemal zu einer Demonstration seiner Religionsverbundenheit, vor allem um damit der »Kalifatsarmee« die religiöse Basis zu entziehen. Überall im Lande lässt er in den Moscheen die Gebetsvorsteher das besondere Ereignis, die Eröffnung der Nationalversammlung, verkünden. Nach dem Freitagsgebet, das Mustafa Kemal mit den anderen Abgeordneten abhält, begibt sich die Versammlung in das zukünftige Parlamentsgebäude. Das Haus wurde in der Vergangenheit von den Franzosen als Verwaltungsbüro genutzt und erst kurz zuvor zu seinem jetzigen Zweck von ihnen geräumt. Dachziegel und Bänke stammen aus einer Schule. Mit Gebeten und *Allahu akbar* (Gott ist groß)-Rufen betreten die Mitglieder der Nationalversammlung das Gebäude.

Einen Tag nach der Eröffnung der Großen Türkischen Nationalversammlung, am 24. April 1920, wählen die Abgeordneten Mustafa Kemal zu ihrem Präsidenten. Am zweiten Arbeitstag macht Mustafa Kemal nunmehr als Parlamentspräsident dem türkischen Volk folgende Mitteilung:

»Wir, eure Vertreter, schwören bei Gott und dem Propheten, dass wir keine Aufständischen gegen den Sultan und das Kalifat sind. Unser einziges Ziel ist, unser Land vor dem Schicksal zu bewahren, das Länder wie Indien und Ägypten (beide Länder leben zu diesem Zeitpunkt unter britischer Verwaltung) ereilt hat.«[160]

Als zweite Amtshandlung schickt Mustafa Kemal der Sowjetregierung in Moskau folgendes Telegramm:

»Wir erklären uns bereit, mit den russischen Bolschewiki zusammenzuarbeiten, die gegen die imperialistischen Regierungen und für die Freiheit der von ihnen unterdrückten Völker kämpfen.«

Für seinen Kampf gegen den gemeinsamen Feind bittet Mustafa Kemal die Bolschewiki um eine finanzielle Unterstützung in Höhe von 5 Millionen Goldrubel und um eine zusätzliche Militärhilfe.[161] Dies ist der Beginn einer langjährigen Zusammenarbeit zwischen Ankara und Moskau.

Am 4. Mai stellt Mustafa Kemal sein Kabinett zusammen. Die ›Regierung‹ der Großen Nationalversammlung besteht aus 12 Mitgliedern, die Kommissare genannt werden. Dazu gehören unter anderem Mustafa Kemal als Vorsitzender, Bekir Sami Bey als Kommissar für äußere Angelegenheiten und der ehemalige Generalstabschef in Istanbul Fevzi Pascha als Kommissar für

Verteidigungsfragen. Fevzi Pascha wird drei Wochen später vom Sultan auf die Todesliste gesetzt. Erst gegen Ende des Befreiungskampfes werden die Kommissare zu Ministern umbenannt.

Mustafa Kemal wählt Oberst Ismet (Inönü) zum Generalstabschef. Diese Entscheidung trifft bei einigen Generälen wie Kazım Karabekir, Ali Fuat (Cebesoy) und Refet (Bele) auf Unverständnis. Immerhin haben sie einen höheren militärischen Rang als Ismet und kämpfen – im Gegensatz zu Ismet, der erst spät nach Anatolien gekommen ist – seit Beginn der Befreiungsbewegung für die nationale Sache. Ohne Kazım Karabekirs Unterstützung wäre ein Befreiungskampf erst gar nicht möglich geworden. Die Generäle verhalten sich jedoch loyal, um die nationale Sache nicht zu gefährden und tun unter dem Oberst weiter ihren Dienst.

Mustafa Kemals Entscheidung für Ismet ist das Ergebnis eines feinen Kalküls. Er weiß, dass ihm jeder dieser Generäle mit dem Rang eines Stabschefs die Führungsrolle streitig machen könnte. Ismet hingegen ist einer seiner treusten und ergebensten Anhänger. Die Entscheidung zugunsten von Ismet wird sich später als richtig erweisen. Denn alle drei Generäle werden sich schon in naher Zukunft Mustafa Kemal kritisch entgegenstellen und in der Nationalversammlung die Opposition bilden.

In Anatolien wird im Jahre 1920 auch eine kommunistische Partei gegründet, die von Sowjetrussland unterstützt wird. Später läßt Mustafa Kemal, der mit der kommunistischen Ideologie nur aus taktischen Gründen sympathisiert, eine zweite, von Moskau unabhängige kommunistische Partei gründen, um die bolschewistische Bewegung in Anatolien unter seine Kontrolle zu bringen.

Zwischen dem 19. und dem 26. April findet in San Remo eine Konferenz der Alliierten statt, bei der die Teilung des Osmanischen Reiches und des türkischen Kernlandes beschlossen wird. Die Franzosen sollen den Libanon und die südlichen Gebiete der Türkei bekommen. Die Italiener, die nur Gebiete in Südwestanatolien zugesprochen bekommen, sind mit ihrem Anteil unzufrieden und wollen noch weitere Teile in Westanatolien zu ihrem Verwaltungsgebiet zugesprochen bekommen. Doch die Griechen, die vom britischen Premierminister Lloyd George unterstützt werden, beanspruchen Westanatolien für sich allein.

Die Regierung in Istanbul muss machtlos zusehen, wie über die Teilung des türkischen Kernlandes verhandelt wird. Immerhin bittet Sultan Vahdettin am 27. Mai 1920 den britischen König George V. um eine Revision der Beschlüsse:

»Ich bitte Eure Majestät, jene Artikel des Abkommens, welche die Unabhängigkeit unseres Staates in Frage stellen, milder zu formulieren. Wenigstens das tür-

kischsprachige Kernland sollte von einer Teilung durch die Siegermächte verschont bleiben.«

George V. beantwortet den Brief des Sultans zwar umgehend, macht aber nur allzu deutlich, dass Istanbul in dieser Angelegenheit nichts zu sagen hat:

»Die Zukunft der Türkei liegt in der Hand der Ententestaaten. Die Regierungen dieser Staaten versuchen, mit großer Geduld und großer Mühe einen gerechten Frieden in der Region zu schaffen. Die Ententestaaten sind sich sicher, dass alle Parteien mit gleicher Rechtschaffenheit behandelt werden.«[162]

In vielen Gebieten Anatoliens, in denen weder Sultan noch Nationalisten Einfluss haben, herrscht Gesetzlosigkeit. Als die Übergriffe von Freischärlern im Land zunehmen und nicht einmal die Regierung in Ankara vor ihnen sicher ist, lässt Mustafa Kemal »Freiheitsgerichte« einsetzen, die gegen die Banden vorgehen sollen. Sie haben die Vollmacht, vor Ort selbst Todesurteile zu fällen, ohne die Genehmigung der Regierung in Ankara einzuholen.

Trotz der großen nationalen Unterstützung, die die Regierung in Ankara genießt, gibt sich der Sultan noch nicht geschlagen. Anfang Juni 1920 greift die Kalifatsarmee die nationale Befreiungsarmee an. Es kommt zwischen den beiden türkischen Armeen zu heftigen Kämpfen. Gegen Ende des Monats gewinnt jedoch die nationale Befreiungsarmee die Oberhand. Sie schlägt die Aufstände in Anatolien nieder, dringt bis Izmit und Istanbul vor und erobert Gebiete zurück, die zuvor die Armee des Sultans besetzt hielt. Schließlich gesteht sich die »Kalifatsarmee« ihre Niederlage ein und löst sich auf.

Der Vertrag von Sèvres

Kaum hat sich die Befreiungsarmee vom kräftezehrenden Krieg gegen die Kalifatsarmee und die Aufständischen erholt, setzen sich sechs griechische Divisionen von der Westtürkei aus in Richtung Osten in Marsch. Andere griechische Truppen fallen in Thrazien über die europäischen Gebiete der Türkei her. Die britische Regierung unterstützt die Griechen bei ihren Militäraktionen politisch und materiell. In wenigen Wochen erringen die Griechen beachtliche Erfolge. Sie besiegen ohne große Verluste die Armee von Ali Fuat, dringen nach Anatolien vor und erobern die türkischen Städte Bursa und Balıkesir. Der schnelle Fall der alten osmanischen Hauptstadt Bursa ist für die Menschen in Anatolien ein Schock. Als Zeichen ihrer Trauer verhängen die Abgeordneten in Ankara das Rednerpult mit einem schwarzen Tuch. Bis zum 27. Juli besetzen die griechischen Armeeeinheiten in der europäischen Türkei ganz Thrazien und die Stadt Edirne.

Einer der Gründe für den raschen Vorstoß der Griechen sind die noch anhaltenden Aufstände im Inneren Anatoliens. Ein beträchtlicher Teil von Mustafa Kemals Armee ist mit der Niederschlagung des Aufstandes in der mittelanatolischen Stadt Yozgat beschäftigt. Die Stadt wird von der sultanstreuen Familie Çapanoğulları erfolgreich gegen die nationale Armee verteidigt. Als der Aufstand nicht niedergeschlagen werden kann, schickt Mustafa Kemal die Freischärlerarmee des Tscherkessen Ethem, »Die Fliegende Kolonne«, in die Region. Ethem geht mit seinen 2000 Männern und fünf Kanonen brutal gegen die Aufständischen vor und verwüstet Yozgat. Ethem, der nach seinem Sieg über die Aufständischen Mustafa Kemal nun sogar öffentlich kritisieren kann, kehrt als Kriegsheld nach Ankara zurück und präsentiert sich der Nationalversammlung als Retter Ankaras. Er prahlt mit seinen Taten und macht sogar versteckte Andeutungen, dass er der wahre Anführer der nationalen Sache sei. Mustafa Kemal überhört seine Äußerungen bewußt und schickt ihn in die Westtürkei, wo er gegen die griechischen Eindringlinge kämpfen soll. Auch hier kann Ethem große Erfolge verzeichnen. Er zwingt mit seinen Männern sogar eine ganze griechische Division zum Rückzug.

In Ankara trifft Mustafa Kemal nach dem Auftritt Ethems Vorsichtsmaßnahmen gegen den Freischärler, der durchaus die Möglichkeit gehabt hätte, ihn mit seinen Gefolgsleuten zu entmachten. Mustafa Kemal nimmt Kontakt zu Topal Osman auf, dem Freischärlerchef der Küstenstadt Giresun, den er zu Beginn des Befreiungskrieges kennengelernt hatte, und bestellt ihn mit seinen Leuten nach Ankara. Die Freischärler, die durch ihr brutales Vorgehen gegen die Christen am Schwarzen Meer bekannt wurden, werden ab Ende Oktober 1920 Mustafa Kemals Leibgarde.

Als der Sultan am 10. August 1920 im Pariser Vorort Sèvres einem Friedensvertrag mit den Siegermächten zustimmt, verwandelt sich die Trauer über die Niederlagen gegen die Griechen bald in Kampfentschlossenheit. Der Friedensvertrag sieht die Aufteilung des den Türken verbliebenen Landes an die Italiener, Engländer, Franzosen, Kurden und Armenier vor. Der europäische Teil der Türkei mit Ausnahme Istanbuls soll an Griechenland fallen. Zwar dürfen die englandtreue Regierung und der Sultan weiterhin in Istanbul residieren, aber die Meerengen sind sowohl in Friedens- als auch in Kriegszeiten allen Handels- und Kriegsschiffen zu öffnen. Das Gebiet um Izmir geht ebenfalls an die Griechen. Die östlichen Provinzen Erzurum, Van, Bitlis und Trabzon werden den Armeniern versprochen. Außerdem soll ein autonomes Kurdistan gebildet werden. Über eine spätere Lostrennung von der Türkei soll der Völkerbund entscheiden. Den Türken wird nur ein kleines Gebiet des Kernlandes um Ankara zugesprochen.

Der Vertrag gestattet dem Sultan eine Leibwache von 700 Mann und eine Gendarmerie von 35 000 Mann. Eine französisch-italienisch-britische Kommission soll die Finanzhoheit im Land übernehmen. Großbritannien, Frankreich und Italien legen zusätzlich fest, dass Italien das Gebiet von Antalya und Konya, Frankreich Kilikien und das westliche Kurdistan als Einflusszonen bekommt.

Der britische Premierminister Lloyd George bezeichnet den Vertrag *»aufgrund der feindlichen Haltung der Türkei gegenüber Großbritannien und seinen Verbündeten« als fair und behauptet sogar, »den Türken mehr Gebiete abgetreten zu haben, als sie verdienen«.*[163]

Allerdings muss der Vertrag von Sèvres noch von den türkischen Volksvertretern in Istanbul bestätigt werden. Weil der Sultan das türkische Parlament zuvor aufgelöst hat und nur mit einem von ihm ernannten Kabinett regiert, muss ein neues Parlament gewählt werden. Die Alliierten wissen, dass ohne die Zustimmung der Nationalisten in Ankara keine neuen Wahlen stattfinden können. Deshalb zwingen sie den Kabinettschef Damat Ferit zum Rücktritt und raten dem Sultan, ein nationalistenfreundliches Kabinett zu bilden. Der neue Kabinettschef Tevfik Pascha versucht, die Nationalisten für die Entscheidungen von Sèvres zu gewinnen, doch Ankara erklärt am 19. August die drei türkischen Delegationsmitglieder, die den Vertrag von Sèvres unterschrieben haben, zu Hochverrätern.

Als die Details des Abkommens in Anatolien bekannt werden, bricht überall im Lande eine neue Hasswelle gegen die Sieger aus. Mustafa Kemal fasst das, was viele zu diesem Zeitpunkt denken, in Worte:

»Wir werden bis zum letzten Mann (gegen sie) kämpfen, und wir werden am Ende ihre Zivilisation auf ihren Köpfen zerschmettern.«

Mustafa Kemal weiß, dass die Alliierten den Vertrag von Sèvres militärisch nicht durchsetzen können. Dazu haben sie in der Region weder die nötigen militärischen Mittel noch die Unterstützung in ihren eigenen Reihen. Der Vertrag wird gleich nach seiner Verabschiedung selbst von manchen britischen Politikern als »Totgeburt« bezeichnet. Tatsächlich unternehmen die Siegermächte in der Folgezeit keine ernsthaften Schritte, den Vertrag de facto umzusetzen. So stehen den Nationalisten nur zwei wirkliche Gegner gegenüber: Die Griechen, die Thrazien und Teile Westanatoliens besetzt halten und die Armenier, die sich in Ostanatolien in den Gebieten festgesetzt haben, aus denen sich die Russen zurückgezogen haben.

Am 19. Juli kommt eine türkische Delegation unter der Führung des Kommissars für Außenangelegenheiten, Bekir Sami Bey, in Moskau an. Sie will die Ostgrenzen der Türkei festlegen und die Bolschewiki für die Unterstützung des türkischen Befreiungskampfes gewinnen. Außer der Delegation aus Ankara sind auch einige kommunistische Oppositionelle aus Istanbul sowie Enver Pascha in Moskau. Für die Bolschewiki ist jedoch die Nationalversammlung in Ankara und ihre Delegation der einzige Gesprächspartner. Zwar verspricht Moskau Ankara für den »Kampf gegen die Imperialisten« eine Finanzhilfe, lässt die türkische Delegation jedoch gleichzeitig wissen, dass die ostanatolischen Gebiete bis Van und Bitlis armenisches Territorium seien.

Ende September 1920 beginnen die Armenier einen Krieg gegen die Türkei, um sich die im Vertrag von Sèvres zugesprochenen türkischen Gebiete zu sichern.

Als die Ostanatolienarmee entgegen der Moskauer Vereinbarung gegen die Armenier vorrückt, unternimmt Sowjetrussland jedoch nichts gegen die Türkei, denn in Wirklichkeit sind auch die Sowjets gegen einen unabhängigen armenischen Staat in der Region.

Die Türken können mit ihren besten regulären Truppen – die vier Divisionen unter Kazım Karabekir, die über 69 Geschütze und 200 Maschinengewehre verfügen – die Armenier schnell in Bedrängnis bringen. Kazım Karabekir nimmt im Oktober 1920 ohne großen Widerstand die ostanatolische Stadt Kars ein, die sich vorher in armenischer Hand befand. 2000 armenische Soldaten geraten in türkische Gefangenschaft, darunter auch drei Generäle. Nach Schlichtungsversuchen Sowjetrusslands werden die Kampfhandlungen während der Sommermonate 1921 eingestellt.

Inzwischen sympathisiert auch der Thronfolger Abdülmecit mit den Nationalisten in Anatolien. Er möchte sich sogar persönlich am Befreiungskrieg beteiligen. Als das bekannt wird, bildet sich auch in Ankara eine immer breiter werdende Anhängerschaft um ihn. Auch einige Abgeordnete sehen das Heil des Landes inzwischen darin, den Sultan Vahdettin zu entthronen und seinen Sohn Abdülmecit an die Macht zu bringen. Mustafa Kemal, der seine Führungsrolle gefährdet sieht, zögert nicht lange. In einer Geheimsitzung am 25. September 1920 stellt er seinen Standpunkt klar:

»Der heutige Sultan und der Thronfolger sind beide Landesverräter. (...) Sie sind Werkzeuge unserer Feinde, die gegen unser Land eingesetzt werden.«[164]

Im November flieht Mustafa Kemals Geliebte Fikriye aus Istanbul und wird von Mustafa Kemal in seinem Haus in Ankara aufgenommen. Sie wohnt in Zukunft mit ihm unter einem Dach. Sechs Monate nach Fikriyes Ankunft trifft auch Mustafa Kemals Mutter in Ankara ein. Auch sie wird im Haus ihres Sohnes untergebracht. Allerdings gibt es seit dem Zusammentreffen der beiden Frauen immer wieder Streit im Haus. Zübeyde mischt sich in jede

Angelegenheit ein und beschwert sich über alles. Von Mustafa Kemal verlangt sie Gehorsam und eine respektvolle Behandlung in der Öffentlichkeit. Er soll ihr zur Begrüßungen immer einen Handkuss geben. Außerdem will sich Zübeyde nicht mit dem Gedanken abfinden, Fikriye zur Schwiegertochter zu haben. Denn Fikriye ist völlig mittellos und erscheint ihr nicht als eine gute Partie.

Zübeyde macht sich allerdings unnötig Sorgen. Denn als Fikriye eines Tages über eine mögliche Heirat mit Mustafa Kemal sprechen will, wechselt er mit einer knappen Bemerkung das Thema: Er sei schon verheiratet, und zwar mit dem türkischen Volk.

Eine schwierige Freundschaft, der Pakt mit Moskau

Am 2. Dezember 1920 unterzeichnen der kleine armenische Staat jenseits der türkischen Grenze und die Regierung in Ankara in der Stadt Gümrü einen Friedensvertrag, in dem als Grenze zwischen den beiden Ländern die Flussläufe von Arpa Çay und Aras festgelegt werden. Am Tag der Unterzeichnung des Vertrages tritt Armenien der Sowjetunion bei. Damit werden die Sowjetunion und die Türkei Nachbarländer.

Zwischen den beiden Ländern bleibt es nicht nur bei Freundschaftsbekundungen. Am 16. März 1921 unterzeichnen der sowjetische Außenminister Tschitscherin und der türkische Delegationsleiter Yusuf Kemal in Moskau einen Vertrag über Freundschaft und Brüderlichkeit. Die Gebiete Kars, Ardahan und Artvin, aus denen sich die Russen 1918 zurückgezogen haben, werden offiziell an die Türken abgetreten. Dafür verzichtet die Türkei auf die georgische Küstenstadt Batum. Auch eine Finanz- und Militärhilfe für die Türkei wird vereinbart. Allein im Jahre 1921 liefern die Sowjets 33.273 Gewehre, 327 Maschinengewehre, 54 Geschütze, 20.000 Gasmasken und große Mengen an Munition. Darüber hinaus erhält Ankara 10 Millionen Goldrubel für Kriegsausgaben. Am 3. Oktober 1921 hissen türkische Matrosen im Hafen von Trabzon auf zwei russischen Torpedobooten, die den türkischen Seestreitkräften vom sowjetischen Oberkommando übergeben wurden, die türkische Flagge: ein Geschenk des Bruderstaates.[165]

Da im Osten des Landes Frieden geschlossen wurde, kann die Regierung in Ankara jetzt unter der Leitung von Mustafa Kemal gegen die griechischen Besatzer, aber auch gegen die inneren Feinde entschlossener vorgehen. Das ist dringend notwendig, denn Ethem, der Anführer der Tscherkessenarmee, widersetzt sich den Befehlen aus Ankara.

Als erstes löst Mustafa Kemal seinen Freund Ali Fuat, der als Kommandeur der Westanatolienarmee mit Ethem gemeinsam gegen die Griechen kämpft, von seinen Ämtern ab. Ali Fuat ist für Mustafa Kemals Geschmack zu sehr in die Nähe der Freischärler gerückt. Als er in Ankara erscheint, trägt er noch immer die Uniform der Freischärler.[166] Ali Fuat wird als Botschafter nach Moskau geschickt, wo er die nächsten zwei Jahre verbringt.

Mustafa Kemal lässt die Westanatolienarmee in eine Nord- und eine Südarmee aufteilen. Zum Kommandeur der Nordarmee wird der Generalstabchef Oberst Ismet (Inönü) ernannt, die Südarmee wird nun von Refet (Bele) befehligt. Im November 1920 beschließt Ankara, aus den Freischärlern reguläre Einheiten zu formieren und das System irregulärer Kampfverbände abzuschaffen.

Einige Mitglieder der Nationalversammlung in Ankara verlangen, dass Mustafa Kemal Oberkommandierender der Gesamtarmeen werden soll. Für Mustafa Kemal ist dies jedoch ein durchsichtiger Versuch, ihn aus Ankara und der politischen Führung der Staatspolitik zu entfernen. Er lehnt das Angebot mit einer plausiblen Begründung ab:

»Der Vorschlag erscheint richtig. Doch wenn ich mich bei einer Schlacht zurückziehen müsste, besäßen wir keine Führungsreserve mehr.« [167]

Nach der Ablösung von Ali Fuat (Cebesoy) wird Ismet (Inönü) zum neuen Befehlshaber der Nordwestarmeen ernannt. Der Kommandant der »Ersten Fliegenden Kolonne«, Ethem, ist nicht bereit, Befehle von Ismet anzunehmen, geschweige denn seine Abteilung in die reguläre Armee einzugliedern. Er verlangt im Gegenteil von Mustafa Kemal, dass die reguläre Armee des abgelösten Generals Ali Fuat nicht Ismet, sondern ihm selbst unterstellt werden solle. Ethem ignoriert die Warnungen aus Ankara und führt von seinem Hauptquartier in Kütahya aus weiterhin sein eigenes Kommando fort. Immerhin verfügt er über 3.000 Reiter, über 100 schwere Maschinengewehre und 4 Geschütze.

Am 27. Dezember 1920 fasst die Regierung der Großen Nationalversammlung in Ankara einen Beschluss, der das Ende des Tscherkessen Ethem und seiner »Fliegenden Kolonne« besiegeln soll:

»Die Erste Fliegende Kolonne ist gehalten, so wie jede andere Truppe auch, ohne Vorbehalt und Bedingungen den Gesetzen der Großen Nationalversammlung und den Vorschriften und Befehlen der Regierung zu gehorchen und sich der militärischen Disziplin zu unterwerfen. (...) Die Leitung des Generalstabs hat die Pflicht, in dieser Angelegenheit die nötigen Maßnahmen zu ergreifen.«

General Refet (Bele) geht nach dem Beschluss auch entschieden gegen die Freischärlerarmee von Demirci Efe vor, der sich wie Ethem weigert, sich der regulären Armee unterzuordnen. Nach einer kurzen Schlacht werden die Freischärler unterworfen und ihr Anführer Demirci Efe gefangen genommen. Ethem beschuldigt Mustafa Kemal daraufhin, ein Diktator zu sein.

In Istanbul ist der Sultan gezwungen, die politische Realität im Lande anzuerkennen: Wenn er die Nationalisten schon nicht besiegen kann, dann will er die Macht in Anatolien durch eine Zusammenarbeit mit ihnen wiedererlangen. Er ernennt Ali Rıza, der den Nationalisten nahe steht, zum neuen Kabinettschef. Ali Rıza schickt als erste Amtshandlung den Innenminister Izzet Pascha und den Marineminister Salih Pascha mit einer Schlichtungsmission nach Anatolien. Das Treffen findet am 5. Dezember 1920 in Bilecik, nicht weit von Bursa, statt und endet für den Sultan mit einem Fiasko. Die beiden Minister des Sultans verlangen bei ihrem Treffen mit den Nationalisten von Ankara, die Istanbuler Regierung als einzig rechtmäßige anzuerkennen und sich ihr zu unterwerfen. Danach könne man mit den Alliierten verhandeln. Diese seien bereit, den Vertrag von Sèvres zu revidieren und der Türkei in der Frage ihrer Ostgrenze und des Gebietes von Izmir Zugeständnisse zu machen. Mustafa Kemal lehnt ab und erklärt den beiden Paschas kurzerhand, dass er ihnen nicht erlauben könne, nach Istanbul zurückzukehren. Er lässt sie nach Ankara bringen und hält sie hier bis zum März 1921 als seine persönlichen Gefangenen fest.

In dieser Situation schickt der Tscherkesse Ethem, der mit Ankara gänzlich gebrochen hat, der Großen Nationalversammlung ein Telegramm, in dem er die Freilassung der Minister aus Istanbul verlangt. Er beschuldigt die Politiker in Ankara, ohne Rücksicht auf die ganze Nation nur an die eigenen Interessen zu denken.

Nachdem die Versuche, Ethems Truppen in die reguläre Armee einzugliedern, endgültig gescheitert sind, befiehlt Mustafa Kemal dem Oberkommando, mit Infanterie- und Kavallerieeinheiten gegen Kütahya vorzurücken. 15 000 Soldaten der Westanatolienarmee unter dem Kommando von Oberst Ismet (Inönü) und Refet (Bele) beginnen mit dem Angriff gegen die Hochburg der Freischärler. Die Stadt wird ohne große Mühe eingenommen. Ethems Truppen zerstreuen sich. Ethem selbst läuft mit einigen seiner Männer zu den Griechen über.

Zwar pflegt Mustafa Kemal zu Sowjetrussland eine freundschaftliche Beziehung, er sieht aber in dieser Annäherung auch Gefahren. Er befürchtet einen sozialistisch orientierten Wandel in der Bevölkerung, was wiederum das Ende seiner Macht bedeuten könnte. Er benutzt das Vorgehen gegen Ethem und seine Gefolgsleute dazu, auch die linken Kräfte im Lande zum Schweigen zu bringen. In Ankara und anderen Städten werden die Führer der »Türkischen Volkskommunistischen Partei« und der Gewerkschaften verhaftet. Am 29. Januar 1921 werden der türkische Kommunist Mustafa Suphi und seine fünfzehn Begleiter auf dem Weg von Moskau nach Ankara in der Küstenstadt Trabzon ermordet. Ob dieser Mord auf Mustafa Kemals Anordnung geschehen ist, lässt sich nicht feststellen. Zwei Jahre nach diesem Ereignis wird Mustafa Kemal sagen:

»Wir haben ihre Organisation in unserem Land nicht nur abgelehnt, sondern etwas härtere Vorsichtsmaßnahmen getroffen: einige ihrer Männer wurden verhaftet. Sie (die Sowjets) waren mit dieser Vorgehensweise unzufrieden.«[168]

Doch die Sowjets unternehmen nichts, was die Beziehung zur Türkei verschlechtern könnte. Lieber haben sie in der Türkei einen schwachen Verbündeten gegen die imperialistischen Feinde als gar keinen. Das Risiko, dass sich die Türkei sonst den Westmächten annähern könnte, erscheint ihnen zu groß.

Die Entente gibt nach

Im Oktober 1920 stirbt der griechische König Alexander noch nicht einmal dreißigjährig an einer Bisswunde. Am 19. Dezember besteigt erneut sein Vater, der Deutschenfreund Konstantin I., ein Schwager Kaiser Wilhelms II., nach einer Volksabstimmung den griechischen Thron. Mit den Neuwahlen wird der Entente-freundliche Ministerpräsident Venizelos gestürzt. Damit ist drei Monate nach der Unterzeichnung des Sèvres-Vertrags ein hartnäckiger Gegner der türkischen Nationalisten vorerst von der internationalen Politikbühne verbannt.

Nach der Thronbesteigung Konstantins werden die Venizelos-Anhänger unter den Offizieren der griechischen Armee abgelöst. Der König will endlich militärische Erfolge sehen. Das neue griechische Oberkommando fühlt sich durch die Rebellion des Freischärlers Ethem ermutigt und beginnt am 6. Januar 1921 von Bursa aus einen Angriff auf Eskişehir, wo sich die Befehlszentrale des Kommandeurs der Nordwestarmee, des Oberst Ismet (Inönü), befindet. Ziel dieser Militäraktion ist die Zerstörung der von Norden nach Süden verlaufenden Bahnlinie Istanbul-Bagdad.

Am 10. Januar kommt es bei der Eisenbahnstation Inönü, deren Namen Oberst Ismet später als Familiennamen wählen wird, zu einer Schlacht. Schnell wird die Lage für die türkische Seite kritisch, da die Griechen der türkischen Armee zahlenmäßig und waffentechnisch überlegen sind. Nach einer kurzen Schlacht, bei der etwa 100 türkische Soldaten getötet und 200 verwundet werden, zieht sich Ismet zunächst aus Eskişehir zurück. Neue

Verbände sollen Ismets Armee verstärken, um ihn bei der nächsten Schlacht zu unterstützen. Doch zur Überraschung der Türken kommt es nicht zu einem weiteren Angriff der Griechen. Stattdessen ziehen sie sich am 11. Januar in ihre Ausgangsposition bei Bursa zurück. Diese Schlacht, die als »Inönü-I« in die türkische Geschichte eingeht, wird in Ankara pompös als erster und glorreicher Sieg der neuen nationalen türkischen Armee gefeiert. Denn Mustafa Kemal benötigt dringend militärische Erfolge. Einmal, um die inneren Kritiker mundtot zu machen und zum anderen, um von der Entente als Gesprächspartner anerkannt zu werden.

In dieser Zeit verschlechtert sich Mustafa Kemals Gesundheitszustand. Zu seinem Nierenleiden kommt eine Malariaerkrankung hinzu. Entgegen ärztlichem Rat trinkt und raucht er weiter. Auch seine Frauengeschichten neben der Beziehung zu Fikriye sorgen in Ankara für Gesprächsstoff.

Mustafa Kemal hat zwar die Türkische Große Nationalversammlung in Ankara gründen können, aber eine Verfassung gibt es bisher nicht. Am 20. Januar 1921 wird schließlich die erste türkische Verfassung, die im Parlament von Ankara ausgearbeitet wurde, von der Vollversammlung verabschiedet. Die ersten vier Artikel lauten:

»*1. Die Souveränität steht ohne Vorbehalt und Bedingung der Nation zu. Die Verwaltung des Staates beruht auf dem Grundsatz, dass das Volk persönlich sein Geschick lenkt.*

2. Die gesetzgebende und die ausführende Gewalt ist in der Großen Nationalversammlung zusammengefasst und kommt in ihr zum Ausdruck; sie ist das einzige und wirkliche repräsentative Organ der Nation.

3. Der türkische Staat wird von der Großen Nationalversammlung regiert. Ihre Regierung trägt den Namen ›Regierung der Großen Nationalversammlung der Türkei‹.

4. Die Große Nationalversammlung besteht aus Mitgliedern, die von der Bevölkerung der Bezirke gewählt werden.«

Mustafa Kemal lässt den loyalen General Fevzi (Çakmak) zum Premierminister wählen. Sowjetrussland erkennt als erster Staat die verfassungsgemäß gegründete Regierung der Großen Nationalversammlung an. Aufgrund der engen Beziehungen zwischen den beiden Ländern ist dies keine Überraschung. Schon drei Monate zuvor hatte Lenin eine richtungsweisende Rede gehalten:

»*Die sowjetische Regierung verfolgt mit lebhaftem Interesse den heroischen Kampf, den das türkische Volk um seine Unabhängigkeit und Souveränität führt. Wir sind glücklich (...), ein dauerhaftes Fundament für eine Freundschaft zu legen, die das türkische und russische Volk vereinen soll.*«[169]

Mustafa Kemal versucht jedoch, den Umklammerungsversuchen Sowjetrusslands auszuweichen. In einem Interview 1921 gibt er folgenden Kommentar:

»Der (Erfolg des) Kommunismus hängt eng mit der Bevölkerungsstruktur zusammen. Die Bedingungen in unserem Land, seine Religion und seine Traditionen beweisen, dass der Kommunismus bei uns nicht praktiziert werden kann.«[170]

Auch die Bolschewiki wissen, dass Mustafa Kemal nicht mit ihrer Ideologie sympathisiert. Trotzdem leisten die Sowjets der Türkei weiterhin finanzielle und materielle Hilfe, weil sie im Nachbarland ein Bollwerk gegen die imperialistischen Bestrebungen der Westmächte in Kleinasien sehen. Lenin, der sich vom Politiker Mustafa Kemal nichts vormachen läßt, lobt den türkischen Querdenker wegen seiner menschlichen Qualitäten:

»Mustafa Kemal ist kein Sozialist (...). Aber wie es scheint, ist er ein guter Organisator und ein hoch intelligenter fortschrittlicher Führer. Er führt gegen die Räuber einen Befreiungskampf. Ich glaube, dass er den Hochmut der Imperialisten brechen und mit dem Sultan und seiner Umgebung fertig werden kann.«[171]

Der Sturz von Venizelos und der anschließende Rückzug der Griechen bei Inönü sind für die Franzosen, die seit längerer Zeit mit der britischen Orientpolitik unzufrieden sind, der entscheidende Anstoß zur Revision des Vertrages von Sèvres. Die englisch-italienisch-französische Einheitsfront im Orient fängt an zu bröckeln.

Am 21. Februar 1921 beginnt in London eine Konferenz, die nach der »Totgeburt« des Vertrages von Sèvres nun erneut die verworrenen Verhältnisse im Osmanischen Reich klären soll. Mustafa Kemal besteht darauf, dass an der Konferenz – neben der Istanbuler Regierung – auch Vertreter der Großen Nationalversammlung teilnehmen. Die Alliierten akzeptieren diesen Vorschlag, zumal sie wissen, dass die Istanbuler Regierung wenig Rückhalt in der türkischen Bevölkerung hat. Auch die Delegation aus Istanbul scheint sich mit dieser Tatsache abgefunden zu haben. Denn gleich zu Beginn der Verhandlungen erhebt sich der Istanbuler Großwesir Tevfik Pascha und erklärt, dass die Delegation der Großen Nationalversammlung in Ankara in dieser Konferenz die gesamte türkische Nation repräsentiere. Der Sieg der Kemalisten ist damit auch international besiegelt.

Was man der Türkei in London anbietet, ist äußerst mager. Die Alliierten sind nur in der armenischen und kurdischen Frage zu Zugeständnissen bereit. Darüber hinaus wollen sie die entmilitarisierte Zone an den Meerengen etwas eingrenzen, zwei türkische Mitglieder in die Meerengenkommission aufnehmen, einer Erhöhung der bewaffneten Streitkräfte der Türken in dieser

Zone von 35 000 auf 75 000 Mann zustimmen und in Izmir und Umgebung eine von alliierten Offizieren geleitete Gendarmerie aufstellen. Die griechische Besatzung soll sich nur auf das reine Stadtgebiet beschränken. Das würde den Verlust von Thrazien und Izmir bedeuten. Und die Besetzung von Istanbul durch die Alliierten bliebe bestehen.

Die Italiener und die Franzosen bieten darüber hinaus separate Friedensverträge an, in denen festgehalten werden soll, dass sie für ihren Abzug aus den besetzten Gebieten Süd- und Südwestanatoliens lediglich wirtschaftliche Privilegien bekommen. Allerdings kommt es in London nicht zu einer Unterzeichnung der Verträge. Die türkische Delegation reist vorerst nach Ankara ab, um sich über die Angebote zu beraten. Die Italiener warten die Entscheidung Ankaras erst gar nicht ab und beginnen wenige Wochen nach der Konferenz, ihre Truppen aus Südwestanatolien abzuziehen. Die Verhandlungen in London zeigen, dass die Türken außer den Griechen keine Feinde zu fürchten haben und selbst die Unterstützung der Griechen durch Großbritannien schwach ist, da Premierminister Lloyd George mit seiner Haltung im englischen Oberhaus beinahe allein steht.

Bevor man in Ankara noch über das Angebot der Londoner Konferenz debattieren kann, gehen die griechischen Truppen am 23. März 1921 an der gesamten Front zum Angriff über. Die Delegation Athens hat zuvor in London jede Änderung des Vertrages von Sèvres zurückgewiesen und deutlich gemacht, dass Griechenland stark genug sei, der Türkei die Friedensbedingungen mit Waffengewalt aufzuzwingen. Allerdings haben in der Zwischenzeit die türkischen Einheiten Nachschub bekommen und sind mit 35 000 Soldaten an diesem Frontabschnitt den griechischen Truppen zahlenmäßig gleich. Die Griechen verfügen jedoch weiterhin über ein besseres Waffenarsenal.

Nach anfänglichen Erfolgen der griechischen Armee, der es am 27. März gelingt, die türkische Kommandozentrale bei Metristepe einzunehmen, hält sie General Ismet erneut bei der Bahnstation Inönü auf. Am 31. März geht er zum Gegenangriff über und zwingt den Feind zum Rückzug. Mustafa Kemal schreibt nach diesem zweiten Sieg bei Inönü an den Kommandanten der Nordwestarmee Oberst Ismet:

»Sie haben dort nicht den Feind besiegt, sondern das unglückliche Schicksal des Volkes.«[172]

Auch an der südlichen Front erleidet die griechische Armee eine Niederlage. Am 7. April kann der Kommandant der Südwestarmee Refet (Bele) die Stadt Afyonkarahisar von den Griechen zurückerobern. Auch für Refet hat Mustafa Kemal einen markigen Ausspruch übrig:

»Unsere Armee betrat mit Glanz und Donner die Weltbühne wieder.«[173]

Ankara legt anschließend die beiden Westarmeen unter dem Kommando von Ismet zusammen.

Nach diesen Erfolgen wendet sich auch diplomatisch das Blatt zugunsten der Türken. Nun suchen die Vertreter der französischen und der englischen Regierung den Kontakt zu Ankara, um Verhandlungen, die auch ihr Kapital in der Türkei sichern sollen, den Weg zu ebnen.

Mustafa Kemal zieht im Frühling von seiner bisherigen Residenz in ein Haus auf dem Berg Çankaya um. Seine Villa, die ursprünglich einem Armenier gehörte, ist solide gebaut und besteht aus zwei Stockwerken. Bald wohnen auch seine Freunde und Gesinnungsgenossen in der Nachbarschaft, so dass sie hier die »Gruppe von Çankaya« genannt werden. Im Gegensatz zu den Behauptungen der Kritiker führen Mustafa Kemal und seine Freunde in Ankara ein durchaus bescheidenes Leben. Mustafa Kemals einziges Privileg: Während die Bewohner von Çankaya noch Petroleumlampen benutzen, verfügt er in seinem Haus über einen kleinen Stromgenerator.[174]

Die griechisch-türkische Schlacht am Sakarya-Fluss

In der Nationalversammlung in Ankara gründet Mustafa Kemal unter dem Namen *Gruppe des Rechtes* seine eigene Fraktion. Die Abgeordneten, die in diese Gruppe nicht aufgenommen werden, bilden die Opposition, die sich *Die zweite Gruppe* nennt. Anschließend stärkt er mit einer Kabinettsumbildung seine Machtposition: seinen Freund Fethi (Okyar) ernennt er zum Kommissar für Außenangelegenheiten, Kommissar für Innenangelegenheiten wird Yusuf Kemal (Tengirsenk), ein Mitglied seiner Fraktion.

Doch die Regierung in Ankara hat für politische Ränke wenig Zeit, denn das griechische Oberkommando bereitet in der Westtürkei den zweiten großen Schlag vor, um sich die Gebiete anzueignen, die ihnen im Vertrag von Sèvres zugesprochen wurden. Die Griechen mobilisieren alle Männer im Alter zwischen 18 und 45 Jahren und ziehen sogar unter der griechischen Minderheit in Thrazien und Westanatolien Rekruten ein. Die griechische Regierung versucht, das Volk in Kreuzzugsstimmung gegen die muslimischen Türken zu versetzen und wirbt mit den Schlagworten »Hellas« und »Europa« für den Krieg. Im Juli vollendet General Papoulas die griechische Mobilmachung. Seine Streitmacht verfügt nun über 125 000 Mann, 5.600 Maschinengewehre, 345 Geschütze und 20 Flugzeuge. Die Türken haben zwar die gleiche Anzahl Soldaten, aber nur 440 Maschinengewehre, 162 Geschütze und vier Flugzeuge. Während sie ihren Nachschub auf Ochsenkarren transportieren, stehen den Griechen dank der englischen Militärhilfe 500 Lastkraftwagen, 3.000 Pferdewagen und 2.000 Kamele zur Verfügung.

Doch auch die Regierung in Ankara erhält militärische Unterstützung. Gleich zu Beginn des Befreiungskampfes übergeben die Bolschewiki den Vertretern von Ankara in der ostanatolischen Stadt Erzurum 200 Kilogramm Gold.[175] Seit dem 22. September 1919 treffen an der Schwarzmeerküste in Trabzon nun auch sowjetische Waffentransporte ein. Diese Militärhilfe hat der türkische Gesandte in Moskau, Ali Fuat, im April desselben Jahres ausgehandelt. Die Russen verpflichten sich vertraglich, der Türkei 10 Millionen Goldrubel, 45.000 Gewehre, 300 Maschinengewehre und 100 Kanonen zukommen zu lassen.[176] Die sowjetrussische Militärhilfe ist die einzige Unterstützung, die die Türken in dieser schwierigen Lage aus dem Ausland erhalten.

Dieses Mal wollen die Griechen einen endgültigen Sieg über die Türken erringen. Als am 9. Juli 1921 der Vormarsch der Griechen von Westanatolien aus nach Ankara beginnt, begibt sich König Konstantin höchstpersönlich an die Front. Die griechische Armee stößt zu den türkischen Stellungen vor. Nach einigen Kampftagen müssen sich die türkischen Soldaten zurückziehen. Am 12. Juli fällt Afyonkarahisar, am 17. Juli Kütahya. Noch wehrt General Ismet (Inönü) mit seinen Truppen die Angriffe auf Eskişehir ab. Doch droht er, umzingelt zu werden. Ein Gegenangriff der türkischen Armee bleibt erfolglos. Mustafa Kemal, der in diesen Tagen die Front besucht, um sich vor Ort ein Bild zu machen, befiehlt den Rückzug in Richtung Osten. Jenseits des Flusses Sakarya wollen die Türken die griechischen Angriffe abwehren. Zwar sieht Mustafa Kemal die negativen Konsequenzen eines Rückzuges voraus, aus militärischer Sicht ist er jedoch unvermeidlich:

> *»Ich sagte zu Ismet, dass der größte Nachteil dieses Rückzugs die innere Bestürzung und die öffentliche Kritik sein werden, wenn wir solch wichtige Ortschaften wie Eskişehir dem Feind überlassen. Aber im Laufe der Zeit, wenn wir Siege erringen, werden sich diese Bedenken von selbst auflösen. Lass uns das tun, was militärisch notwendig ist.«*[177]

Die türkischen Soldaten ziehen sich ungeordnet zurück. Hunderte verlieren dabei ihr Leben. Überdies fallen 6000 Gefangene und kostbares Kriegsmaterial in die Hände des Feindes. Mehr als 40 000 türkische Soldaten desertieren. Eine große Flüchtlingswelle zieht in Richtung Osten.

Die Zahl der Kritiker Mustafa Kemals nimmt in den kommenden Monaten tatsächlich zu – und zwar sowohl in der Nationalversammlung als auch unter der Bevölkerung auf dem Lande. Die Abgeordneten fordern eine Untersuchung der Niederlage, ja sogar die Bestrafung der verantwortlichen Offiziere. Vor allem die Islamisten fühlen sich durch Mustafa Kemals »militärischen«

Führungsstil und durch die Anwendung seiner Vollmachten als Präsident der Nationalversammlung ihrer Privilegien beraubt. Mustafa Kemal treibt die Trennung von Staat und Religion immer mehr voran, und die islamischen Gelehrten haben in Staatsangelegenheiten kaum noch Mitspracherechte. Als Mustafa Kemal der Hochburg der Islamisten, der mittelanatolischen Stadt Konya, einen Besuch abstattet, versuchen die dortigen islamischen Gelehrten ihn zurechtzuweisen. Doch er verteidigt seinen Standpunkt, dass es kein Zurück mehr zu den osmanischen Verhältnissen geben kann.

»Ich sah in einer Medrese (einer islamischen Schule) eine Menge Menschen, so groß wie eine Armeeeinheit mit Turbanen in Reih und Glied stehen, und der Mufti stand vor diesen islamischen Gelehrten von Konya. Ich war freundlich gestimmt. Der Mufti hielt eine Rede. Er sagte:

›Unsere Schüler werden vom Militär eingezogen und nicht wieder entlassen.‹

Der Mufti wollte beweisen, dass die islamischen Gelehrten über allem stehen, und um das klarzustellen wollte er mir eine Lektion erteilen. Ich sagte ihm mit deutlicher Stimme, dass man, wenn man ihn und all die anderen Deserteure, die sich in dieser Medrese versammelt hätten, zum Militärdienst einziehen würde, man Afyonkarahisar leicht zurückerobern könne. Das wurde als ein großer Skandal angesehen, weil ich damit die wertvollen islamischen Gelehrten von Konya beleidigt hatte.«[178]

In der Nationalversammlung wird der Kommandeur der Ostanatolienarmee und inzwischen Mustafa Kemals Gegenspieler, Kazım Karabekir, der nach dem Friedensschluss mit den Armeniern nach Ankara beordert worden war, zum Wortführer der Opposition. Die Abgeordneten verlangen nach dem Rückzug der türkischen Armee von Mustafa Kemal, dass er nun selbst das Oberkommando übernimmt. Mustafa Kemal ahnt, welche Absicht hinter dieser Forderung steht, weiß aber auch, welche Chancen ihm ein Sieg bieten könnte. In seiner Rede *Söylev* äußert er sich dazu wie folgt:

»Sie nahmen an, dass die Armee nicht gefechttauglich war und glaubten, dass ich gemeinsam mit der Armee eine persönliche Niederlage erleiden würde.«[179]

Am 5. August 1921 wird Mustafa Kemal in einer Geheimsitzung der Nationalversammlung das Oberkommando der türkischen Armee übertragen. Er verlangt für die nächsten drei Monate diktatorische Vollmachten, die ihm schließlich gewährt werden. Seine Befehle haben nun Gesetzeskraft.

Sogleich erlässt er zehn Befehle, die der Ausrüstung der türkischen Armee dienen. Danach wird jedes Haus im Lande verpflichtet, bei der Armee eine Garnitur Wäsche, ein Paar Socken und ein Paar Schuhe abzuliefern. Steuerbüros, die in allen größeren Städten eröffnet werden, sorgen für die Eintreibung. Außerdem dürfen die Staatsbeamten 40 Prozent der in den Lagern der Kaufleute befindlichen Textilien, Lederwaren, Lebensmittel, Kraftfahrzeuge sowie Treibstoff, Reifen und Maschinenöl beschlagnahmen. Das gilt auch für strategisch wichtige Materialien wie Telefonleitungen, Klebstoffe und Batterien. Hinzu kommen 20 Prozent der Zug- und Lasttiere sowie der Karren, die bei der Bevölkerung requiriert werden. Mit den ihnen verbliebenen Fahrzeugen und Lasttieren müssen sie einmal im Monat militärische Transporte durchführen. Alle brauchbaren Waffen und Munitionsvorräte müssen innerhalb von drei Tagen abgeliefert werden. Herrenlose Güter werden beschlagnahmt. Ein Verzeichnis aller Handwerker, die Waffen und Fahrzeuge herstellen können, wird erstellt. Parallel zu diesen Maßnahmen werden die verfügbaren Truppeneinheiten im Osten und Süden an die Westfront geschickt. Alle Männer vom 18. bis zum 55. Lebensjahr unterliegen von nun an der Wehrpflicht. Zur Ausführung der Befehle werden in Eskişehir, Kastamonu, Samsun und Konya »Freiheitsgerichte« eingerichtet.

Tag und Nacht fahren nun Ochsenkarren mit Lebensmitteln und Munition an die Westfront. Da fast alle Männer im Kriegsdienst sind, übernehmen Frauen diese Aufgabe. An der Front, auf unwegsamem Gelände, tragen sie die Geschosse sogar auf den Schultern weiter. Diese geradezu übermenschlichen Leistungen der türkischen Frauen beeindrucken Mustafa Kemal tief. Als er nach der Befreiung des Landes eine Reise in die südtürkische Stadt Tarsus unternimmt, wirft sich ihm eine dieser ehemaligen Frontfrauen zu Füßen. Mit Tränen in den Augen hebt Mustafa Kemal die Frau hoch und sagt:

»Du verdienst es nicht, uns zu Füßen zu liegen, sondern auf unseren Schultern zum Himmel emporzusteigen.«[180]

Trotz des Sieges bei Eskişehir ahnen manche griechische Militärexperten, dass ihr Unternehmen in Anatolien auf lange Sicht kaum Aussicht auf Erfolg hat. Am 22. August schreibt der griechische General Papoulas einen Bericht, in dem er vor einem möglichen Angriff auf Ankara warnt:

»Eine letzte Unternehmung mit dem Ziel, Ankara einzunehmen, kann uns vielleicht zum erwünschten Sieg führen. Aber man muss auch die Möglichkeit erwägen, dass sie für uns eine Katastrophe darstellen kann.«[181]

Am 23. August 1921 beginnt die griechische Großoffensive. Es ist der Anfang einer der längsten und blutigsten Schlachten in der türkischen und der griechischen Geschichte.

Mustafa Kemal weiß, dass die Existenz der Türkei auf dem Spiel steht. Er versammelt die Kommandeure der Truppen in seinem Hauptquartier, einer Bauernhütte in dem Dorf Alagöz:

»Es gibt keine Verteidigungslinie, sondern eine Verteidigungsfläche, und diese

Fläche ist das ganze Land. Kein Zoll des Landes darf preisgegeben werden, der nicht vorher vom Blut der Türken getränkt wäre.«[182]

General Papoulas Schlachtplan sieht vor, am rechten, schwachen Flügel der Türken durchzubrechen und auf Ankara zu marschieren. Tatsächlich können die Angreifer den Sakarya-Fluss überwinden, die türkischen Linien an mehreren Stellen durchbrechen und sich von Hügel zu Hügel immer näher an Ankara heran kämpfen.

Bei einem unerwarteten Angriff gelingt es jedoch am 26. August einer einzigen türkischen Patrouille unter dem Befehl von Oberst Fahrettin beinahe, den griechischen König Konstantin gefangen zu nehmen. Nach diesem Schreck verlässt der König den Kriegsschauplatz und kehrt nach Athen zurück. Die Kämpfe am Fluss Sakarya gehen unerbittlich weiter. Von Tag zu Tag wird die Lage für die türkische Seite kritischer. Am 2. September können die Griechen den strategisch wichtigen Berg Cal einnehmen. Die Informationsabteilung der türkischen Armeen teilt dem Hauptquartier mit, dass die linke Flanke der türkischen Verteidigungslinie durchbrochen wurde. Man könne keine Hilfstruppen dorthin schicken, da man über keine mehr verfüge.

Die ursprünglich nach Westen gerichtete türkische Front bewegt sich mehr und mehr nach Süden, weil der Feind immer wieder den linken türkischen Flügel zu umgehen versucht. Die Griechen sind bereits näher an Ankara als der rechte Flügel der türkischen Truppen. Mustafa Kemal befiehlt Ismet, den linken Flügel der Griechen anzugreifen, um den siegreichen rechten Flügel zum Rückzug zu bewegen.

In der Kommandozentrale herrscht eine gedrückte Stimmung. Mustafa Kemal verlangt von der Informationsabteilung die Berichte der letzten Woche, worin die Truppenbewegungen der Griechen ausführlich festgehalten sind. Bei der Durchsicht der Berichte sagt er:

»Die Informationsabteilung irrt sich. Wir haben den Feind schon besiegt.«[183]

Gegen zwei Uhr morgens teilt Fevzi Pascha der Kommandozentrale tatsächlich telefonisch mit, dass die Griechen am Ende ihrer Kräfte seien und ihr Rückzug bevorstünde. Die griechischen Soldaten können gegen die zähe Verteidigung der Türken nicht länger vorgehen. Sie ziehen sich, zuerst mit ihrem rechten Flügel und anschließend mit ihren gesamten Armeen, hinter den Fluss Sakarya zurück. Diesen Rückzug verdankt die türkische Armee allerdings nicht allein ihrer Verteidigung, sondern auch einem zögernden griechischen Oberkommandierenden. Obwohl sich die griechische Armee bei entscheidenden Angriffen als erfolgreich zeigte und die Türken permanent in der Defensive waren, erteilt General Papoulas den Befehl zum Rückzug. Später schreibt sein Widersacher Ismet (Inönü) in seinen Memoiren:

»General Papoulas hatte immer Angst vor einer bevorstehenden Katastrophe, deshalb hat ihn keine ereilt. Aber er hat auch keine Schlacht gewonnen.«[184]

Der griechische General macht jedoch andere für die Niederlage verantwortlich. Er beschuldigt die Kriegsleitung, trotz seiner Warnungen einen Angriff auf die türkischen Stellungen unternommen zu haben:

»Man hat meinen Kriegsbericht nicht beachtet. Nach der Überzeugungsarbeit des Generals M. Stratigos, der sich auf die Vernichtung des Kemalismus eingeschworen hat, hat man sich für einen Angriff entschieden.«[185]

Bis zu diesem Zeitpunkt zählen die Griechen 4000 Tote und 18 000 Verwundete. Unter den Türken gibt es genauso viele Opfer darunter über 1300 junge Offiziere, die an der vordersten Front mitkämpften.

Am 13. September hält sich kein einziger griechischer Soldat mehr östlich des Sakarya-Flusses auf. Doch die türkischen Truppen sind zu erschöpft, um den Feind zu verfolgen. Vor der Bahnlinie Eskişehir-Afyonkarahisar bezieht die griechische Armee erneut Stellung.

Der Oberkommandierende Mustafa Kemal bleibt auch während des Krieges in erster Linie ein Staatsmann. Immer hat er die Vision eines zukünftigen türkischen Staates vor Augen. Sein Adjutant Muzaffer Kılıç erinnert sich, dass er schon während des Krieges über Einzelheiten der Umstrukturierung der türkischen Gesellschaft nachdachte, obwohl deren Verwirklichung noch in weiter Ferne liegen:

»Während des Befreiungskrieges machten Atatürks Einheiten in der Nähe eines anatolischen Dorfes Pause. Der Gebetsvorsteher bedankte sich bei Atatürk dafür, dass er die Dorfbrücke reparieren ließ. Atatürk fragte den Gebetsvorsteher:
›Herr Gebetsvorsteher, bist du verheiratet?‹,

›Ja, mein Pascha, ich habe vier Kinder. Sie sind Eure Sklaven.‹

Daraufhin Atatürk:
›Warum sollen sie meine Sklaven sein? Sie sind deine und unser aller Kinder. Sklaven, so etwas gibt es nicht mehr, Herr Gebetsvorsteher. Ich bin nicht verheiratet. Wenn ich heirate, möchte ich dich und deine Frau zu mir einladen. Würdest du kommen?‹,

›Zu Befehl, mein Pascha!‹,

›Aber nur unter einer Bedingung‹, sagte Atatürk, ›Nur wenn deine Frau ihren Schleier abnimmt.‹

Der Gebetsvorsteher konnte die Welt nicht mehr verstehen.

›All das wird eines Tages Wirklichkeit werden, Herr Gebetsvorsteher.‹, sagte Atatürk gelassen.«[186]

Sicherung der Macht

Auf ihrem Rückzug geht die griechische Armee brutal gegen die türkische Zivilbevölkerung vor. Ihr Ziel ist die Vertreibung aller Türken aus den Rückzugsgebieten. Berüchtigt sind die Übergriffe der griechischen Freischärler-Einheit »Mavri Mira« (Schwarzes Schicksal), die mit ihren sinnlosen Morden an türkischen Dorfbewohnern den Hass vieler Menschen auf sich zieht. In einem Bericht der Untersuchungskommission der Alliierten heißt es:

»Es gibt den vorgefaßten Plan (der Griechen), die türkischen Dörfer systematisch zu zerstören und die muslimische Bevölkerung zu liquidieren.«[187]

Aber auch durch türkische Nationalisten kommt es zu grausamen Übergriffen. Der neu ernannte Kommandeur der türkischen Zentralarmee, Sakallı Nurettin Pascha, wird beauftragt, an der Schwarzmeerküste die aufständischen Armenier und Pontusgriechen zu bekämpfen. Der für seine Härte bekannte General geht mit aller Brutalität gegen die Armenier und Griechen vor und lässt Hunderte unschuldiger Christen töten.

Eine seiner furchtbarsten Grausamkeiten begeht er in der Stadt Samsun. Am 9. Juni bombardiert ein griechisches Kriegsschiff die Küstenstadt. Die Türken befürchten eine griechische Invasion. Mit der Zustimmung der Regierung in Ankara lässt Sakallı Nurettin Pascha 25 000 griechische Bewohner der Küstenstadt ins Landesinnere bringen, angeblich um ein Zusammengehen mit den griechischen Soldaten zu unterbinden.

Die Invasion bleibt aus, aber viele der griechischen Bewohner erleiden bei dieser Umsiedlungsaktion den Tod. Hinzu kommt, dass ein Freiheitsgericht 485 Griechen und Armenier hinrichten lässt. Das entspricht beinahe der Hälfte aller Todesurteile, die die »Freiheitsgerichte« bis zu diesem Zeitpunkt gefällt haben.[188]

Auch der kurdische Stamm Koçgiri, der sich in der Region Dersim für eine kurdische Selbstverwaltung gegen Ankara erhebt, muss die Brutalität der Zentralarmee erfahren. Als das Ausmaß des Massakers in diesen Gebieten bekannt wird, wird Sakallı Nurettin Pascha im November 1921 von seinen Ämtern als Armeekommandeur abgelöst.

Als Mustafa Kemal nach der Schlacht am Sakarya-Fluss als Sieger nach Ankara zurückkehrt, meint Doktor Adnan (Adıvar), inzwischen einer der Anführer der Oppositionellen:

»Von nun an werden wir ihn nicht mehr aufhalten können.«[189]

Doktor Adnan behält Recht, Mustafa Kemal baut in Ankara seine Macht gezielt aus. Sein Erfolg im Krieg gegen die Griechen wird die Kritiker im Parlament für eine Weile verstummen lassen.

Am 13. Oktober 1921 unterschreibt die Türkei mit den Sowjetrepubliken Armenien, Aserbeidschan und Georgien ein Abkommen, das den bisherigen östlichen Grenzverlauf der Türkei bestätigt.

Nach dem Rückzug der griechischen Armee bröckelt die Einigkeit der Entente endgültig. Frankreich ist nun bereit, die türkische Regierung als gleichberechtigten Verhandlungspartner anzuerkennen. Der französische Diplomat Franklin-Bouillion reist sogar nach Ankara und unterzeichnet dort am 20. Oktober 1921 ein türkisch-französisches Abkommen. Es regelt den Abzug der französischen Truppen aus Kilikien, die Zahlung von 200 Millionen Francs an die Türkei für erlittene Schäden während der Besatzung, die endgültige Festlegung der syrisch-türkischen Grenze und räumt der türkischen Bevölkerung im »Sandschak«[190] von Iskenderun, der im französisch verwalteten Gebiet liegt, Sonderrechte ein. Damit sagt sich Frankreich sowohl vom Friedensvertrag von Sèvres als auch von den Absichten zur Errichtung von Einflusszonen in der Türkei los. Die türkische Seite verspricht im Gegenzug lediglich, bestimmte wirtschaftliche Wünsche Frankreichs zu berücksichtigen, ohne dabei jedoch feste Verpflichtungen einzugehen. Drei Monate nach dem Abkommen räumen die Franzosen die südanatolischen Städte Adana und Antep. Die armenischen Freiwilligeneinheiten, die in der Hoffnung, ihre ehemaligen Wohngebiete zurückerobern zu können, auf der Seite der Franzosen gekämpft haben, geben den Kampf ebenfalls auf. Denn nach der Unterzeichnung des französisch-türkischen Vertrags müssen sie ihre Träume von der Rückkehr in ihre Heimat endgültig begraben und ziehen sich – trotz der Beteuerung der Türken, sie fair zu behandeln – ins französische Syrien zurück.

Die Engländer intervenieren zwar bei der französischen Regierung, sehen jedoch ein, dass der Vertrag von Sèvres nicht mehr zu realisieren ist. Auch viele englische Politiker sind inzwischen nicht abgeneigt, die Beziehungen zur Türkei neu zu gestalten.

Doch die Gegner der Türkei haben im britischen Parlament noch die Oberhand. Trotz des Vorschlags von Winston Churchill, sich mit Mustafa Kemal zu einigen, entscheiden sich die Engländer für die Fortführung der bisherigen Politik. Allerdings lassen sie nunmehr die türkischen Nationalisten wieder frei, die sie achtzehn Monate zuvor aus Istanbul verschleppt hatten und auf Malta gefangen gehalten haben. Damit steht der Rückkehr Raufs (Orbay), des größten Widersachers Mustafa Kemals, nach Ankara nichts mehr im Wege.

Die Griechen harren noch in ihren Stellungen aus, doch die größte Katastrophe ihrer modernen Geschichte lässt sich nicht mehr verhindern. Nach der Schlacht am Sakarya-Fluss werden Mustafa Kemals Vollmachten als

Oberkommandierender zuerst am 31. Oktober und anschließend am 4. Februar jeweils für drei Monate verlängert. Die zwei prominentesten Rückkehrer aus Malta, Rauf und Kara Vasıf, werden in den Ministerrat gewählt. Bald führen sie in der Nationalversammlung die oppositionelle Gruppe an. Die »Malteser« vertreten die Meinung, dass man nicht auf Krieg, sondern auf Diplomatie setzen solle, um die Besatzung des Landes zu beenden. Mustafa Kemal ist jedoch der Ansicht, dass es einen Verrat an den zahllosen Kriegsopfern bedeuten würde, wenn man nun, wo der endgültige Sieg bereits abzusehen sei, das Schicksal des Landes der Diplomatie überlässt. Er weigert sich deshalb, diese Frage im Ministerrat zu erörtern. Daraufhin treten Rauf und ein weiterer führender Oppositioneller, Refet Pascha, im Januar 1922 von ihren Ämtern im Ministerrat zurück.

Trotz aller finanziellen Schwierigkeiten wird die türkische Armee von Ankara für die Entscheidungsschlacht ausgerüstet. Einziger Waffenlieferant ist weiterhin Sowjetrussland. Die Bolschewiki übergeben der türkischen Regierung für die Fortführung des Krieges gegen die griechische Armee zusätzlich 1,1 Millionen Goldrubel. Auch andere Sowjetrepubliken nähern sich der Regierung in Ankara an. Am 2. Januar 1922 unterzeichnen die Türkei und die Ukrainische Sowjetrepublik einen Vertrag der ›Freundschaft und Brüderlichkeit‹.

Die Wirtschaftslage der Türkei ist aber ungeachtet der sowjetischen Hilfe katastrophal. Der Armee fehlt es an allem. Die Versuche, in der Nationalversammlung eine Lösung des Finanzproblems zu finden, bleiben ergebnislos. Mustafa Kemal ernennt einen neuen Finanzminister und bemüht sich, persönlich Gelder aufzutreiben. 400.000 Dollar kommen bei dieser Aktion zusammen. Eine Summe, die jedoch für eine 100 000 Mann zählende Armee kaum von Bedeutung ist.

Die Ungeduld der Opposition wächst. Die Kritiker Mustafa Kemals wollen nicht passiv bleiben und zusehen, wie die internationalen Mächte über die Zukunft des Landes entscheiden. Die türkische Armee soll die Griechen endlich angreifen, um den Sieg zu erringen. Mustafa Kemal ist jedoch der Meinung, dass die Angriffskraft der Armee noch immer für einen Entscheidungsschlag zu klein sei und man noch Zeit brauche. Die Opposition beschuldigt ihn der Mutlosigkeit, einige verlangen sogar seine Ablösung als Oberbefehlshaber. Als die Attacken nicht aufhören, hält Mustafa Kemal am 4. März 1922 vor der Nationalversammlung eine Rede, in der er der Opposition droht, gewaltsam gegen sie vorzugehen, solange es den Staatsinteressen dient. Er behauptet, dass neben der griechischen Front eine zweite Front existiere: die »innere Front«. Er fügt hinzu, dass es keinen Sieg über die griechische Armee geben könne, solange man den Feind im Inneren nicht zerschlagen habe.

Für Mustafa Kemal ist es tatsächlich schwierig, eine großangelegte Offensive vorzubereiten. Allein in Westanatolien sind 27 Städte und 1400 Dörfer zerstört worden. Die fruchtbaren Gebiete befinden sich in der Hand der Griechen. Nur noch die Hälfte der Felder wird bebaut.

Zwar beschlagnahmt die Regierung die Betriebe, die sich in französischem oder englischem Besitz befinden und lässt sie für die Rüstung arbeiten, es fehlt ihnen jedoch an Ersatzteilen und an technischem Personal. Die Haupteinnahmequelle des Staates bleiben die Abgaben der Bauern, die selber Hunger leiden müssen. Nach Unterlagen des Wirtschaftsministeriums bringt die Landbevölkerung in dieser Zeit fünfzehn Mal mehr Steuern auf als die Kaufleute und Händler.

Ein weiteres schwerwiegendes Problem ist der Verlust vieler junger Offiziere bei der Schlacht am Sakarya-Fluss. Dies ist der Hintergrund für die Reorganisation der türkischen Armee. Dank der Sowjets gelangen neue Waffen an die Front, und die Kampfmoral der Türken wächst mit der Materialhilfe und den Umstrukturierungen innerhalb der Armee täglich.

Im März 1922 schlägt die Außenministerkonferenz der Entente in Paris den Regierungen in Ankara und Athen neue Bedingungen für einen Waffenstillstand und den künftigen Frieden vor. Auch die Briten sprechen sich jetzt für den Abzug der Griechen aus Anatolien aus, während sie aber an der griechischen Herrschaft über Ostthrazien und die Dardanellen weiterhin festhalten.

Auf Vorschlag Mustafa Kemals nimmt die Regierung in Ankara das Waffenstillstandsangebot an, unter der Bedingung, dass die Griechen sofort die Waffen niederlegen und Anatolien innerhalb von vier Monaten räumen. Doch die griechische Seite ist nicht bereit, diese Bedingung anzunehmen. So bleibt dieser letzte Versuch, den Krieg doch noch friedlich zu beenden, erfolglos.

Die diplomatischen Erfolge Ankaras auf dem internationalen Parkett werden von Streitigkeiten im türkischen Parlament überschattet. Es formiert sich verstärkt Widerstand gegen die uneingeschränkte Machtausübung Mustafa Kemals als Oberkommandierender und Regierungschef, der Entscheidungen ohne sein Kabinett trifft. Die Opposition plädiert für die Aufteilung der Macht unter den Ministern, was Mustafa Kemal und seine Anhänger ablehnen. Mustafa Kemal begründet seine Alleinherrschaft damit, dass die türkische Seite in dieser brisanten Kriegssituation durch eine Verteilung der Macht erheblich geschwächt und weniger schlagkräftig werden würde.

Vor diesem Hintergrund wird am 6. Mai 1922 über die dritte Verlängerung seiner Vollmachten als Oberkommandierender um weitere drei Monate abgestimmt. Die Mehrheit der Abgeordneten spricht sich in Abwesenheit Mustafa Kemals gegen die Verlängerung aus. Doch dieser gibt sich nicht geschlagen und steht am nächsten Tag von seinem Krankenbett auf, um sich in die Nationalversammlung zu begeben. Es kommt zu einer großen Debatte.

Mustafa Kemal, der jede Zurückhaltung aufgibt, ruft der Nationalversammlung zu, dass er die Armee im Angesicht des Feindes nicht im Stich lassen werde und droht der Opposition:

»Deshalb habe ich meine Aufgabe als Oberkommandierender bisher nie aufgegeben. Ich gebe sie jetzt nicht auf und ich werde sie nie aufgeben!«[191]

Nach dieser eindrucksvollen Ansprache wird die Abstimmung wiederholt. 177 Abgeordnete sprechen sich nun für das Gesetz zur Verlängerung der Vollmachten Mustafa Kemals aus. Es gibt lediglich 11 Gegenstimmen und 15 Enthaltungen. Allerdings muss er Rauf (Orbay), den Sprecher der Opposition, zum Premierminister ernennen, um die oppositionellen Abgeordneten zu besänftigen. So gelingt es Mustafa Kemal, seine Vollmachten zu verteidigen, aber die Opposition, die sich in der Nationalversammlung »die zweite Gruppe« nennt, geht aus dieser Auseinandersetzung gestärkt hervor.[192]

Am 25. Mai tritt der Oberkommandierende der griechischen Armeen in Anatolien, General Papoulas, von seinem Amt zurück. General George Hacianetis, dessen Geisteszustand von manchen seiner Kritiker als »nicht ganz normal« bezeichnet wird, übernimmt das Kommando in Anatolien. Seine erste Handlung besteht in der Verlegung zweier Divisionen und zweier Einheiten nach Thrazien, die er auf Istanbul marschieren lässt. Doch die Engländer und die Franzosen verweigern den Griechen die Einnahme Istanbuls und lassen sogar ihre Kriegsschiffe ins Marmarameer auslaufen. Die griechische Armee muss sich auf ihre Ausgangsposition zurückziehen.

Im Juli beschließt die Nationalversammlung auf Antrag der Opposition, dass die Regierung die Ministeramtskandidaten nicht länger selbst vorschlagen darf. Damit eine neue Regierung gemäß diesem Beschluss gebildet werden kann, tritt der Premierminister Fevzi (Çakmak) Pascha von seinem Amt zurück. Der Anführer der Opposition Rauf (Orbay) wird am 12. Juli mit nur fünf Gegenstimmen in das Amt des Premierministers gewählt. Rauf kann seine Kollegen aus der Opposition überreden, Mustafa Kemals Vollmachten als Oberkommandierender unbefristet zu verlängern. Trotzdem beobachtet Mustafa Kemal mit großer Sorge, wie er in der Nationalversammlung an Unterstützung verliert. Er hat kaum Zeit, an den Debatten teilzunehmen, und sein Gesinnungsgenosse und treuester Gefolgsmann Ismet (Inönü) ist als Kommandant der Westarmeen an der Front. Um seine Machtposition im Parlament wieder zu stärken, holt er seinen Freund Ali Fuat, den er nach dessen Niederlage gegen die Griechen bei Bursa als Botschafter nach Moskau strafversetzt hatte, nach Ankara zurück. Er soll im Parlament die kemalistische Fraktion anführen.

Zum Kommandeur der 1. Armee an der griechischen Front ernennt Mustafa Kemal Sakallı Nurettin Pascha. Die 2. Armee befehligt Yakup Şevki (Subaşı). Beide Armeen sind weiterhin dem Kommandeur der Westarmeen Ismet (Inönü) unterstellt. Neben den neuen Rekrutierungen wird die Truppe auch durch Waffen von Franzosen und Italienern gestärkt, die diese nach ihrem Rückzug als Militärhilfe hinterlassen haben. Darüber hinaus dulden beide stillschweigend die Plünderung ihrer Waffendepots in Anatolien. Frankreich spricht sogar davon, die Türkei gegen einen möglichen griechisch-englischen Bund zu verteidigen.

Monate vergehen. An der griechischen Front bewegt sich nichts. Die Griechen sind in die Defensive gegangen, die Türken warten auf eine günstige Gelegenheit zum Angriff.

Währenddessen versucht Mustafa Kemal, die Minderheitenfrage zu lösen. Zwar verteidigt er die Prinzipien Wilsons, wonach die Türken in den von ihnen bewohnten Gebieten einen neuen Staat gründen sollen, doch das Land, das die Türken beanspruchen, ist bis zu einem Drittel von Kurden bewohnt. Der Begriff der Nation umfasst für ihn nur die türkische Bevölkerung, seine Weltanschauung ist tief geprägt vom Türkismus.

Im Sommer 1922 bezieht Mustafa Kemal in der Kurdenfrage zum ersten Mal eine klare Position. In einer Anordnung schreibt er in seiner Funktion als Vorsitzender der Großen Nationalversammlung an die Kommandantur der südtürkischen Armee:

»Wir betrachten es für unsere Innen- und Außenpolitik als notwendig, dass Kurden in ihren Niederlassungsgebieten lokale Selbstverwaltungen einrichten.«[193]

Um sich von der anstrengenden Tagespolitik zu erholen, sucht Mustafa Kemal immer wieder Ablenkung am Rakı-Tisch. Zu den Abendessen werden in der Regel bis zu zehn Gäste eingeladen. Auch Staatsgäste und Diplomaten, wie der spätere englische Botschafter, mit dem er gerne bis in die Morgenstunden pokert, sind bei diesen Rakı-Orgien dabei. Einer der beliebtesten Gäste Mustafa Kemals ist jedoch der sowjetische Botschafter Aralov. Mit seinem Temperament und seiner euphorischen Natur er ist für Mustafa Kemal ein würdiger Diskussionspartner, der nicht selten zur Erheiterung der Anwesenden beiträgt. An einem dieser Abende provoziert ihn Mustafa Kemal mit folgender Behauptung:

»Wenn die sowjetische Revolution wirklich Gleichheit geschaffen hätte, dann müssten die ganzen Köche und Bediensteten der Botschaft hier an dieser Gesellschaft teilnehmen.«[194]

Daraufhin lädt der aufgebrachte Aralov sein gesamtes Botschaftspersonal an den Tisch ein.

Zwar dienen solche Treffen der politischen Diskussion, doch ist auch nicht zu übersehen, dass Mustafa Kemals Alkoholkonsum in dieser Zeit zunimmt.

Der endgültige Sieg

Mustafa Kemals Notgesetze zur Versorgung der türkischen Armee greifen allmählich. Mitte Juni 1922 beginnt er, den Plan für eine Offensive auszuarbeiten. Vorerst werden lediglich vier Kommandeure über das Militärvorhaben informiert, da Mustafa Kemals Taktik darauf beruht, den Gegner zu überraschen.

Ohne etwas von den Angriffsvorbereitungen der Türken zu ahnen, versuchen die Griechen in den Gebieten, die sie zu diesem Zeitpunkt kontrollieren, vollendete Tatsachen zu schaffen. Ende Juni 1922 erhält der griechische Oberkommissar in Izmir die Weisung aus Athen, in Westanatolien den unabhängigen Staat »Ionien« ins Leben zu rufen.

Mustafa Kemal unternimmt einen letzten Versuch, den Krieg zu vermeiden. Sein Freund Fethi Bey soll den Premierminister Lloyd George – inzwischen fast der einzige Fürsprecher Griechenlands in der englischen Regierung – dazu bewegen, Athen zur Räumung Kleinasiens aufzufordern. Vergebens.

Am 27. Juli 1922 reist Mustafa Kemal unter dem Vorwand, sich ein Fußballspiel zweier Armeemannschaften in Akşehir nahe der Front anzuschauen, aus Ankara ab. Unter den Zuschauern sind neben ihm und Ismet Pascha einige wichtige Kommandeure. Mit ihnen erörtert er in der darauffolgenden Nacht die Einzelheiten einer Offensive und kehrt am 6. August nach Ankara zurück. Die Regierung in Ankara stimmt dem Angriffsplan in einer Geheimsitzung zu. Am gleichen Tag schickt Mustafa Kemal den Kommandeuren an der Front Geheimbefehle zur Vorbereitung der Offensive.

Den griechischen Streitkräften in Anatolien mit 225 000 Soldaten stehen inzwischen 208 000 türkische Soldaten gegenüber. Die Griechen haben aber weiterhin die besseren Waffen. Mustafa Kemal ist sich bewusst, dass die türkischen Armeen dem Feind nicht an der gesamten Front standhalten können. Deswegen soll der Hauptteil der Streitkräfte im Raum von Afyonkarahisar einen Überraschungsangriff auf die südlichen Stellungen der Griechen unternehmen. Dieses Gebiet gilt wegen seiner geographischen Lage als uneinnehmbar. Die Türken halten zwar mit Kocatepe den höchsten Berg der Region (etwa 2000 m), aber die griechischen Stellungen liegen an den etwa 1500 m hohen steilen Hängen. Mustafa Kemal will die geographischen Vorteile des

Gegners zu dessen Nachteil umkehren. Da die Griechen in diesem Frontabschnitt wegen ihrer vermeintlichen strategischen Überlegenheit nur wenige Truppen stationiert haben, soll der Angriff der Türken in eben diesem unwegsamen Gelände stattfinden.

Ein anderer Grund, warum Mustafa Kemal die griechische Front von Süden her angreifen will, besteht darin, dass hier eine wichtige Lebensader der griechischen Armee, die Strecke der einzigen Eisenbahnlinie Anatoliens, verläuft. Die türkischen Soldaten sollen mit ihrem Angriff die Griechen von ihren Versorgungswegen abschneiden.

Falls es den türkischen Einheiten gelingt, die griechische Armee an der südlichen Front zu schlagen, sollen sie anschließend nach Nordwesten schwenken, um die gesamte feindliche Front zum Einsturz zu bringen.

Mustafa Kemals Angriffsplan wird von den anderen Armeekommandanten nicht ohne Widerrede hingenommen, weil manche eine große Gefahr darin sehen, fast die gesamte türkische Armee an einem Punkt zu konzentrieren. Doch der Sieger der Dardanellen kann sie von seinem Plan überzeugen.

Während Mustafa Kemal wenige Tage später in Ankara wieder seinen Amtsgeschäften nachgeht, bewegen sich die Fahrzeuge der türkischen Truppen nachts im Schutz der Dunkelheit in Richtung Süden. Nahe Afyonkarahisar umgehen die Türken die Hauptstreitkräfte der Griechen, die weiter nördlich bei Eskişehir stationiert sind.

Im Norden, wo drei griechische Divisionen Stellung bezogen haben, lässt Mustafa Kemal nur ein einziges Regiment zurück, dessen Aufgabe allein darin besteht, möglichst viele Lagerfeuer zu entfachen. Dies soll bei den Griechen den Eindruck erwecken, die türkischen Armeen lägen weiterhin in Wartestellung. Am 20. August 1922 trifft Mustafa Kemal in seinem Hauptquartier in Akşehir ein, wo sich inzwischen fünfzehn türkische Divisionen in Gefechtstellung gebracht haben. Auch die türkische Presse trägt zum Überraschungsangriff bei. In Ankara schreiben die Zeitungen, dass Mustafa Kemal am 21. August in seiner Villa in Çankaya Gäste empfinge, obwohl er sich zu diesem Zeitpunkt längst an der Front befindet.

Mustafa Kemal, Ismet (Inönü) und Fevzi (Çakmak) Pascha verabreden den 26. August als Tag der türkischen Offensive. Bei der Bekanntgabe dieses kurzfristigen Termins gibt es unter den Kommandeuren erneut Einwände. Daraufhin sagt Mustafa Kemal:

> *»Wer nicht felsenfest überzeugt ist, soll zurücktreten. Ich übernehme die gesamte Verantwortung.«* [195]

In der Nacht des 26. August 1922 lässt sich Mustafa Kemal um 2 Uhr wecken und besichtigt mit General Fevzi die türkischen Einheiten. Im Morgengrauen eröffnen die türkischen Batterien von Kocatepe aus das Feuer auf die griechischen Stellungen. Hier, südwestlich von Afyonkarahisar, wird die griechische Linie von nur drei Divisionen gehalten. Nach dem Artilleriebeschuss treten zwölf türkische Infanterie- und drei Kavalleriedivisionen zum Sturm an. Die Überraschung gelingt. Der Kommandeur des 4. Armeekorps der 1. Armee, Oberst Kemalettin Sami, kann die griechische Verteidigungslinie durchbrechen und die wichtige Höhe Erkmentepe einnehmen. So schaffen es die Türken, den Weg der nach Norden zurückweichenden griechischen Einheiten abzuschneiden. Innerhalb von zwei Tagen wird die griechische Front überrannt. Am 29. August wird Afyonkarahisar von den Türken eingenommen. Mustafa Kemal entscheidet jetzt, die Hauptkräfte der griechischen Armee bei Dumlupınar anzugreifen. Am 30. August beginnt der Angriff der türkischen Verbände. Am Ende geben sich 12 000 griechische Soldaten gefangen, darunter auch der Kommandant des 1. Armeekorps der griechischen Armee, General Trikopis. Oberst Faruk Mirgün beschreibt diesen Tag später in seinen Memoiren:

»Ich brachte den gefangenen Kommandeur zu ihm (Mustafa Kemal). Der General war niedergeschlagen. Gemeinsam traten wir ein. Er (Mustafa Kemal) empfing den Unterlegenen mit großer Höflichkeit und tröstete ihn:

›Es ist Krieg‹, sagte er, ›seien Sie nicht traurig. Bitte, setzen Sie sich und ruhen Sie sich aus. Was wünschen Sie?‹

Der unterlegene General sagte, dass er hungrig sei.

›Wir werden gleich essen, wollen Sie vorher einen Kaffee oder etwas Alkoholisches zu sich nehmen?‹[196]

Mustafa Kemal fügt noch hinzu:

›Sie haben ihre Aufgabe getan und brauchen kein schlechtes Gewissen zu haben. Es ist bekannt, dass selbst die berühmtesten Feldherren in Gefangenschaft geraten sind. Denken Sie nur an Napoleon.‹«[197]

Der gefangene General berichtet, dass fast alle griechischen Soldaten, selbst seine Adjutanten, das Schlachtfeld fluchtartig verlassen und ihn allein zurückgelassen hätten. Die gesprengte griechische Armee flüchtet westwärts in Richtung Izmir. Dabei werden große Teile der Städte Usak und Manisa von ihnen zerstört, hunderte türkische Dörfer und einige Kleinstädte wie Alaşehir gehen in Flammen auf. Einige griechische Einheiten schaffen es, sich zur Küstenstadt Mudanya am Marmarameer zu retten, von wo aus sie sich mit Schiffen nach Griechenland absetzen. Doch nicht alle kommen mit dem Leben davon. Der Adjutant Muzaffer Kılıç erinnert sich:

»Am 31. August 1922 ging die Sonne des Sieges über den Türken auf. Mit Atatürk besichtigte ich das Schlachtfeld, auf dem Tausende von Tierkadavern und

Leichen lagen. Der große Soldat war von diesem Bild nicht unbeeindruckt geblieben und sagte zu mir:

›Dieses schreckliche Bild ist eine Schande für die gesamte Menschheit. Aber wir haben nur unsere Heimat verteidigt. Sie haben uns dazu gezwungen.‹

Anschließend befahl er, dass weder ein türkischer noch ein ausländischer Journalist das Schlachtfeld betreten dürfe, bis die Leichen bestattet seien.

›Die westlichen Nationen, die so ein Bild zu sehen bekommen, werden über uns bestimmt nicht positiv denken.‹, fügte er hinzu.«[198]

Nach dem Sieg bei Dumlupınar erlässt Mustafa Kemal am 1. September 1922 folgenden Tagesbefehl:

»Soldaten, Euer Ziel ist das Mittelmeer, vorwärts!«

Als sich bei Alaşehir griechische Einheiten den vorwärtsstürmenden türkischen Soldaten noch einmal in den Weg stellen, geraten weitere 14 000 Griechen in Gefangenschaft. Tausende flüchtender Soldaten erreichen die Schiffe im Hafen von Izmir. Nachdem sich der Sieg der Türken immer deutlicher abzeichnet, plädieren die Alliierten für einen Waffenstillstandsvertrag. Mustafa Kemals Bedingung ist eine Anerkennung der Thraziengrenze aus dem Jahr 1914, die Freilassung aller türkischen Gefangenen und Reparationszahlungen für die Kriegsschäden der letzten zwei Jahre. Nach der Einnahme Izmirs am 9. September und der Stadt Bursa am 10. September ist der Sieg der Türken vollkommen. 13 000 Türken sind gefallen, die Griechen haben 35 000 Mann auf den Schlachtfeldern verloren.

Nach dem Sieg

Noch am 10. September, kurz nach Mustafa Kemals Einzug in Izmir meldet sich eine junge, gut gekleidete Frau in seiner Residenz. Alle Versuche der Wachsoldaten, sie abzuwehren, scheitern. Die junge Dame will unbedingt den Retter ihrer Heimat sprechen. Nachdem sie lange Zeit im Vorzimmer ausharrt und nicht gehen will, bleibt dem Adjutanten nichts anderes übrig, als Mustafa Kemal den Vorfall zu melden. Mustafa Kemal bittet die außergewöhnliche Frau, die allein und ohne männliche Begleitung einen Mann aufsucht, zu sich herein. Im Namen ihres Vaters lädt sie den Sieger über die Griechen ein, in ihrem Haus, im Izmirer Vorort Bornova, sein Hauptquartier einzurichten. Die unverschleierte junge Dame mit den Manieren einer Europäerin imponiert Mustafa Kemal. Sie heißt Latife und ist die Tochter des reichen Kaufmanns und Reeders Muammer Uşakzade. Latife hat einige Zeit in Frankreich Jura studiert. Mustafa Kemal bedankt sich bei ihr für die Einladung, bleibt jedoch vorerst im Hotel Kramer Palas, in dem einst auch der griechische König Konstantin residierte.

Nach dem Einmarsch der türkischen Soldaten in Izmir kommt es zu Übergriffen auf armenische und griechische Bewohner der Stadt. Der Kommandant von Izmir, Sakallı Nurettin Pascha, geht jedoch nicht gegen die türkischen Gewalttäter vor, sondern fördert sogar noch die Misshandlungen der Christen. Das Oberhaupt der griechisch-orthodoxen Kirche wird gelyncht. Die christlichen Stadtteile von Izmir gehen am 13. September 1922 in Flammen auf. Bis heute ist ungeklärt, wie es zu diesem Brand gekommen ist. Die Türken machen die Griechen dafür verantwortlich, Zeugenaussagen sprechen von einem Racheakt der türkischen Bewohner an den Christen. Der türkische Schriftsteller und Journalist Falih Rıfkı (Atay), der sich in diesen Tagen in Izmir aufhält, schreibt in seinem Tagebuch:

> *»Warum verbrannten wir Izmir? Hatten wir Angst, nicht mit den Minderheiten fertig werden zu können, wenn wir die Häuser von Kordon, die Hotels und Casinos stehen ließen. Das hatte nicht nur mit der Zerstörungslust zu tun. Auch die Minderwertigkeitskomplexe spielten eine Rolle. Als ob jede Ecke, die irgendwie europäisch aussah, auf keinen Fall stehen bleiben durfte.«*[199]

Mehr als die Hälfte Izmirs – bis auf die muslimischen und jüdischen Stadtteile – wird bei dem Brand vernichtet. Die Christen Izmirs flüchten in Panik auf kleinen Booten. Sie suchen bei den Alliierten Schutz, deren Kriegsschiffe in der Bucht vor der Stadt ankern. Erst will man die Griechen nicht aufnehmen, doch als das Ausmaß der Tragödie deutlich wird, geben die Offiziere nach. Insgesamt 200 000 Flüchtlinge werden in den nächsten Tagen mit den Schiffen der Alliierten nach Griechenland gebracht.

Izmir brennt drei Tage. Als das Feuer erlischt, gleicht die ganze Stadt einer einzigen Ruine.

Mustafa Kemal erwähnt den Brand, obwohl er ihn persönlich miterlebt hat, in keiner seiner öffentlichen Reden. Auch das Hotel Kramer Palas fällt den Flammen zum Opfer. Daher nimmt er jetzt das Angebot Latifes an und zieht in das Haus im Vorort Bornova.

In den nächsten Tagen macht Mustafa Kemal in Gesprächen mit Journalisten und den Vertretern der englischen Regierung deutlich, dass er zwar an Syrien und Mesopotamien nicht interessiert sei, aber Istanbul notfalls mit Gewalt einnehmen werde. Weil die britischen Unterhändler Mustafa Kemal jedoch weiterhin nicht als Verhandlungspartner akzeptieren, bleibt dieses Gespräch inoffiziell. Unterdessen beeindruckt Latife Mustafa Kemal mit ihrer europäischen Erziehung und ihren politischen Vorstellungen. Als Zeichen seines Interesses schickt er, kaum nach Ankara zurückgekehrt, seine Mutter zu ihr nach Izmir, damit sie sich hier gesundheitlich erhole. Latife pflegt Zübeyde Hanım, bis diese im Januar 1923 verstirbt.

Nach der Einnahme Izmirs nähern sich die türkischen Truppen in zwei Gruppen nun den Dardanellen und der Halbinsel Izmit. Sie beabsichtigen, jetzt auch Istanbul und Thrazien zu befreien, die noch immer von den Entente-Soldaten besetzt sind. Die Engländer verlangen von Mustafa Kemal, mit seiner Armee die neutrale Zone um die Meerengen zu respektieren, die zwischen dem Sultan und den Alliierten 1920 vereinbart wurde. Mustafa Kemal antwortet, dass er eine solche Zone nicht anerkennen könne, weil diese nicht mit der Regierung in Ankara vereinbart worden sei. Nach anfänglichen Drohgebärden lenkt Mustafa Kemal jedoch ein. Am 12. September 1922 teilt er dem britischen Vertreter in Izmir mit, dass sich die Türkei mit England nicht im Kriegszustand befinde.

Das britische Kabinett unter Lloyd George beschließt am 15. September 1922 gleichwohl, jedem türkischen Eindringen in die neutrale Zone energisch entgegenzutreten. Dafür sei man bereit, das gesamte Mittelmeergeschwader an die Meerengen zu beordern und Truppen an das gefährdete asiatische Ufer zu schicken. Frankreich, Italien, Rumänien und Jugoslawien werden aufgefordert, sich diesem Vorgehen anzuschließen.

Trotz der Warnungen Großbritanniens dringen kleinere türkische Abteilungen in die neutrale Zone von Çanakkale auf der asiatischen Seite der Dardanellen ein. Noch haben die britischen Truppen keinen Schießbefehl erhalten. Die türkischen Truppen haben die Gewehrläufe demonstrativ nach unten gerichtet, um ihre friedlichen Absichten zu bekunden. Mehr und mehr sehen sich die Briten gezwungen, ihre kriegerische Haltung aufzugeben. Denn ihre Verbündeten sind – bis auf Neuseeland und Australien – dem Kriegsaufruf nicht gefolgt. Frankreich zieht seine Truppen am 19. September sogar aus der neutralen Zone ab. Die italienischen Soldaten folgen ihnen. Wenige Tage später erteilt Mustafa Kemal den 64 ausländischen Kriegsschiffen in der Bucht von Izmir das Ultimatum, sich innerhalb von vierundzwanzig Stunden zurückzuziehen – was auch geschieht.

Er ist jetzt seinem Ziel sehr nahe. Er hat Anatolien befreit, und die ersten Zeichen deuten darauf hin, dass die europäische Türkei ebenfalls von den Besatzern aufgegeben wird. Am 23. September 1922 schlägt die Entente der Türkei Verhandlungen über einen türkisch-griechischen Waffenstillstand in der Küstenstadt Mudanya am Marmarameer vor. Die Entente spricht sich für eine griechische Übergabe Thraziens aus, unter der Bedingung, dass die türkischen Truppen bis zum Ende der Friedenskonferenz die Meerengen zur europäischen Seite nicht überschreiten. In Mudanya fordert der Repräsentant der Regierung in Ankara, Ismet, die Wiederherstellung der türkischen Souveränität über Thrazien bis an die türkische Grenze an der Maritza und den sofortigen Abzug der griechischen Truppen. Doch der britische Unterhändler General Harrington ist nur bereit, Thrazien vorläufig einer türkischen Zivilverwaltung zu unterstellen. Bis zum Friedensschluss soll das Gebiet von den Alliierten besetzt bleiben. Daraufhin droht Mustafa Kemal, den Vormarsch seiner Truppen in Richtung europäische Türkei fortzusetzen.

Nach erneuten Gesprächen in Paris sind die britischen Unterhändler schließlich damit einverstanden, ganz Thrazien zu räumen. Die Türken verzichten ihrerseits auf Karaağaç, einen Vorort von Edirne, und auf Westthrazien, das von der griechischen Armee besetzt gehalten wird. In den Augen Mustafa Kemals ist Westthrazien nur eine Last für den türkischen Staat:

> *»Bedeutet Westthrazien als türkisches Territorium einen Gewinn oder eher eine Schwächung? Meiner Ansicht nach würde es eine Schwächung bedeuten. Denn nördlich dieses Gebietes befindet sich Bulgarien und westlich davon Griechenland. Westthrazien streckt sich wie ein Arm ins feindliche Territorium. Die Energie, die man für die Eroberung dieses Gebiets braucht, steht in keinem Verhältnis zu der Kraft, die man für seinen späteren Erhalt benötigt.«*[200]

Die Verteidigung von Istanbul ist aus Mustafa Kemals Sicht ebenfalls ein großes Problem:

> *»Istanbul besteht aus zwei Teilen. Den anatolischen Teil kann man sicher verteidigen. Das Schicksal des anderen Teils auf europäischer Seite hängt eng mit dem Thraziens zusammen.«*[201]

Am 11. Oktober 1922 unterzeichnen Ismet, General Harrington sowie die französischen und italienischen Vertreter das Waffenstillstandsabkommen. Ismet telegraphiert nach Ankara, dass der Krieg nun offiziell beendet sei. In der Nationalversammlung bricht über den diplomatischen Sieg der Türken großer Jubel aus, die Abgeordneten fallen sich in die Arme. Das Abkommen von Mudanya legt fest, dass die Griechen innerhalb von 14 Tagen ihre Truppen hinter die Maritza, das heißt hinter ihre ursprüngliche Grenze, zurückzuziehen haben. Thrazien soll bis Anfang Dezember 1922 in türkische Verwaltung überführt werden. Die Türkei darf dort bis zum Friedensschluss nur 8000 Polizisten stationieren. Die Alliierten halten die Halbinsel Gelibolu und die Zone um Istanbul bis zum Friedensschluss weiterhin besetzt. Während Mustafa Kemal als Sieger nach Ankara zurückkehrt, wird König Konstantin am 31. September in Athen von den Anhängern des ehemaligen Premierminister Venizelos entmachtet. Georg II. wird sein Nachfolger.

Mustafa Kemal legt das Amt als Oberkommandierender nieder. Die zweite Hälfte seiner Laufbahn wird er als Zivilist bestreiten.

Abbildungen

Sultan Abdülhamit II. regierte das Osmanische Reich von 1876-1909

Mustafa Kemals Vater Ali Rıza.
(S. 132 links)
Das Geburtshaus Mustafa Kemals
in Saloniki. (S. 132 rechts)
Seine Mutter Zübeyde. (S. 133)

Mustafa Kemal als Hauptmann im Kreis
von jungen Offizieren. (S. 134)
Jungtürken marschieren unter dem
Kommando von Mahmut Şevket Pascha
in Istanbul ein. (S. 135)

1909 wurde Sultan Abdülhamit II. von den Jungtürken entmachtet. (S. 136)
Türkische Zivilisten auf der Flucht vor der bulgarischen Armee während der Balkankriege. (S. 137 oben)
Enver Pascha – der größte Widersacher Mustafa Kemals. (S. 137 unten)

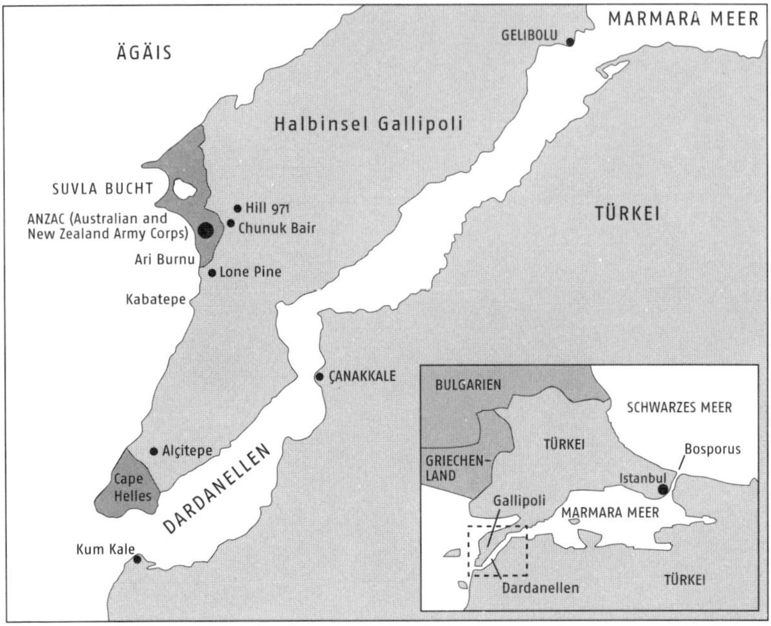
MARMARA MEER
GELIBOLU
ÄGÄIS
Halbinsel Gallipoli
SUVLA BUCHT
Hill 971
Chunuk Bair
ANZAC (Australian and New Zealand Army Corps)
TÜRKEI
Ari Burnu
Lone Pine
Kabatepe
ÇANAKKALE
BULGARIEN
SCHWARZES MEER
TÜRKEI
Bosporus
Alçitepe
GRIECHEN-LAND
Istanbul
Cape Helles
DARDANELLEN
Gallipoli
MARMARA MEER
Kum Kale
Dardanellen
TÜRKEI

Mit ihren Kriegsschiffen versuchten
die alliierten Armeen die Dardanellen zu
passieren, um Istanbul zu erobern.
(S. 138 oben)
Die Alliierten scheiterten an den
steilen Hängen an der Bucht von Suvla.
(S. 138 Mitte)
Die beiden deutschen Kriegsschiffe
Goeben und Breslau, die der britischen
Verfolgungsjagd im Mittelmeer entkommen
konnten, liefen 1914 durch die Dardanellen
in Istanbul ein. (S. 138 unten)
Der Kommandeur Mustafa Kemal
und seine Offiziere an den Dardanellen 1915.
(S. 139 oben und unten)

Mustafa Kemal im Jahr 1919. (S. 140)
Eine internationale Polizeipatrouille in den Straßen von Beyoğlu, bestehend aus einem Türken, Italiener, Franzosen und Briten. (S. 141 oben)
Mustafa Kemal ging nach Anatolien, um den Befreiungskrieg gegen die Besatzer zu beginnen und suchte auch Unterstützung bei den Kurdenführern. (S. 141 unten)

Die 1. Nationalversammlung fand 1919 in Sivas in einem Schulgebäude statt. (S. 142 oben)
11. Januar 1921: Der Sieg bei Inönü wird in der Nationalversammlung in Ankara gefeiert. (S. 142 unten)
Als Oberkommandant im Krieg gegen die Griechen. (S. 143)

Die Entscheidungsschlacht gegen die griechische Armee fand auf der Anhöhe von Dumlupınar statt. (S. 144 oben)
Im August 1922 startete die türkische Armee einen Überraschungsangriff gegen die Griechen. (S. 144 – 145 Mitte)
Izmir nach dem Brand 1922. (S. 145 oben)
Sultan Mehmet VI. vor seiner Absetzung und Flucht nach Malta. (S. 145 unten)

Mustafa Kemal und Latife. Ihre Ehe hielt
nur zweieinhalb Jahre. (S. 146)
Mustafa Kemal und Ismet Pascha. (S. 147)

Der Nationalheld. (S. 148 oben)
Mustafa Kemal mit Kazım Karabekir (vorne links) und Latife. (S. 148 unten)
Der junge Staatsmann schaffte die Monarchie ab und gründete die Republik Türkei. (S. 149)

Vom Rebellen zum Weltbürger.
(S. 150 links und rechts)
1928 wird die lateinische Schrift eingeführt.
(S. 151)

Der Reformer Mustafa Kemal. (S. 152 links)
Der Rebell kehrt als Nationalheld nach Istanbul zurück. (S. 152 rechts)
Mustafa Kemal plädierte für die Neutralität der Türkei im Zweiten Weltkrieg. (S. 152 unten)
Der Sozialdemokrat Ernst Reuter war der prominenteste Deutsche im türkischen Exil während des Nationalsozialismus. (S. 153 links)
Auch der Komponist Paul Hindemith entzog sich nationalsozialistischer Anfeindungen in Deutschland durch mehrere längere Aufenthalte in der Türkei. (S. 153 rechts)

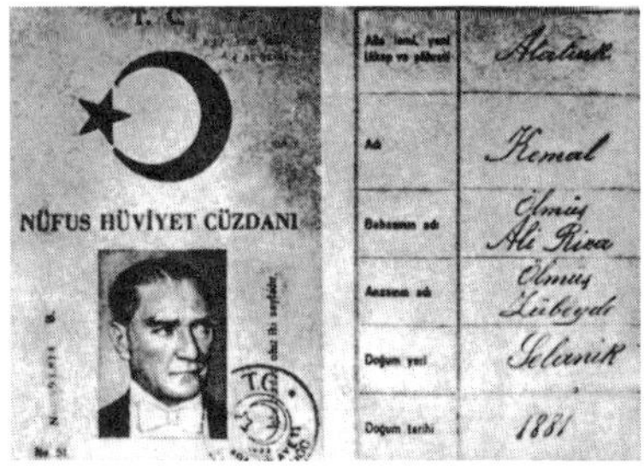

Mustafa Kemal Atatürk trat gern als westlicher Staatsmann auf. (S. 154 links)
Das türkische Parlament verlieh Mustafa Kemal 1934 den Nachnamen Atatürk – Vater der Türken. (S. 154 rechts)
1934 erhielten die Frauen das Wahlrecht bei den Parlamentswahlen. (S. 154 unten)
Mustafa Kemal Atatürk und seine Adoptivtochter Ülkü – das Ideal. (S. 155)

Der Hang zum Alkohol besiegelte seinen frühen Tod. (S. 156)
Tod im Serail 1938. (S. 157 oben)
Das Mausoleum Mustafa Kemal Atatürks. (S. 157 unten)

Buch II

Ein Land vereint sich

Am 17. Oktober 1922 laden die Alliierten die Regierung in Ankara zu Friedensverhandlungen in die neutrale Schweiz nach Lausanne ein. Wie zuvor in Mudanya wählt Mustafa Kemal Ismet zum Verhandlungsführer der Türkei, General Fevzi (Çakmak) soll ihn begleiten. Der Premierminister Rauf (Orbay), dem diese Aufgabe eigentlich hätte zukommen müssen, fühlt sich zu Recht übergangen. Auch der Kommandant der Ostanatolienarmee Kazım Karabekir Pascha hat vergeblich auf diese Aufgabe gehofft. Mustafa Kemals herabwürdigender Umgang treibt diese beiden Persönlichkeiten der türkischen Befreiungsbewegung in eine immer deutlicher werdende oppositionelle Haltung. Auch die Generäle Refet (Bele) und Ali Fuat (Cebesoy), die von Anbeginn an in der Befreiungsbewegung aktiv waren, stehen nicht mehr in seiner Gunst. Denn auch sie haben sich auf die Seite der Opposition geschlagen. In der Großen Nationalversammlung werden diese vier einflussreichen Männer zunehmend zu einem Gegenpol Mustafa Kemals.

Nach Abschluss des Vertrages von Mudanya reist Mustafa Kemal nach Bursa, um hier die beiden türkischen Delegationsmitglieder Ismet (Inönü) und Fevzi (Çakmak) zu treffen. Seine Geliebte Fikriye, bei der die Ärzte Tuberkulose diagnostiziert haben, begleitet ihn. Es ist die letzte Reise des Paares. Denn Mustafa Kemal hat sich entschieden, Latife zu heiraten. Fikriye ist jetzt für ihn nur noch ein Störfaktor in seinen Zukunftsplänen. Ihre Krankheit ist schließlich eine gute Gelegenheit, um sich ihrer zu entledigen. Er schickt sie zur Behandlung nach München – was zur endgültigen Trennung führt. Nach der Heirat mit Latife sorgt Mustafa Kemal dafür, dass Fikriye Ankara ohne seine Erlaubnis nicht wieder betritt.

In England findet nach der Niederlage der Griechen ein Machtwechsel statt. Nach dem Beschluss der Konservativen, Lloyd Georges Kriegskoalition nicht länger zu unterstützen, tritt dieser am 19. Oktober 1922 von seinem Amt als Premierminister zurück.

Seine unnachgiebige Haltung in der Türkeipolitik hatte auf türkischer und griechischer Seite zu Zehntausenden Toten geführt. In einer Abschiedsrede rechtfertigt er das Scheitern seiner Politik mit einer außergewöhnlichen Begründung:

> *»Freunde, die Jahrhunderte gebären selten ein Genie. Was für ein Unglück ist es doch, dass dieses Genie in unserem Jahrhundert dem türkischen Volk zuteil wurde und dass es unser Gegner geworden ist. Was hätte man der Genialität Mustafa Kemals entgegensetzen können?«*[1]

Der Vorsitzende der Konservativen Partei Bonar Law, der die Rolle Englands als Weltpolizei ablehnt, wird zum neuen Premierminister gewählt. In Italien dagegen findet der Machtwechsel nicht so friedlich statt wie in England. Nach einem gewaltigen Marsch der Schwarzhemden auf Rom erklärt sich Benito Mussolini zum neuen Ministerpräsidenten Italiens.

Seit Beginn des Befreiungskrieges ist die alte Hauptstadt Istanbul aus Mustafa Kemals Sicht der Sitz des inneren Feindes, des Sultans. Nun soll ein Vertreter der Regierung in Ankara die osmanische Kapitale, wie es der Vertrag von Mudanya vorsieht, symbolisch von der Entente übernehmen. Auch für diese Aufgabe wird nicht der Premierminister Rauf vorgesehen, stattdessen ein anderer Oppositioneller, General Refet. Mustafa Kemal will damit die Popularität seines stärksten Widersachers Rauf in Grenzen halten, die Opposition jedoch mit diesem Zugeständnis besänftigen.

In Istanbul hindern die Engländer Refet einen ganzen Tag daran, von Bord zu gehen. Als er endlich an Land gehen kann, wird der Kommissar der Großen Nationalversammlung unter Jubel Tausender Istanbuler als Held empfangen. Dreieinhalb Jahre nach dem Beginn des Aufstands gegen den Sultan wird an diesem Tag die Hauptstadt des Osmanischen Reiches offiziell den türkischen Nationalisten übergeben.

Allerdings will Sultan Mehmet VI. das Feld nicht freiwillig räumen. Er schlägt der Regierung in Ankara vor, bei den Verhandlungen in Lausanne mit zwei türkischen Delegationen vertreten zu sein, so wie es die offizielle Einladung der Entente vorsieht. Mustafa Kemal ist empört und teilt Istanbul mit, dass eine einzige Regierung das türkische Volk in Lausanne vertreten werde.

Am 1. November 1922 versetzt Mustafa Kemal im türkischen Parlament dem Osmanischen Reich den Todesstoß. Der Nationalversammlung wird folgender Antrag zur Abstimmung vorgelegt:

> *»Das Osmanische Reich ist zugrunde gegangen. Ein neuer Staat ist entstanden, und nach der Verfassung besitzt nur die Nation das Recht auf die Herrschaft. Da nun nach den Gesetzen die Herrschaft dem Volk gehört, ist das Sultanat nur noch Geschichte. Die Regierung in Istanbul ist nicht legal. Istanbul und Umgebung gehören zum Einflussbereich der Regierung in Ankara.«*[2]

Das Sultanat soll vom Kalifat getrennt und abgeschafft werden. Dies ist allerdings nicht ohne Widerstände durchsetzbar, denn viele Volksvertreter in der Nationalversammlung können sich nicht ohne weiteres von den Grundsäulen der alten Herrschaft lösen. Für eine große Anzahl der gläubigen Muslime sind diese Institutionen noch immer heilig. Was aber die Abschaffung des Sultanats für Mustafa Kemal besonders schwierig macht, ist, dass sogar wichtige Persönlichkeiten aus Armee und Politik wie Refet (Bele) Pascha, Ali Fuat

(Cebesoy) Pascha und Rauf (Orbay) in dieser Frage keine klare Position beziehen. Denn aus ihrer Sicht eröffnet die Abschaffung des Sultanats den Weg zu einer Diktatur, zur Alleinherrschaft Mustafa Kemals.

Mit einem derartigen Widerstand in der Nationalversammlung hat Mustafa Kemal nicht gerechnet. Um seinen Antrag durchzusetzen, droht er den Abgeordneten im Parlament tatsächlich wie ein Diktator:

»Meine Herren, die Herrschaft wird niemandem als Folge einer weisen Entscheidung, eines Meinungsaustauschs oder einer Diskussion verliehen. Eine Herrschaft erringt man mit Kraft, Ehrgeiz und Gewalt. Die Söhne Osmans nahmen die Herrschaft über das türkische Volk ebenfalls mit Gewalt an sich. Diese korrupte Art behielten sie fünfhundert Jahre lang bei. Nun hat das türkische Volk diesen Vergewaltigern Halt eingeboten und die Herrschaft wieder an sich gerissen. Dies ist eine selbstverständliche Tatsache. Das Problem ist nicht, ob wir dem Volk die Herrschaft überlassen oder nicht. Denn das wird auf alle Fälle geschehen. Wenn die Nationalversammlung, die sich heute hier versammelt hat, dafür stimmt, ist dieses Problem gelöst. Wenn das nicht geschieht, dann wird die Wahrheit wieder auf die Art und Weise gefunden werden, wie es üblich ist. Aber wahrscheinlich werden in diesem Falle einige Köpfe rollen.«

Anschließend fügt er unmissverständlich hinzu, welches Ergebnis er bei der Abstimmung erwartet:

»Ich glaube, dass die Nationalversammlung die Prinzipien, die die Unabhängigkeit des Landes und der Nation für immer bewahren werden, einstimmig annehmen wird.« [3]

Er wird richtig verstanden. Mit nur zwei Gegenstimmen wird das Sultanat abgeschafft. Achtzig Abgeordnete, unter ihnen auch Mustafa Kemal, legen nun eine Resolution vor, die den Zusammenbruch des Osmanischen Reiches besiegelt und die Geburt eines neuen türkischen Staates bedeutet. In einer Rede, die Mustafa Kemal in Izmit hält, wird seine Einstellung zur osmanischen Monarchie besonders deutlich:

»Die Sultane, die behaupten, von Gott eingesetzt zu sein und den gesamten Staat zu besitzen, sehen in dem Volk eine Masse, die göttlichen Befehlen folgen muss. Durch all diese Interpretationen glaubt das naive Volk allmählich auch, dass dies alles seine Richtigkeit hat und folgt ohne Widerrede dem unklaren Ziel, das ihm vorgesetzt wird. Die osmanischen Sultane haben diese Gutmütigkeit ausgenutzt und den Ausländern viele wirtschaftliche und juristische Privilegien zukommen lassen.« [4]

Nach der Abstimmung über die Abschaffung des Sultanats, besuchen viele alte Regierungsbeamte in Istanbul den Vertreter der nationalen Regierung, Refet (Bele) Pascha, um ihre Loyalität gegenüber Ankara zu demonstrieren.

Refet befiehlt ihnen, die Ministerien der Istanbuler Regierung aufzulösen. Am 4. November 1922 wird das Kabinett in Istanbul aufgelöst, und die nationale Regierung übernimmt die Verwaltung der ehemaligen Hauptstadt am Bosporus.

Die Regierung in Ankara beschließt am 16. November, Sultan Vahdettin des Landesverrates anzuklagen. Daraufhin schreibt Vahdettin an den Oberkommandierenden der britischen Besatzungsarmee General Harrington:

»Da ich in Istanbul mein Leben in Gefahr sehe, stelle ich beim englischen Staat Asylantrag und bitte um die Verlegung meiner Person von Istanbul an einen anderen günstigen Ort.«[5]

In derselben Nacht verlässt der Sultan mit seinem Sohn, seinem Barbier, seinem Arzt und einigen Eunuchen auf dem englischen Kriegsschiff »Malaya« Istanbul. Er nimmt auch das gesamte Gold der Schatzkammer Sultan Selims mit. Später lässt er sich in San Remo nieder. Er stirbt am 15. Mai 1926 in Südfrankreich.

Einen Tag nach Vahdettins Flucht erklärt ihn die Regierung in Ankara für abgesetzt und wählt seinen Vetter Abdülmecit II. zum Kalifen. Damit sollen die Traditionalisten besänftigt werden, obgleich der Kalif nach dem neuen Gesetz politisch nicht mehr tätig sein darf. Der Vertreter der Nationalisten in Istanbul, Refet (Bele), wird wegen seiner Nähe zum neuen Kalifen aus seinem Amt entfernt und übernimmt das Kommando der türkischen Armee in Thrazien. Regierungsvertreter in Istanbul wird ein anderer Oppositioneller, Dr. Adnan (Adıvar).

Offiziell hat Mustafa Kemal das Kalifat noch nicht abgeschafft, und Istanbul gilt nach wie vor als Sitz der höchsten geistlichen Instanz in der muslimischen Welt, aber seine Haltung zum Islam ist eindeutig: die Religion darf in der Staatspolitik keine Rolle spielen. So darf folgende Begebenheit, die Mahmut Esat, ein Freund Mustafa Kemals, berichtet, nicht verwundern:

»Wir wollten durch das Tor das Gebäude der (neuen) Nationalversammlung betreten, als sich ein Gebetsvorsteher vor uns stellte. Atatürk (Mustafa Kemal) fragte ihn, was er wolle. Der Gebetsvorsteher hob seine Hände (zum Gebet):

›Ohne zu beten darf man hier nicht hineingehen!‹, sagte er.

›Dieses Land ist mit den Bajonetten der türkischen Soldaten gerettet worden, und dieses Parlament ist durch seinen Einsatz gegründet worden, nicht mit deinen Gebeten! Nun weg mit dir!‹, sagte Atatürk, schob den Gebetsvorsteher beiseite und betrat das Gebäude.«[6]

Ein Soldat auf politischem Parkett

Am 20. November 1922 beginnen die Friedensverhandlungen in Lausanne. Bereits am Eröffnungstag zeichnet sich ab, dass die Ausarbeitung eines von allen Seiten anerkannten Vertrages nicht einfach sein wird. Der Vertreter der türkischen Regierung Ismet weigert sich, auf einem der Stühle, die für die türkische Delegation bestimmt sind, Platz zu nehmen. Er verlangt ebensolche Sessel, wie sie für die Delegationsmitglieder der anderen Länder bereitstehen. Um mit den Verhandlungen beginnen zu können, werden die Sessel eiligst herbeigeschafft.

Ismet erweist sich bald als hartnäckiger Verhandlungspartner und lehnt die meisten Einigungsversuche des britischen Delegationsleiters Lord Curzon ab. Die von Ismet abgelehnten schriftlichen Vorschläge nimmt Lord Curzon mit folgenden Worten zurück:

»Diese Zettel stecke ich in meine Tasche. Morgen werden Sie zu uns kommen und um Geld bitten. Geld haben ich und dieser Herr hier (er zeigt auf den französischen Delegationssprecher). Bei jeder Geldforderung werde ich einen dieser abgelehnten Vorschläge wieder herausholen und Ihnen zur Unterschrift vorlegen.«[7]

Dies erweist sich als Irrtum. Mustafa Kemal wird einen neuen türkischen Staat errichten, der abgesehen von der Hilfe Sowjetrusslands wirtschaftlich und politisch unabhängig bleiben wird.

Nach dem Ende des Krieges legt Mustafa Kemal seine Generalsuniform ab, um sein Land als Zivilist zu regieren. Er hat Großes vor, er will aus der Türkei einen westlichen Staat machen. Allerdings hat er zuvor ein Hindernis zu überwinden. Die Opposition beantragt im Dezember 1922 unter der Führung des Ministerpräsidenten Rauf Bey in der Nationalversammlung ein neues Wahlgesetz: Wer außerhalb der Grenzen der Türkei von 1922 geboren wurde oder in einem bestimmten Gebiet nicht seit mindestens fünf Jahren sesshaft war, soll nicht zum Abgeordneten gewählt werden dürfen. Wenn dieser Gesetzesentwurf durchkäme, könnte Mustafa Kemal, der in Saloniki geboren wurde und keinen dauerhaften Wohnsitz in der Türkei hatte, nicht kandidieren. Doch er versteht es, in einer eindrucksvollen Rede die Abgeordneten der Nationalversammlung hinter sich zu bringen:

»Leider befindet sich meine Heimat heute außerhalb unserer Grenzen. Außerdem habe ich mich in keinem Wahlbezirk fünf Jahre lang ununterbrochen aufgehalten. Aber ich bin nicht schuld an dieser Tatsache, und ich wollte dies nie. Dies ist das Resultat unserer nicht ganz gelungenen Bemühungen, den Feind, der unsere Heimat zerstückeln und vernichten wollte, zu bekämpfen… Wenn

ich die Bedingungen dieses Gesetzesentwurfs nicht erfüllen kann, also fünf Jahre lang in keinem Wahlbezirk gewohnt habe, dann deshalb, weil ich für diese Heimat überall gearbeitet habe.« [8]

Der Gesetzesentwurf wird aufgegeben.

Im Januar 1923 begibt sich Mustafa Kemal auf eine Westanatolienreise, um dort seine politischen Absichten zu verbreiten. In seinen Reden in Eskişehir, Izmit und Bursa betont er immer wieder, dass der gesellschaftliche und wissenschaftliche Fortschritt im Lande nun äußersten Vorrang habe. Die Türken verdienten es, wie die Europäer ein zivilisiertes Volk zu sein.

Auf einer Sitzung mit Istanbuler Journalisten erwähnt er am 16. Januar 1923 erneut die Kurdenfrage. Er spricht von der Unmöglichkeit einer Grenzziehung zwischen kurdischem und türkischem Territorium, da sich beide Völker im Laufe der Zeit vermischt hätten und solch eine Grenzziehung das Ende der Türkei bedeuten würde:

»Anstatt für eine grundsätzliche Anerkennung eines kurdischen Staates sind wir für lokale Autonomie. In den Gebieten, wo die Kurden in der Mehrheit sind, werden sie sich selbst verwalten. Darüber hinaus müssen wir sie stets mit einbeziehen, wenn wir vom türkischen Volk sprechen. Sonst besteht die Möglichkeit, dass sie darin ein Problem sehen. Die Große Nationalversammlung der Türkei besteht sowohl aus türkischen als auch aus kurdischen Vertretern, und diese beiden Völker haben ihre Interessen und ihr Schicksal vereint.« [9]

Danach wird Mustafa Kemal nie wieder von der Türkei als einem Land zweier Völker sprechen. Es ist wahrscheinlich kein Zufall, dass diese Rede von Mustafa Kemal just in jenen Tagen gehalten wird, in denen die türkische Delegation unter der Führung Ismets mit den Alliierten in Lausanne über die Grenzen der Türkei verhandelt. Die Kurdengebiete werden vom türkischen Delegationsführer als Teile der Türkei angesehen. Ismet spricht sogar von einem türkischen und kurdischen Staat und versucht (u.a. mit Hilfe eines Telegramms des kurdischen Parlamentariers Hasan Hayri in Ankara[10]) den Anschein zu erwecken, er verhandele hier über das gemeinsame Schicksal beider Völker. In der Verfassung, die wenige Monate nach dem Abkommen von Lausanne ausgearbeitet wird, ist von einer Selbstverwaltung der Kurden keine Rede mehr.

Später schreibt Mustafa Kemal in sein Notizheft:

»Das Vaterland ist eine Einheit, die keine Teilung akzeptiert. Bei der Entstehung der türkischen Nation spielten folgende geschichtliche und natürliche Ereignisse eine Rolle: a) Politische Einheit, b) Sprachliche Einheit, c) Einheit der Heimat, d) Einheit von Rasse und Herkunft, e) Historische Verwandtschaft, f) Moralische Verwandtschaft.« [11]

Mit dieser Theorie spricht er den Kurden jegliche Rechte als eigenständiges Volk ab. Auch die Armenierfrage wird von Mustafa Kemal während der Verhandlungen in Lausanne mit Vorsicht behandelt. Zwar hat man die Grenze zwischen Armenien und der Türkei zuvor festgelegt, aber viele Armenier wollen in ihre Heimat zurück, aus der sie vertrieben worden sind. Mustafa Kemal hat Verständnis für diese Menschen, territoriale Zugeständnisse will er jedoch keine machen:

»Wir können nicht verhindern, dass sie einzeln in das Land einreisen. Dieses Land wollen aber nicht nur die Armenier, sondern auch die Geldanis und die Assyrer haben. Wenn wir allen diesen Völkern Land geben wollten, hätten wir selbst keines mehr.«[12]

Mustafa Kemal setzt seine Reise in die Westtürkei fort, mit dem Ziel, die Bevölkerung aufzuklären und eine Art Kulturrevolution zu initiieren. In Izmir besucht er das Grab seiner wenige Wochen zuvor verstorbenen Mutter und hält an ihrer letzten Ruhestätte eine pathetische Rede, die eine Drohung an diejenigen sein soll, die weiterhin mit der osmanischen Monarchie sympathisieren. Darin gibt er dem Sultan und dessen Regierung die Schuld an ihrem Tod.

»Meine Mutter, die hier unter der Erde liegt, ist das Opfer einer brutalen und willkürlichen Herrschaft geworden.«[13]

Er fügt hinzu, dass er selbst bereit sei, für sein Land zu sterben, aber nur wenn in diesem Land die Macht vom Volke ausgehe.

Zwei Tage nach dem Besuch am Grab seiner Mutter, am 29.1.1923, heiratet Mustafa Kemal die fünfundzwanzigjährige Latife. Die junge Braut ist eine für türkische Verhältnisse moderne Frau. Sie spricht mehrere Sprachen, spielt Klavier und vertritt, was in der damaligen Zeit unerhört ist, in der Männergesellschaft ihre eigene Meinung. Mustafa Kemal sieht Latife als Vorbild der modernen türkischen Frau, und ihr emanzipiertes Auftreten imponiert ihm.

Die Trauung findet nicht wie im Osmanischen Reich üblich an einem Donnerstag, sondern an einem Montag statt. Dabei verzichtet Mustafa Kemal sowohl auf religiöse Zeremonien und die Anwesenheit eines Geistlichen, als auch auf Angehörige. Außer des Brautpaares, des Bürgermeisters und des Gouverneurs von Izmir sind nur die Generäle Fevzi (Çakmak) und Kazım Karabekir als Trauzeugen im Saal anwesend. Für die meisten Türken ist eine Eheschließung ohne den Segen eines Imams, eines Gebetsvorstehers, bisher undenkbar gewesen. Nach der Unterzeichnung der Heiratsurkunde sagt Mustafa Kemal zum Bürgermeister von Izmir:

»Ab jetzt werden Trauungen nur noch auf diese Art und Weise stattfinden und die unsinnigen Traditionen abgeschafft. Nur Sie oder Ihre Vertreter werden die Menschen trauen.«[14]

Drei Wochen später reist er mit Latife nach Ankara. Die Heirat ist eine kleine Revolution. Überall erscheint Mustafa Kemal mit seiner Frau an seiner Seite: ein weiterer Bruch mit den Traditionen. In der Öffentlichkeit präsentieren die beiden ein ungewohntes Bild. Er trägt einen westlichen Anzug und sie eine Reithose und ein buntes, seidenes Kopftuch. So modern und unverschleiert hat sich bisher kaum eine Türkin in der Öffentlichkeit gezeigt.

Allerdings ist Latife sehr enttäuscht, als sie in Ankara ihr zukünftiges Heim betritt: es ist klein und mit wenig Geschmack eingerichtet. In den nächsten Wochen ist sie damit beschäftigt, ihr gemeinsames Zuhause zu gestalten. Dazu hat sie auch hinreichend Zeit, denn Mustafa Kemal ist selten da.

Der Vertrag von Lausanne

In Lausanne verlaufen die Verhandlungen äußerst schleppend. Nach langen Diskussionen wird endlich eine Meerengenkonvention unterschrieben, nach der jedes Land eine Flotte von Kriegsschiffen in das Schwarze Meer entsenden kann, die jedoch nicht stärker sein darf als die stärkste Schwarzmeermacht zu diesem Zeitpunkt. Die Ufer der Meerengen werden im Umkreis von 15 bis 20 km entmilitarisiert. Die Türkei kann jedoch in Istanbul eine Garnison von 12 000 Mann unterhalten.

Mit dem Kapitulationsregime in Istanbul sollen auch die wirtschaftlichen Vorrechte der Ausländer und das Minderheitenrecht abgeschafft werden. Außerdem fordert Ismet den sofortigen Abzug der alliierten Truppen. Aufgrund von Meinungsverschiedenheiten in der Frage, was mit der an Erdöl reichen kurdischen Region Mosul geschehen soll, geraten die Friedensverhandlungen in Lausanne erneut ins Stocken. Falls die Engländer Mosul nicht aufgeben wollten, so die türkische Delegation, würden die kurdischen Separatisten in der Türkei jenseits der türkischen Grenze Unterstützung finden. Am 2. Februar werden die Verhandlungen unterbrochen, und Ismet reist nach Ankara zurück.

Mustafa Kemal zeigt sich während der Konferenz in Lausanne unnachgiebig. In Eskişehir droht er den Alliierten:

> »*Wenn die zivilisierte Welt bereit ist, den (unterentwickelten) Ländern bei der Korrektur ihrer falschen Politik zu helfen, steht einem Frieden nichts im Wege. Aber wenn sie trotz des guten Willens dieser Länder auf einem Krieg bestehen, wird unser Volk diesen Krieg als sein aufgezwungenes Schicksal und als eine Notwendigkeit annehmen.*«[15]

Kurze Zeit nach dem Abbruch der Verhandlungen in Lausanne reist Mustafa Kemal über Balıkesir nach Izmir, wo er einen Wirtschaftskongress eröffnet.

In beiden Städten hält er lange Reden, wobei er besonders auf die »Volkspartei« und ihre Ziele eingeht.

Ziel des Kongresses ist der Aufbau eines funktionierenden Wirtschaftssystems. 1135 Personen nehmen daran teil, hauptsächlich Bauern, Kaufleute, Industrielle und Arbeiter. Der Kongress dauert zwei Wochen. Kurz vor seinem Abschluss werden die Wirtschaftsziele der Türkei in zwölf Punkten festgehalten. Allerdings ist das Land durch die jahrelangen Kriege so erschöpft, dass an eine kurzfristige Verbesserung der Wirtschaftslage nicht zu denken ist.

Im März unternimmt Mustafa Kemal mit seiner Frau eine Anatolienreise über Adana, Konya und Kütahya. In diesen Städten hält er Reden über die Stellung der Frau in der Gesellschaft und äußert für die damaligen Verhältnisse revolutionäre Gedanken. So vertritt er etwa die Auffassung, dass es durchaus mit dem Islam vereinbar sei, wenn Frauen eine gute Ausbildung erhielten und sich nicht konsequent verschleiern.

Zwei Tage nach Mustafa Kemals Rückkehr nach Ankara verschwindet einer seiner leidenschaftlichsten Widersacher, der Abgeordnete Ali Şükrü, spurlos. Nach langen Untersuchungen findet man heraus, dass ihn die Schwarzmeergarde, Mustafa Kemals Leibgarde, ermordet und am Hang eines Berges verscharrt hat, weil er es für ihren Geschmack mit der Kritik an Mustafa Kemal zu weit getrieben hatte. Der Anführer dieser Aktion war Topal Osman, der schon für die zahlreichen Morde an griechischen und armenischen Bewohnern in einigen Küstenstädten am Schwarzen Meer verantwortlich war. Als Mustafa Kemal davon erfährt, befiehlt er einer Armeeeinheit, Topal Osman und seine gesamte Schwarzmeergarde festzunehmen. Die Freischärler widersetzen sich jedoch, und es kommt zu Gefechten. Ein Soldat und drei Schwarzmeergardisten sterben bei den Auseinandersetzungen. Topal Osman wird schwerverletzt gefangengenommen und verstirbt wenig später. Damit endet eine der fragwürdigsten Beziehungen Mustafa Kemals, die ihm von seinen Kritikern bis heute als einer seiner größten Fehler angekreidet wird. Mustafa Kemal besänftigt zwar mit der Ausschaltung von Topal Osman und dessen gefürchteten Schwarzmeergardisten die Opposition, er weiß jedoch, dass er in der Nationalversammlung ohne deren Einwilligung keine wichtigen Beschlüsse durchsetzen kann. Deshalb bittet er das Parlament, das mehrheitlich aus seinen Anhängern besteht, sich aufzulösen, um Neuwahlen den Weg zu ebnen. Einer der wichtigsten Gründe für dieses Ansinnen ist der Friedensvertrag, der in diesen Tagen von Ismet in Lausanne ausgehandelt werden soll und die Zustimmung des türkischen Parlaments voraussetzt. Mustafa Kemal befürchtet, dass die Nationalversammlung den Friedensplan in ihrer augenblicklichen Zusammensetzung nicht annehmen würde. Für die Zustimmung ist eine Zweidrittelmehrheit erforderlich, während für die Ausrufung der Neuwahlen eine einfache Mehrheit ausreicht. Wenn Mustafa und seine Gesinnungsgenossen die Wahlen gewinnen, steht der Unterzeichnung des Vertrages nichts mehr im Wege.

Schließlich geht seine Rechnung auf, und im April entscheidet sich die Nationalversammlung für Neuwahlen.[16]

Nach der Beendigung des Krieges und der Befreiung des Landes ist die Organisation »Gesellschaft zur Verteidigung der Rechte Anatoliens« überflüssig geworden. Am 8. April gibt Mustafa Kemal bekannt, dass er sie in eine Partei mit dem Namen »Volkspartei« umwandeln werde. Das Parteiprogramm, dessen neun wichtigsten Säulen bereits feststehen, werde ausgearbeitet. Als die wichtigste Säule wird die Unumkehrbarkeit zum Sultanat genannt.

Am 23. April 1923 nehmen die Delegierten in Lausanne die Verhandlungen wieder auf. Mustafa Kemal weiß, dass die Alliierten den Vertrag nur akzeptieren werden, wenn die Türkei Zugeständnisse macht. Daher erklärt sich die türkische Delegation bereit, die Frage der von den Engländern besetzten kurdischen Region Mosul aus den Verhandlungen herauszunehmen, was einer Aufgabe dieses Gebietes gleichkommt. Über seine Strategie in der Mosul-Politik hat Mustafa Kemal schon Monate zuvor die türkische Presse informiert:

> *»Sollen wir mit dem Krieg fortfahren, weil wir Mosul behalten wollen? Ich frage Euch: Ist es klug, wegen Mosul weiterzukämpfen? (...) Mosul auf kriegerischem Wege zurückzuerobern ist nicht möglich.«*[17]

Mustafa Kemal glaubt, damit die Verhandlungspartner in Lausanne gegeneinander ausspielen zu können. Denn er ist überzeugt, sich mit den Italienern und Franzosen einigen zu können, wenn erst die Engländer zufrieden gestellt sind. Doch die Opposition leistet großen Widerstand gegen Mustafa Kemals Strategie. Es kommt zu langen Debatten, bis er sich schließlich auch in dieser Frage durchsetzen kann. Die Entscheidung über Mosul wird in Lausanne vertagt. Später wird der Fall an den Völkerbund und den internationalen Gerichtshof in Den Haag übergeben. Am 24. Juli 1923 kann der Frieden von Lausanne endlich unterzeichnet werden. Mit Abschluss des Friedensvertrages zwischen der Türkei, Griechenland, England, Italien und Frankreich ist der türkische Befreiungskrieg endgültig beendet.

Der Vertrag bedeutet für die Türkei die völkerrechtliche Anerkennung als souveräner, unabhängiger Staat. Gegenüber Griechenland und Bulgarien wird die Vorkriegsgrenze wiederhergestellt, die asiatischen Grenzen verbleiben so, wie sie mit Sowjetrussland schon 1921 vereinbart wurden. Die griechische Minderheit in Anatolien soll im Austausch mit der türkischen Bevölkerung des Nachbarlandes umgesiedelt werden. 1,3 Millionen Griechen müssen

Kleinasien verlassen, und ca. 400 000 Türken – vorwiegend aus dem griechischen Mazedonien – werden nach Anatolien umgesiedelt.[18] Eine Minderheit von 80 000 Griechen und 45 000 Armeniern, die in Istanbul ansässig sind, werden von diesem Abkommen ausgenommen und können bleiben. Mit der Unterzeichnung des Friedensvertrages in Lausanne und der neuen Grenzziehung ist eines der wichtigsten politischen Ziele Mustafa Kemals realisiert: die Befreiung des Landes von den Besatzern.

Während der Friedensverhandlungen, wenige Monate zuvor, hatte Mustafa Kemal den Alliierten die Grenzen einer neuen Türkei nach seinen Vorstellungen geschildert. Seine Forderungen waren keineswegs utopisch, im Gegenteil, sie waren von Vernunft und Weitsicht geprägt. Von den Gebieten des zerfallenen Osmanischen Reiches beanspruchte er lediglich das türkische Kernland und zeigte sich bereit, alle arabischen Gebiete des Reiches aufzugeben:

> *»Den Suezkanal gibt es seit fünfundvierzig Jahren. In dieser Zeitspanne starben über eineinhalb Millionen Söhne Anatoliens (in Kämpfen zur Verteidigung des osmanischen Kanals) und im Jemen. Darüber hinaus starben für die Verteidigung Syriens, des Irak und Afrikas mehrere Millionen Türken. Von jetzt an wollen wir diese Fehler vermeiden.«*[19]

Mustafa Kemal verzichtet auch auf jene Gebiete, in denen wie in Bulgarien, Ost-Mazedonien und im Kosovo Hunderttausende Türken als Minderheit leben. Dies geschieht in einer Zeit, in der andere Länder eine expansionistische Politik verfolgen. Für Mustafa Kemal ist das »Vaterland« ein Territorium, das dessen Bewohner tatsächlich zu verteidigen bereit sind. Später sagt er:

> *»Ich muss gestehen, dass ich unsere nationalen Grenzen entsprechend der Punkte Wilsons festgelegt habe. Ich habe deshalb nur jene Grenzen verteidigt, die die türkischen Bajonette gezogen haben.«*[20]

Der Oppositionsführer Rauf erinnert Mustafa Kemal an sein altes Versprechen, nach dem Friedensschluss abzudanken und sich aus der Politik zurückzuziehen. Doch dieser geht nicht darauf ein. Als Raufs Widersacher Ismet in Ankara unter großem Jubel als »Sieger von Lausanne« empfangen wird, lehnt Rauf einen offiziellen Empfang ab. Der Ministerpräsident findet sich durch die Bevorzugung Ismets von Seiten Mustafa Kemals zurückgesetzt. Denn schließlich habe er von Beginn an in der Befreiungsbewegung mitgearbeitet und sei Ismet in allen Belangen überlegen. Seine Kränkung wird umso tiefer, als Mustafa Kemal Ismet zunehmend zum zweiten Mann der Nation aufbaut. Während Ismet gefeiert wird, tritt der Ministerpräsident Rauf (Orbay) von seinem Amt zurück. Fethi (Okyar), ein Freund Mustafa Kemals, wird sein Nachfolger und Ali Fuat Vizepräsident der Nationalversammlung. Doch tritt Ali Fuat schon nach drei Monaten mit der Begründung, wieder als Soldat arbeiten zu wollen, zurück. Der wahre Grund ist, dass auch er mit der Alleinherrschaft seines früheren Weggefährten nicht einverstanden ist. Das Land ist befreit, und mit dem Friedensschluss sind die Errungenschaften auf dem Schlachtfeld am Verhandlungstisch international anerkannt worden; aber von den Freunden und Kampfgefährten Mustafa Kemals, die den Befreiungskampf mit ihm gemeinsam begonnen hatten, halten nur noch wenige zu ihm.

Die Wahlen und die Ausrufung der Republik

Die Wirtschaftspolitik der Türkei gestaltet sich nach der Gründung des neuen Staates nicht antikapitalistisch, wie manche es wegen der Nähe Mustafa Kemals zu den Bolschewiki bis dahin annahmen, sondern liberal. Die Regierung unterstützt die freie Marktwirtschaft und private Investitionen. Auf dieses Wirtschaftssystem legt Mustafa Kemal besonderen Wert:

»Unsere Staatsprinzipien sind mit dem sozialistischen Kollektivismus nicht vergleichbar, der auf der Enteignung des Individuums und einer nach anderen Kriterien funktionierenden Verteilung basiert. Ebenso wenig sind sie mit dem Kommunismus zu vergleichen, der private Wirtschaftsunternehmen nicht erlaubt.«[21]

Ihre liberale Wirtschaftspolitik wird die Türkei bis zum Jahre 1929 beibehalten. Abgesehen davon hat sich die Türkei in Lausanne verpflichtet, die Einfuhrzölle bis 1929 nicht zu ändern.

In der Weltwirtschaft nimmt die Türkei jedoch eine äußerst schwache Stellung ein. Ihre Wirtschaft ist unterentwickelt, die vorherrschende Produktionsweise ist das Handwerk. Das ausländische Kapital, das in der Türkei investiert wurde, beläuft sich nach dem Vertrag von Lausanne auf 63 Millionen Pfund Sterling. Dabei entfallen 62 Prozent aller ausländischen Investitionen auf die Eisenbahngesellschaften, weitere 21 Prozent auf Banken und Handelsunternehmen. Lediglich vier Prozent wurden im industriellen Sektor angelegt.[22] Das von jahrelangen Kriegen wirtschaftlich zermürbte Agrarland Türkei muss im Jahre 1923 sogar für 3 Millionen Pfund Sterling Brotgetreide aus den USA, der Sowjetunion, aus Rumänien und Bulgarien einführen.

Nach dem Krieg macht es sich die türkische Regierung zur Hauptaufgabe, die Wunden des Landes auch in wirtschaftlicher Hinsicht zu heilen. In Ankara versuchen die auf diesem Gebiet unerfahrenen Machthaber durch verschiedene Maßnahmen, die Herstellung einheimischer Waren in Fabriken zu fördern, das Verkehrswesen weiter zu entwickeln und vor allem jene wirtschaftlichen Privilegien abzuschaffen, die im Osmanischen Reich ausländischen Firmen gewährt wurden.

Im Juni 1923 finden die Neuwahlen statt. Mustafa Kemals Ziel ist dabei die Ablösung der 202 Abgeordneten der ersten Nationalversammlung, die während des Befreiungskrieges gewählt worden waren und von denen etwa 63 der oppositionellen *Zweiten Gruppe* angehören. Außerdem ist der Vertrag von Lausanne vom türkischen Parlament noch immer nicht bestätigt worden. Wie vorauszusehen geht Mustafa Kemal als eindeutiger Sieger aus den Wahlen hervor. Denn die Kandidatenliste der einzelnen Regionen wurde auf seinem Arbeitstisch zusammengestellt. Allerdings werden von den 202 Abgeordneten des alten Parlaments nur 114 zur Wiederwahl vorgeschlagen. Teilweise wird auf die Bevölkerung bei der Wahl Druck ausgeübt, um die Kandidaten der Regierung durchzubekommen. Mustafa Kemal schafft es, dass keiner der 63 Abgeordneten der *Zweiten Gruppe* wieder ins Parlament gewählt wird. Insgesamt verschwinden 88 Abgeordnete des ersten Parlaments nach den Wahlen aus der politischen Arena – zum größten Teil für immer.

Allerdings wird Mustafa Kemal in der Nationalversammlung weiterhin mit seinen größten Kritikern Rauf (Orbay), Kazım Karabekir und Ali Fuat (Cebesoy) zu tun haben. Denn Mustafa Kemal hat sie selbstverständlich auf seine eigene Liste gesetzt, um eine direkte Konfrontation mit ihnen zu vermeiden. Manche der Wähler geben ihre Stimmen Mustafa Kemals Ehefrau Latife, obwohl sie gar nicht kandidiert. Damit plädieren sie für das Frauenwahlrecht. Im August, nach der Eröffnung der Nationalversammlung, ist Latife die erste Frau, die das türkische Parlament betritt. Mustafa Kemal wird zum Präsidenten der Nationalversammlung gewählt.

Am 14. August, dem ersten Arbeitstag des neuen Parlaments, wird der Vertrag von Lausanne von den neuen Abgeordneten nach einer heftigen Debatte offiziell ratifiziert. 15 Abgeordnete aus Südanatolien stimmen gegen den Vertrag, weil die südtürkische Provinz Iskenderun vorerst unter französischer Verwaltung verbleibt.

Mustafa Kemal ist der eindeutige Sieger der Wahlen, und er hat all seine Kandidaten durchgesetzt. Einige der 286 Abgeordneten werden bald oppositionelle Standpunkte vertreten, jedoch werden sie die Vormachtstellung Mustafa Kemals nicht gefährden können. Erst im September 1923 gründet er die »Volkspartei« offiziell. Über die Bezeichnung wird heftig diskutiert, weil die konservativen Kräfte befürchten, dass sich in der Partei die linke Strömung als treibende Kraft durchsetzt.[23] Mustafa Kemal gelingt es, sie zu beruhigen:

»Wichtig ist das Parteiprogramm und nicht der Namenswechsel. Wir wollen ein Volksprogramm ausarbeiten, das dem gesamten Land nützlich ist. Meine Herren, wenn ich nur an meine Person dächte, würde ich nach dem Frieden sagen: Ich habe meine nationale und historische Aufgabe erfüllt!, und würde

mich in eine schöne Ecke zurückziehen. Sicherlich wäre dies ein guter Schritt, wenn ich nur an mich dächte. Ein Mensch, der kämpft, wird auch müde. Doch um die Wahrheit zu sagen: trotz des Friedens hat nichts ein (zufriedenstellendes) Ende gefunden. Wir müssen sogar alles von vorn beginnen und viel grundsätzlicher betreiben als bisher und all unsere Ziele neu definieren. Nichts wird erreicht, wenn man den Kampf aufgibt. Deswegen werde ich mich mit einem Programm, das für das Land und für die Menschen das Beste will, in die politische Arena werfen und mit allen zusammenarbeiten, die bereit sind, mit mir zusammenzugehen.«[24]

Der Kampf um die Macht, die Mustafa Kemal bis vor kurzem als Soldat geführt hat, geht auf politischem Parkett weiter.

Am 2. Oktober 1923 ziehen sich 22 000 englische Soldaten unter dem Befehl General Harringtons mit einer Militärzeremonie aus Istanbul zurück. Am 6. Oktober marschieren die türkischen Truppen wieder in Istanbul ein. Eine Woche später wird in der Nationalversammlung die bis vor wenigen Jahren unbedeutende Kleinstadt Ankara als neue Hauptstadt der Türkei bestätigt. Dies ist ein weiterer offizieller Bruch mit der osmanischen Vergangenheit. Mustafa Kemal begründet diese Entscheidung in der Öffentlichkeit jedoch damit, dass die geographischen Vorteile der Stadt Ausschlag gebend seien:

»Der Regierungssitz muss so zentral liegen, dass die Regierung ihre Aufmerksamkeit dem Lande gegenüber gleichmäßig entgegenbringen kann. Wenn wir uns nur in einer abgelegenen Gegend des Landes aufhalten, besteht die Gefahr, dass wir die entfernteren Gebiete vernachlässigen.«[25]

Allerdings bleibt Ankara für viele Abgeordnete eine Kleinstadt, die ihrer Rolle als Hauptstadt nicht gerecht werden kann. Ihr ländlich-traditioneller Charakter bietet den Volksvertretern, die bisher ein abwechselungsreiches Leben gewohnt waren, kaum Unterhaltungsmöglichkeiten. Der Abgeordnete Falih Rıfkı erinnert sich:

»Außer unseren Diskussionen hatten wir keine andere Unterhaltung, und die führten wir oft bis in die Nacht hinein. Nicht nur in unseren Versammlungen, sondern auch auf den Straßen oder in den Hotels gab es keine Frauen.«[26]

Das Osmanische Reich ist zwar zugrunde gegangen, und ein neuer türkischer Staat ist entstanden. Über die künftige Staatsform der Türkei besteht jedoch noch immer keine Klarheit. Mustafa Kemal selbst ist nicht religiös und tritt für eine Trennung von Religion und Politik ein. Auch von der religiösen Führungsrolle der Türkei in der islamischen Welt hält er nicht viel. Obwohl er in seinen Reden immer wieder deutlich macht, dass er auch das Kalifat abschaffen will, setzt ein großer Teil der Opposition auf die religiösen Gefühle der Bevölkerung. Zwar hätte Mustafa Kemal die Unterstützung vieler Politiker und der Armee, um sein Vorhaben zu realisieren, doch um in der Bevölkerung nicht mit dem Vorwurf der »Gottlosigkeit« konfrontiert zu werden, geht er mit dieser heiklen Frage vorsichtig um. In einem Interview mit Journalisten gibt Mustafa Kemal seine Entscheidung andeutungsweise bekannt:

»Der Kalif gehört der gesamten islamischen Welt, und die Türkei ist nur ein Teil davon. Deswegen: auch Gott wäre nicht damit einverstanden, wenn man die Verantwortung für die Aufgaben eines Kalifen allein einem so kleinen Land wie der Türkei aufbürden würde.«[27]

Manche Istanbuler Zeitungen propagieren Monarchie und Kalifat weiterhin als die wichtigsten Institutionen des Landes. Aber dies scheint nur mehr ein letztes Aufbäumen der Traditionalisten zu sein, die ihre politische Macht nach dem Sieg über die Griechen endgültig verloren haben. Weder der Monarch noch die Geistlichkeit sollen bei der Führung des Landes eine entscheidende Rolle spielen.

»Der Politiker, der die Religion zum Regieren braucht, ist nichts weiter als ein Schwachkopf!«[28]

Es zeichnet sich deutlich ab, dass die Opposition für seine Reformen zu einem Hindernis wird. Mit Rauf (Orbay), der am 25. Oktober zum Innenminister gewählt worden ist, hat sie in der Nationalversammlung großes Gewicht. Wenige Tage nach seiner Ernennung zum Innenminister reist Rauf mit den anderen Oppositionsführern, Refet, Halide Edip und Doktor Adnan nach Istanbul. Mustafa Kemal ergreift diese Gelegenheit, um in ihrer Abwesenheit eines der wichtigsten Ereignisse der jüngeren türkischen Geschichte zu realisieren: die Ausrufung der Republik. Er bittet den neuen Ministerpräsidenten Fethi (Okyar) Bey, das Kabinett aufzulösen, um zunächst eine Regierungskrise zu provozieren. Als die Abgeordneten über die Zusammensetzung des neuen Kabinetts uneinig sind, wird die Regierung handlungsunfähig. Am Abend des 28. Oktobers teilt Mustafa Kemal seinen Freunden in seiner Villa in Çankaya mit:

»Morgen werden wir die Republik ausrufen!«[29]

1927 schildert Mustafa Kemal den Fortgang des Abends in seiner berühmten Rede *Söylev* wie folgt:

»Nur Ismet war in Çankaya von den Gästen übrig geblieben. Als wir allein waren, bereiteten wir einen Gesetzesentwurf vor. (...) Am Ende des ersten Artikels fügten wir hinzu: Die Regierungsform des türkischen Staates ist die Republik.«[30]

In dieser Situation erscheint Mustafa Kemal am 29. Oktober 1923 mit seinen Anhängern in der Nationalversammlung und spricht über die dringende Notwendigkeit einer Verfassungsänderung, damit die Regierung wieder handlungsfähig wird. Was er dann aber vorlegt, sind keine Vorschläge für ein neues Kabinett, sondern der am Abend zuvor erarbeitete Gesetzesentwurf, der prägend für das Schicksal des Landes sein wird. Der Entwurf sieht vor, dass die Türkei zur Republik ausgerufen wird, an deren Spitze ein Präsident steht, der alleiniger Inhaber der Exekutive ist und die Minister des Kabinetts selbst berufen wird.

Etwa hundert Abgeordnete nehmen an dieser Abstimmung nicht teil. 40 Abgeordnete stimmen gegen den Entwurf. Mit den verbliebenen 159 Stimmen lässt sich Mustafa Kemal zum Staatspräsidenten wählen. Er ist zu diesem Zeitpunkt 42 Jahre alt. Die Kabinettssitze verteilt er unter seinen Freunden. Ismet Pascha ernennt er zu seinem Premierminister, Fethi (Okyar) zum Parlamentspräsidenten und Kazım (Özalp) zum Verteidigungsminister. Auch wenn die Ausrufung der Republik und die Neuordnung der Regierungsgewalt scheinbar demokratisch und friedlich ablaufen, ist dies ein eindeutiger Putsch Mustafa Kemals und seiner Freunde. Ob die Ausrufung der Republik in Abwesenheit der Opposition eine geplante Aktion Mustafa Kemals war oder deren Abwesenheit eher zufällig war, ist bis heute umstritten. Die »Volkspartei« wird zur »Republikanischen Volkspartei« umgetauft.

Die Abschaffung des Kalifats

Gleich nach der Regierungsbildung wird die Änderung der Verfassung (Teşkilatı Esasiye) und des Gesetzes Nummer 364 beantragt, das von nun an die Regierungsform der Türkei als *Republik* festschreibt. Somit gibt es zum Sultanat kein Zurück mehr.

Jetzt ist es für Mustafa Kemal an der Zeit, sich mit dem Kalifat zu befassen. Denn er hatte zwar die Personalunion von Sultanat und Kalifat mit der Vertreibung des Sultans aufgetrennt, das Kalifat aber dessen Vetter übertragen, so dass dieses höchste geistliche Amt der islamischen Welt nach wie vor in der Erbfolge der Osmanen verblieb. Gern bezeichnet Mustafa Kemal das Kalifat als eine bloße »geschichtliche Erinnerung«, als eine Fessel, die das türkische Volk an eine unheilvolle Vergangenheit bindet, aber tatsächlich ist der Kalif für viele Menschen immer noch ein Hoffnungsträger und ein Gegenpol zu Mustafa Kemal. Ein beträchtlicher Teil des Volkes identifiziert sich mehr mit der Monarchie und dem Islam als mit der Republik und revolutionärem Gedankengut. Mustafa Kemal und seine Freunde, die einem »Revolutionskomitee« ähneln, halten sich nur durch die Unterstützung des Militärs an der Macht. Als die Traditionalisten den Kalifen öffentlich als das wahre Oberhaupt der Nationalversammlung bezeichnen, macht Mustafa Kemal ihnen klar, wer im Lande das Sagen hat:

»Meine Herren, die Nationalversammlung gehört nicht dem Kalifen und wird ihm nie gehören. Die Nationalversammlung gehört dem Volk und besteht aus seinen Vertretern. Sie besteht aus Menschen, denen das Volk Aufgaben und Befugnisse erteilt hat. Die Nationalversammlung gehört nur dem Volk und gehorcht nur dem Volk. Sie darf von niemandem – egal wer er ist und was für einen Titel er hat – Befehle entgegennehmen und vor niemandem kapitulieren.«[31]

Der Oppositionsführer Rauf (Orbay) ist über die Ausrufung der Republik allein schon deshalb verärgert, weil man ihn und seine Freunde bei dieser Entscheidung nicht mit einbezogen hat. Er sagt in einem Interview, dass er nicht gegen die Republik sei, solange sie sich dem Willen des Volkes beuge, er sei nur gegen die Art und Weise, wie ihre Ausrufung vonstatten ging. Viele Zeitungen drucken dieses Interview und ergreifen damit offen für die Opposition Partei. Die Zahl der Regierungsgegner wächst, was Ankara vor Probleme stellt. Es fehlt Mustafa Kemal und seinen politischen Freunden an der nötigen Rückendeckung in der Bevölkerung, dafür kontrollieren sie das Parlament. Sie lassen von der Nationalversammlung am 8. Dezember ein sogenanntes Sicherheitsgericht einberufen, das gegen die Istanbuler Presse vorgehen soll. Nach einem Schauprozess und dem anschließenden Versöhnungstreffen einiger Journalisten mit Mustafa Kemal am 5. Februar 1924 wird die kritische Presse zum Schweigen gebracht. Zwar wird keiner der Journalisten für seine Artikel bestraft, aber alle wissen nun, wie weit sie gehen dürfen.

Mustafa Kemal möchte mit dem Kalifen und seiner Institution gründlich aufräumen, bevor das religiöse Oberhaupt in der Bevölkerung durch die aktuellen Kontroversen eine noch größere Bedeutung erlangt als es ohnehin schon hat. Am 3. März 1924 bringen Mustafa Kemals Anhänger im Parlament drei Gesetzesentwürfe ein:

» - *Das Amt des Kalifen ist abgeschafft, alle Mitglieder des Hauses Osman sind des Landes zu verweisen.*
- *Die Ministerien für geistliche Angelegenheiten und geistliche Stiftungen sind aufgehoben. (Das Vermögen der islamischen Geistlichkeit wird somit verstaatlicht.)*
- *Das gesamte Erziehungswesen wird den Mullahs genommen und einem Bildungsministerium unterstellt werden.* «

Die Nationalversammlung akzeptiert alle Vorlagen sofort. Noch in derselben Nacht werden der Kalif Abdülmecit II., zwei seiner vier Frauen, sein Sohn und eine seiner Töchter über die bulgarische Grenze abgeschoben, zehn Tage später die restlichen Familienmitglieder. Es kommt kaum zu Protesten in der Bevölkerung. Insgesamt verlassen 116 Angehörige der weitverzweigten osmanischen Dynastie die Türkei. Erst fünfzig Jahre nach ihrer Abschiebung werden die Mitglieder der Sultansfamilie die Erlaubnis bekommen, in die Türkei zurückzukehren.

Nach diesen gewaltigen politischen Umwälzungen wendet man sich in Ankara nun wieder verstärkt der Wirtschaft zu. Als erstes reformiert die Regierung die Produktionsbedingungen. Um die Privatindustrie finanziell unterstützen zu können, wird 1924 die »Türkiye Iş Bankası« (Arbeitsbank der Türkei) gegründet. Kurze Zeit später erfolgen die ersten Einschränkungen für die ausländische Bankkette, die in der Türkei das Finanzleben beherrscht. Allmählich entsteht ein Wirtschaftssystem, das sich von der Dominanz der ausländischen Konzerne zu befreien vermag.

In der Nationalversammlung hat Mustafa Kemal eine Mehrheit, die durch nichts zu erschüttern ist. Er kann als Staatspräsident und Vorsitzender der Republikanischen Volkspartei im Land faktisch schalten und walten wie er will. Der ehemalige Ministerpräsident Rauf, der ehemalige Kommandant der 3. Armee Refet Pascha und Kazım Karabekir, der als Kommandant in Erzurum durch seine loyale Haltung gegenüber Mustafa Kemal den Befreiungskrieg erst möglich gemacht hatte, missbilligen Mustafa Kemals Alleinherrschaft zunehmend. Im September 1924 quittieren Kazım Karabekir und Ali Fuat – wie zuvor Refet Pascha – ihren Dienst in der Armee, um Mustafa Kemal in der politischen Arena entgegenzutreten. Zunächst gründen sie innerhalb der »Republikanischen Volkspartei« eine oppositionelle Gruppe. Als sie am 8. November mit einem Misstrauensvotum gegen die Regierung scheitern, treten sie geschlossen aus der Republikanischen Volkspartei aus und gründen am 17. November die »Republikanische Fortschrittspartei«. 25 Abgeordnete der Nationalversammlung folgen ihnen. Der Kern der neuen republikanischen Partei besteht ausnahmslos aus ehemaligen Kampfgefährten Mustafa Kemals, die seit dem ersten Tag an der Befreiung des Landes beteiligt waren. Kazım Karabekir wird zum Vorsitzenden der neuen Partei und Ali Fuat zum Generalsekretär ernannt. Rauf (Orbay), Adnan (Adıvar) und Refet (Bele) sind weitere wichtige Persönlichkeiten, die bei der Gründung der Gegenpartei mitgewirkt haben. Bald erhält die neue Partei auch von anderen Abgeordneten aus der Volkspartei großen Zulauf, so dass sie zu einer ernstzunehmenden Opposition wird. In einer Geheimsitzung der Republikanischen Volkspartei sagt Mustafa Kemal zum Premierminister Ismet:

»Ich rieche Schiesspulver und Blut. Hoffentlich täusche ich mich.«[32],

aus Sorge, dass es zu einer gewaltsamen Konfrontation kommen könnte. In der Tat gelingt es der Oppositionspartei, in der Nationalversammlung die Ablösung des Premierministers Ismet zu erzwingen. Am Tag seines Rücktritts hält Mustafa Kemal vor dem Parlament eine Rede, in der er die Abgeordneten vor einer religiösen Konterrevolution warnt.

Vorerst kann eine Konfrontation vermieden werden, weil mit dem ehemaligen Gesandten in Sofia, Fethi (Okyar) Bey, ein gemäßigterer Politiker Regierungschef wird. Fethi bildet das neue Kabinett noch am Tag seiner Ernennung und verfolgt in Zukunft eine versöhnlichere Politik gegenüber der Opposition. Dennoch ist der Machtkampf nicht beendet und der Friede nur vorübergehend.

Der Kurdenaufstand

Im Juni des Jahres 1924 versuchen die Vertreter des Völkerbunds, die noch immer offene Frage der Zukunft Mosuls zu einem Ergebnis zu führen. Eine Kommission des Völkerbunds stellt vor Ort fest, dass die Region mehrheitlich von Kurden bewohnt wird, die – anders als die Türken dies inzwischen behaupten – nicht türkischstämmig sind. Der Bund tendiert dazu, Mosul dem Irak zuzusprechen. Die Kurden sind mit dieser Entscheidung einverstanden, weil sie hoffen, dadurch ihre kurdische Identität besser bewahren zu können. Die Türkei stimmt jedoch dem Vorschlag der Vereinten Nationen nicht zu und beendet einseitig die Verhandlungen. Im September 1924 desertieren einige kurdische Offiziere aus der türkischen Armee und lassen sich im englisch besetzten Gebiet des Nordirak nieder. Sie unterstützen hier die kurdische Unabhängigkeitsbewegung *Azadi* (Freiheit). Eines der Gründungsmitglieder der kurdischen Organisation, Oberst Halit Cibran, wird kurze Zeit später von türkischen Soldaten verhaftet und vor ein Militärgericht gestellt. Andere Verhaftungen folgen. Am 11. Februar 1925 wird eine türkische Division, die zur Verhaftung der Deserteure in das Kurdengebiet gesandt wurde, von aufgebrachten Kurden attackiert und zum Rückzug gezwungen. Dies ist der Beginn des Kurdenaufstandes.

Ein wichtiges Mitglied der Organisation *Azadi* und Scheich des Derwischordens *Nakşibendi*, Sait, ist der Anführer der Aufständischen. Auch er wird wie viele andere kurdische Führungspersönlichkeiten von der türkischen Armee gesucht. Die Kurden wollen ihre kulturellen, politischen, aber auch religiösen Privilegien zurückgewinnen, die sie im Osmanischen Reich stets hatten, und die ihnen in der neugegründeten türkischen Republik nicht zugestanden werden. Innerhalb kurzer Zeit bringen die Aufständischen die Städte Bitlis, Harput und Maraş in ihre Gewalt und belagern am 7. März Diyarbekir, die größte kurdische Stadt in der Türkei.

In Ankara verlangt Mustafa Kemal, härter gegen die kurdischen Aufständischen vorzugehen. Premierminister Fethi (Okyar) unterstützt ihn darin nicht, sondern äußert sich ablehnend:

»Ich möchte meine Hände nicht mit unnötiger Gewalt in Blut waschen!«[33]

In einer Fraktionssitzung der »Republikanischen Volkspartei« stimmen 60 Abgeordnete für den Premierminister Fethi und seine gemäßigte Politik, 94 stimmen gegen ihn. Daraufhin reicht er seinen Rücktritt ein. Am 3. März wird Ismet (Inönü) mit nur 23 Gegenstimmen erneut zum Regierungschef gewählt. Bis 1937 wird er dieses Amt ohne Unterbrechung innehaben.

Auch von Ismet verlangt Mustafa Kemal ein härteres Vorgehen gegen die Kurden und diesmal findet er Gehör. Einen Tag nach Ismets Ernennung zum Ministerpräsidenten wird im Parlament mit 122 Stimmen gegen 22 eines der undemokratischsten Gesetze der türkischen Geschichte verabschiedet: *Takriri Sükun Yasası* (das Gesetz zur Wiederherstellung der Ordnung). Dieses Gesetz erlaubt der Regierung, mit Zustimmung des Staatspräsidenten alle regierungsfeindlichen Institutionen einschließlich der Presse zu schließen und mit »Rebellen, Reaktionären und subversiven Elementen« aufzuräumen. Nur die neugegründete Oppositionspartei protestiert gegen das Gesetz – allerdings vergeblich. Noch am selben Tag werden in Ankara und in der kurdischen Stadt Diyarbekir zwei sogenannte »Freiheitsgerichte« einberufen. Wer von diesen zum Tode verurteilt wird, hat laut Gesetz kein Recht mehr auf Berufung. Am 6. März werden alle regierungskritischen Zeitungen geschlossen.

Kurz nach dem Kurdenaufstand fordert Mustafa Kemal die Opposition auf, in dieser »Situation der nationalen Not« ihre Partei aufzulösen. Aber die Versuche, den Gegner mit Katastrophenstimmung zur Aufgabe zu zwingen, misslingen. Die Oppositionsführer lehnen die Auflösung ihrer Partei ab. Daraufhin lässt die Nationalversammlung den Ausnahmezustand verhängen.

Mustafa Kemal diffamiert den Aufstand der Kurden als konterrevolutionär und religiös, er unterstellt den Kurden, das Kalifat wieder einführen zu wollen. Weiterhin spricht er von der Dringlichkeit, ein System zu schaffen, in dem Sicherheit und Frieden herrsche. Um den Widerstand der Kurden endgültig zu brechen, wird eine Teilmobilmachung angeordnet.

Im April beruft Scheich Sait eine Versammlung der kurdischen Stämme ein. Bei diesem Treffen wird der Aufstand offiziell ausgerufen.

Neun türkische Divisionen werden unter der Führung von Ismet in das Krisengebiet gesandt. Die Franzosen erlauben einem Teil der Truppen mit der Eisenbahn durch ihr Mandatsgebiet zu fahren, um den Kurden den Fluchtweg nach Syrien abzuschneiden. Die türkische Armee geht gegen die schlecht bewaffneten Kurden brutal vor, bricht innerhalb von zwei Monaten ihren Widerstand und tötet Tausende. Weitere Tausende werden verhaftet. Einer der Staatsanwälte des Unabhängigkeitsgerichtes im Osten, Lütfi Müfid, schreibt in einem Brief an den Premierminister:

> *»Ziel des Aufstandes war die Gründung eines unabhängigen Kurdistans. Es ist erwiesen, dass die Kurden seit Jahren daran gearbeitet haben. Es ist die heiligste nationale Aufgabe, dass dieser Geist abgetötet wird und für immer tot bleibt. Deswegen darf keiner, der in Kurdistan eine Führungsrolle übernehmen könnte und eine schädliche Person ist, begnadigt werden.«*[34]

46 Kurdenführer, unter ihnen auch Scheich Sait, werden am 29. Juni 1925 auf dem Marktplatz von Diyarbekir gehängt. Nach einem »Zähmungsplan des Ostens« (*Şark ıslahat planı*), der zwei Monate nach der Niederschlagung des Aufstandes im türkischen Parlament angenommen wird, werden 1600 kurdische Familien zwangsumgesiedelt.[35] Ihr Ackerland wird an 50 000 turkmenische und türkische Neusiedler verteilt, was der Verbreitung der türkischen Kultur im ehemals kurdischen Gebiet dienen soll. Denn offiziell heißt es, dass in der Türkei nur Türken leben und die Landessprache Türkisch ist.

Im Dezember 1926 verbietet das türkische Erziehungsministerium alle Namen der ethnischen Minderheiten: der Lazen (sesshaft am Schwarzen Meer), Tscherkessen und Kurden.

Das Kurdengebiet wird inzwischen von der türkischen Armee kontrolliert. Unter den beschlagnahmten Dokumenten wollen Regierungsvertreter Belege gefunden haben, die den Schluss nahe legen, dass zwischen den Kurden und der oppositionellen »Republikanischen Fortschrittspartei« Verbindungen bestehen. Ein kurdischer Aufständischer, der sich der türkischen Armee gestellt und ihr bei der Verhaftung Scheich Saits geholfen hat, sagt vor dem Freiheitsgericht in Diyarbekir aus, dass die oppositionelle »Republikanische Fortschrittspartei« den Kurden im Falle ihrer Machtergreifung die Unabhängigkeit versprochen habe.[36] Somit betrachtet die Regierung die Beteiligung der Oppositionspartei am Kurdenaufstand als erwiesen und verbietet sie kurzerhand. Die oppositionellen Abgeordneten werden aus der Nationalversammlung ausgeschlossen. 160 Sympathisanten der Opposition werden des Landes verwiesen. Zwei der bekanntesten Oppositionellen, Doktor Adnan und seine Frau, die Schriftstellerin Halide Edip, verlassen die Türkei ebenfalls und kehren erst nach dem Tod Mustafa Kemals zurück.

Mustafa Kemals Vorwurf gegen die Opposition, einen unabhängigen kurdischen Staat zu befürworten, nimmt sich umso befremdlicher aus, als er selbst in den Jahren 1921 und 1922 den neuen türkischen Staat als den *Staat der Türken* und *Kurden* bezeichnet und den Kurden bei einigen Parlamentssitzungen lokale Autonomie versprochen hatte. Die Kurden werfen ihm bis heute vor, die Autonomieversprechungen lediglich deshalb gemacht zu haben, um bei den Friedensverhandlungen in Lausanne die Gründung eines kurdischen Staates durch die Westmächte zu verhindern.

Nach dem Sieg über die Kurden wird mit der türkischen Presse erneut abgerechnet. Alle oppositionellen Zeitungen – darunter auch viele kommunistische Blätter – müssen ihr Erscheinen einstellen. Die Zahl der Tageszeitungen reduziert sich von vierzehn auf sechs. Viele Journalisten werden von den Unabhängigkeitsgerichten mit der Begründung verhaftet, den Kurdenaufstand provoziert zu haben, was in den meisten Fällen nicht zutrifft, sondern nur als Vorwand dient. Neun prominente Journalisten werden sogar vor das berüchtigte Freiheitsgericht in Diyarbekir gestellt, das zuvor die Todesurteile für die kurdischen Aufständischen fällte. Man verlangt von ihnen öffentliche Reue und eine persönliche Bitte um Vergebung bei Mustafa Kemal. Die Journalisten tun, was man von ihnen verlangt. Sie werden freigelassen, doch erscheinen in der Folgezeit keine regierungskritischen Artikel mehr.

Der Staatspräsident fährt fort, im Stil eines Diktators die Opposition zu eliminieren. Das blutige Treiben der Unabhängigkeitsgerichte wird noch bis zum 7. März 1927 andauern. In dieser Zeit werden 660 Menschen zum Tode und etwa 3500 zu Gefängnisstrafen verurteilt.[37] Von manchen wird Mustafa Kemal in dieser Zeit auch »Diktator wider Willen« genannt.

Ein Journalist fragt ihn später:

»›Manche Menschen bezeichnen Sie als Diktator, was meinen Sie dazu?‹

›Wenn ich ein Diktator wäre, hätten Sie mir jetzt diese Frage nicht stellen können!‹«[38]

Der Vorwurf, ein Diktator zu sein, wird ihn noch lange beschäftigen:

»Wenn ein Diktator ein Mensch ist, der seine Ideen mit Gewalt durchsetzt, dann bin ich keiner. Aber wenn er ein Mensch ist, dessen Ideen geschätzt und von seiner Umgebung freiwillig akzeptiert werden, dann bin ich ein Diktator.«[39]

Er stellt sich zwar nach außen als demokratisch gewählter Staatspräsident dar, weiß jedoch, dass er seine Macht nicht der Unterstützung einer breiten Masse verdankt, sondern einzig und allein seiner militärischen und politischen Geschicklichkeit. Er ist ein Revolutionär, aber besonders seinen engsten Vertrauten gegenüber sehr vorsichtig. Denn er weiß, dass die eigentliche Gefahr von ihnen ausgeht. Dies ist einer der wichtigsten Gründe dafür, warum Mustafa Kemal seine besten Kampfgefährten aus alten Tagen in die politische Verbannung schickte. Als er den zukünftigen Wirtschaftsminister Celal Bayar im Parlament reden hört, sagt er zu einem Gesinnungsgenossen:

»Passt auf diesen Mann auf! Er ist zwar ein netter Mensch, aber er ist ein Revolutionär!«[40]

Eheleben und Scheidung

Das Privatleben Mustafa Kemals gerät in dieser Zeit in eine tiefe Krise. Das Verhältnis zu Latife gestaltet sich schwierig. Gleich nach ihrer Ankunft in Ankara lässt die neue Herrin in ihrem künftigen Heim alles entfernen, was an Mustafa Kemals ehemalige Geliebte Fikriye erinnert. Fikriye jedoch kommt aus der Schweiz, wo sie sich von ihrer Krankheit erholen sollte, zurück und lässt sich zunächst in Istanbul nieder. Trotz Mustafa Kemals Versuch, sie von Ankara fern zu halten, erscheint sie unerwartet in der neuen Hauptstadt, um ihn zu sehen. Gleich nach ihrer Ankunft besucht sie die Villa Mustafa Kemals und besteht darauf, ihn zu sprechen. Latife macht ihr klar, dass sie in ihrem Haus nichts zu suchen habe und befiehlt dem widerstrebenden Hauspersonal, sie fortzuschicken. Auf dem Rückweg begeht Fikriye noch in der Kutsche Selbstmord. Mustafa Kemal wird sich zu diesem tragischen Vorfall nie äußern. Das Ehepaar führt sein bisheriges Leben weiter, als ob nichts geschehen wäre. Latife versucht mit allen Mitteln, aus ihrer gemeinsamen Villa in Çankaya einen Ort westlicher Zivilisation zu machen. Sie lässt die Hausdiener, allesamt Soldaten, weiße Handschuhe tragen und richtet das Haus komplett im westlichen Stil ein. Allerdings gibt es immer mehr Spannungen zwischen ihr und Mustafa Kemal. So nennt die junge Frau den Staatspräsidenten in der Öffentlichkeit einfach bei seinem Vornamen »Kemal« anstatt ihn mit »mein Pascha« anzureden. Außerdem widerspricht sie ihm oft in politischen Diskussionen.

Was ihr besonders zu schaffen macht, sind die abendlichen Rakı-Orgien im Hause. Bis auf zwei Freunde Mustafa Kemals, Nuri und Kılıç Ali, sind jeden Abend andere Tischpartner zugegen. Mustafa Kemal teilt seinem Adjutanten jeweils abends mit, welche Personen er zu sehen wünscht. Die Gäste werden dann umgehend benachrichtigt oder mit Mustafa Kemals Dienstwagen abgeholt. Vor dem Essen wird eine Runde Billard gespielt, während man zu den ersten Gläsern Rakı verschiedene Mezes (Vorspeisen) einnimmt. Obwohl anschließend bis in die Morgenstunden getrunken wird, duldet Mustafa Kemal am Rakıtisch keine Betrunkenen. Wer sich offensichtlich betrunken verhält, wird von seinen Adjutanten höflich hinausgebeten und nach Hause gefahren.

Die Zusammenkünfte in Çankaya dienen in erster Linie dazu, mit den eingeladenen Gästen über bestimmte Themen zu diskutieren. Nicht selten werden Menschen mitten in der Nacht wegen eines plötzlichen Einfalls Mustafa Kemals aus ihrem Schlaf gerissen und in seine Villa gebracht, weil er ihre Meinung zu einem bestimmten Thema hören will. Der Premierminister Ismet und die amtierenden Außen- und Innenminister erhalten für diese Treffen keine Einladung, sie dürfen jederzeit daran teilnehmen.

Viele wichtige Entscheidungen fallen in solchen Nächten. Der Schriftsteller und Abgeordnete Falih Rıfkı, der regelmäßig am Rakıtisch Platz nahm, erinnert sich:

»90 % des Geredes wurde von Mustafa Kemal bewusst eingesetzt. Schließlich hatte er viele Geheimnisse auch jahrelang in sein Gehirn einschließen können. Bei solchen Trinkgelagen testete er die Personen, die er für einen Aufgabenbereich vorgesehen hatte, ohne dass diese etwas davon merkten.«[41]

Mustafa Kemal gefällt sich bei diesen Rakı-Orgien in der Rolle des gebildeten Lehrers. Immer wieder steht er auf, geht zu der Tafel, die jeden Abend hinter ihm platziert wird, und hält mit einer Kreide in der Hand lange Vorträge. Die Themen hat er meist nicht vorbereitet, sie fallen ihm spontan ein. Manchmal entwickelt er an solchen Abenden auch abstruse Theorien, die jeder wissenschaftlichen Grundlage entbehren.

Oft macht er sich bei diesen Treffen über den einen oder anderen seiner Gäste lustig und amüsiert sich gern auf deren Kosten. Ironische Bemerkungen zu seiner eigenen Person duldet er jedoch niemals. Diese Zusammenkünfte haben auch den Zweck, die Gäste still zu überprüfen. Halten sie zu Mustafa Kemal oder hegen sie vielleicht doch Sympathien für die Opposition? Denn der Staatspräsident leidet zunehmend unter Schlaflosigkeit und Depressionen, die ihn an der Treue seiner Freunde zweifeln lassen. Misstrauen und Angst vor einem Komplott plagen ihn unentwegt.

Latife beschwert sich immer offensichtlicher über diese Tradition der langen Nächte. Manchmal stampft sie sogar im oberen Geschoss auf den Boden, um die Versammlungen im darunter liegenden Gästezimmer zu beenden. Gelegentlich fordert sie sogar die Gäste indirekt auf zu gehen, was Mustafa Kemal äußerst ungern sieht. Für viele Beobachter ist der Ton, in dem Latife ihren Ehemann anherrscht, nicht akzeptabel. Dabei sind ihre Beschwerden durchaus nachvollziehbar. Mustafa Kemal verbringt mehr Zeit mit seinen Freunden als mit seiner Frau. Er diskutiert, trinkt oder spielt Poker, während Latife Nacht für Nacht vor dem Versammlungsraum auf und ab geht und auf das Ende dieser Veranstaltungen wartet. Aber selbst dann hat Mustafa Kemal nicht immer Zeit für sie. Oft geht er, wenn die Gruppe sich im Morgengrauen auflöst, mit dem Kommandanten seiner Leibgarde, Nuri, noch auf Kaninchenjagd. Sogar der Gartenpflege und der Blumenzucht widmet er mehr Zeit als seiner Ehefrau.

Latife will dieses Leben nicht ohne weiteres hinnehmen. Auf einer Reise durch Anatolien macht sie ihren Mann während der Empfangszeremonien darauf aufmerksam, dass sie kein Vorzeigeobjekt sei, sondern ein Mensch mit einer eigenen Meinung. Es missfällt ihr, in der Öffentlichkeit im Hintergrund Platz nehmen zu müssen und sich mit der Rolle als »Mustafa Kemals Ehefrau« zufrieden zu geben. Auf einer gemeinsamen Reise nach Erzurum kommt es zu einem ernsthaften Streit zwischen den Eheleuten, worauf Mustafa Kemal seine Frau nach Ankara zurück schickt. Bevor der Zug abfährt, überreicht er dem Adjutanten Rüsuhi einen Brief, den er an seinen Premierminister gerichtet hat:

»Lieber Ismet,

Latife Hanım kommt nach Ankara zurück. Wir haben in einer gemeinsamen Fortsetzung der Reise keinen Sinn mehr gesehen. Denn die Erfahrungen der letzten beiden Jahre haben gezeigt, dass ein Zusammenleben nicht mehr möglich ist. Ich habe ihr dies auch mitgeteilt.«[42]

Dank der Schlichtungsversuche seiner Freunde kommt es vorerst nicht zu einer Trennung. Monate später, als Mustafa Kemal erneut spät nachts heimkehrt, findet schließlich die entscheidende Auseinandersetzung statt. Als er sich im Garten mit einem Soldaten seiner Leibgarde unterhält, erscheint Latife auf dem Balkon und ruft:

»Kemal! Komm endlich! Es reicht! Als ob es mit deinen Freunden aus dem Viertel nicht genug wäre, unterhältst du dich jetzt auch noch mit den Wachsoldaten.«[43]

Mustafa Kemal verlässt seine Villa in Çankaya noch in derselben Nacht und schreibt Latife einen Trennungsbrief. Sein Adjutant, der den Brief übergibt, ist beauftragt, Latife zu ihren Eltern nach Izmir zu bringen.

Damit endet diese Ehe im August 1925 nach nur zweieinhalb Jahren. Latifes Versuche, Mustafa Kemal umzustimmen, scheitern. Latife wird nie wieder heiraten und bis zu ihrem Tod im Jahr 1975 niemals öffentlich über ihre Ehe sprechen.

Ein Jahr nach der Trennung sagt Mustafa Kemal zu dem italienischen Bildhauer Pietro Canonika, der mit der Herstellung seiner Statue beauftragt worden ist:

»Vielleicht war das Eheleben nichts für mich. Es ist auf jeden Fall sehr schwierig, eine feinfühlige Frau zu finden, die das rechte Gespür für die Rolle an der Seite eines Mannes hat, der politische Größe besitzt und noch manche Ziele vor sich hat. Meine Frau hat dieses Verständnis nicht aufgebracht, deswegen musste ich mich von ihr trennen.«[44]

Auch Mustafa Kemal heiratet nie wieder, aber er adoptiert später mehrere kleine Mädchen und einen Jungen. Zwar gibt er sich als moderner aufgeklärter Staatsmann, doch stellt er für seine Adoptivtöchter einen schwarzen Eunuchen als Diener ein, so wie es im Harem der osmanischen Sultane Brauch war.

Mustafa Kemal adoptiert nicht nur kleine Mädchen, sondern auch junge Frauen. Im September 1925 trifft er in Izmir die achtzehnjährige Tochter eines alten Bekannten. Ohne Umschweife trifft er seine Entscheidung, die er dem Inspektor der 2. Armee, Fahrettin (Alpay), mitteilt:

»Ihre Familie ist uns so nahe gewesen wie unsere eigenen Verwandten. Ich habe mich gefreut, ihr hier zu begegnen. Ihre Mutter ist tot, und ihr Vater hat eine junge Frau geheiratet. Um ihren Lebensunterhalt zu verdienen, arbeitet sie als Lehrerin. Sie möchte zwar studieren, ihre finanziellen Möglichkeiten sind aber sehr beschränkt. Sie hat es akzeptiert, meine Tochter zu sein. Sie wird mit mir nach Ankara kommen und dort neben ihrer Tätigkeit als Lehrerin auch studieren. Ich werde für ihre Fortbildung sorgen.«[45]

Die Adoption der jungen Frau wird allerdings in der Öffentlichkeit für Gesprächsstoff sorgen. Es verbreiten sich Gerüchte, dass die Adoptivtochter Afet und er eine intime Beziehung hätten. Das ist jedoch bis heute nicht erwiesen. Afet bekommt später von Mustafa Kemal den Nachnamen »Inan«, d. h. »glaube mir«, verliehen und begleitet ihren Gönner noch lange Zeit als Privatsekretärin. Erst nach seinem Tod wird sie heiraten. Später lehrt sie an der Universität Ankara, allerdings stets von dem unausgesprochenen Vorwurf ihrer Kollegen begleitet, ihren Professorentitel und ihren Lehrstuhl an der Universität allein ihrer Beziehung zu Mustafa Kemal zu verdanken.

Nach der Trennung von Latife sucht Mustafa Kemal noch stärker als zuvor im Alkohol, im Spiel und in der Gesellschaft von Frauen Ablenkung. Die laufenden Regierungsgeschäfte überlässt er immer mehr seinem Premierminister und treuen Gefolgsmann Ismet. Er selbst bereitet die nächsten einschneidenden Reformen vor.

Der Reformer

Als ein Journalist Mustafa Kemal nach seiner größten Errungenschaft fragt, antwortet dieser:

»Fragt mich nicht nach dem, was ich getan habe, sondern nach dem, was ich noch tun werde.«

Für einen osmanischen Offizier hat Mustafa Kemal ein ausgeprägtes politisches Bewusstsein. Noch immer ist er lernbegierig, beobachtet das Weltgeschehen und schmiedet Reformpläne. Als Staatspräsident versucht er, seine politischen Ideale, für die er sich schon als junger Mann einsetzte, zu verwirklichen. Für diese Ziele ist er sogar bereit, seine nächsten Freunde zu opfern, sollten sie ihm im Wege stehen.

1925 ist der jetzt Vierundvierzigjährige noch am Anfang seiner Pläne, aus der Türkei einen modernen Staat nach westlichem Vorbild zu machen. Das ist in einem Land, das bis zur Abschaffung des Kalifats als Mittelpunkt der islamischen Welt galt, kein einfaches Unterfangen. Seine Vorbilder findet Mustafa Kemal aber auch in der osmanischen Geschichte. Vor hundert Jahren hatte Sultan Mahmut II. die Spezialeinheiten der Sultane, die Janitscharen, mit ihren traditionellen Trachten abgeschafft und eine neue Kopfbedeckung eingeführt, den Fes, der im Mittelmeerraum vorwiegend von Griechen getragen wurde. Im Jahre 1829 verpflichtete ein Gesetz alle Beamten, einen solchen Fes zu tragen, der gegenüber dem Turban als Symbol des Fortschritts galt. Obwohl viele Gläubige den Fes nach seiner Einführung ablehnten, setzte er sich bald überall durch. Er wurde schließlich sogar zum Symbol des Osmanischen Reiches und zum festen Bestandteil der islamischen Kultur.

Im Jahre 1925 ist der Fes für Mustafa Kemal dagegen ein Zeichen der Rückschrittlichkeit. Die Kleidung nach europäischem Vorbild repräsentiert in seinen Augen den gesellschaftlichen Fortschritt. Die äußere Anpassung an die europäische Zivilisation ist in seinen Augen unumgänglich, wenn aus der Türkei ein moderner Staat werden soll. Das bedeutet allerdings, dass er sich über tief im türkischen Volk verwurzelte Traditionen hinwegsetzen muss.

Verstöße gegen den Islam sowie jegliche Kritik an den religiösen Normen sind in der türkischen Gesellschaft auch nach Mustafa Kemals laizistischen Errungenschaften sehr heikel. Wer die religiösen Gefühle des Volkes verletzt, setzt sich harscher Kritik aus. Einer der Gründe, warum die Jungtürken bei der türkischen Bevölkerung unbeliebt waren, war ihre modernistische Politik, die stets mit »Gottlosigkeit« in Verbindung gebracht wurde.

Mustafa Kemal will aber noch konsequenter als die Jungtürken handeln. Bei der Durchführung der geplanten Reformen soll auf die Gefühle des Volkes keine Rücksicht genommen werden. Kurz nach dem Sieg über die Griechen hält er im kleinen Kreis eine Rede, in der er sein geplantes Vorgehen schildert:

»Wie Sie wissen, dauerte die französische Revolution etwa hundert Jahre. Zu glauben, dass man innerhalb von drei Jahren eine Revolution zu Ende bringen kann, wäre ein Irrtum. Man kann zeitweise sicherlich Kompromisse eingehen. Aber wir werden nur dann siegen, wenn wir den Glauben an das Erringen unserer Ziele nicht aufgeben. Wenn wir sagen, wir wollen auch die islamischen Gelehrten und die Welt des Islams zufrieden stellen, so könnten wir das sicherlich erreichen. Aber wir würden uns dadurch von unseren Zielen entfernen. Mit einer rücksichtsvollen Politik kann man keine grundlegende Revolution machen.«[46]

Mustafa Kemal ist fest entschlossen, ohne Kompromisse zu handeln. Am 25. August begibt er sich – in westlicher Kleidung mit einem Panamahut – auf eine »Umerziehungsreise« durch das Land. Er benutzt den Hut vor allem, um die Menschen damit zu grüßen und trägt ihn eher selten. Viele Türken, die an den Bahnhöfen auf seine Ankunft warten, machen es ihm nach und ziehen vor ihm ihr Kalpak aus Lammfell und ihren Fes.

In den Städten Çorum, Kastamonu und Inebolu, nördlich von Ankara, hält Mustafa Kemal lange Ansprachen, in denen er sehr direkt die religiösen Anschauungen der Bevölkerung kritisiert:

»Das hier ist ein Hut. Es gibt Menschen, die behaupten, dass die Religionsgesetze so etwas verbieten. Erlauben Sie mir zu sagen, dass sie unwissend sind. Ich frage sie: ›das Tragen des griechischen Fes ist ihnen erlaubt, warum sollte also dies hier verboten sein?...‹ Unsere Ideen und unser Weltbild werden von Kopf bis Fuß zivilisiert sein. Wir werden solche (unwissenden) Leute nicht beachten. Sehen Sie sich doch die gesamte islamische Welt an! Weil sie ihr Weltbild nicht der Zivilisation angepasst haben, befinden sie sich in einem so katastrophalen Zustand und in einer so großen Not. Auch wir sind deswegen so unterentwickelt und stecken im Schlamm des Elends... Wohlstand, Glück und Menschlichkeit sind nur dadurch (durch die Zivilisation) zu erreichen.«[47]

Auf dieser Reise erwähnt der Staatspräsident zum ersten Mal, dass die Derwischklöster geschlossen werden sollten:

»Die Republik Türkei darf nicht das Land der Scheichs, der Derwische und Muhriten (jemand, der sich ganz seinem Glauben widmet) sein. Der einzig richtige Weg ist der der Zivilisation.«[48]

Der Einfluss der Derwische auf die Bevölkerung ist nicht groß, und die Zahl der Ordensmitglieder ist geringfügig. Das Verbot der Derwischklöster ist nur der Beginn einer wichtigen Reform: die Verbannung der Religion aus dem öffentlichen Leben.

Als Mustafa Kemal nach Ankara zurückkommt, begrüßen ihn die Menschen am Straßenrand mit ihren neuen Panamahüten. Die äußerliche Veränderung der türkischen Gesellschaft vollzieht sich in kaum vorstellbarem Tempo. Am 2. September 1925 verbietet ein Gesetz das Tragen religiöser Trachten wie Pluderhosen und Turbane. Lediglich Gebetsvorsteher und islamische Gelehrte dürfen sie noch tragen, und das auch nur, wenn sie in den Moscheen predigen, Trauungen vollziehen oder an Beerdigungen teilnehmen. Das Kabinett beschließt auch, die Derwischklöster zu schließen und ihr Vermögen zu verstaatlichen, um die angeblich »religiösen« Aufstände, wie jenen von Scheich Sait, im Keim zu ersticken. Erneut gehen die Menschen überall im Land auf die Straße und protestieren gegen die Schließung der islamischen Schulen und das Verbot der religiösen Orden, indem sie die »Gottlosigkeit der Regierung« anprangern. Auch hier bekämpfen die mobilen Unabhängigkeitsgerichte die Proteste mit harten Strafen. Acht Menschen werden hingerichtet, und mehr als vierzig Aufständische bekommen Haftstrafen von bis zu fünfzehn Jahren.

Die Schließung der Derwischklöster macht Mustafa Kemal sehr zu schaffen, weil er seit seiner Kindheit mit der mystischen Lehre der Derwische sympathisiert. Jahre später, bei einem Besuch in Konya im Jahre 1931, wird er von dem Derwischorden der Mewlewis zu einer religiösen Zeremonie eingeladen, die jetzt offiziell als »Kulturveranstaltung« bezeichnet wird. Nach einem eindrucksvollen Derwischgesang spricht Mustafa Kemal dem Kommandanten seiner Schutzstaffel Ismail Hakkı Tekçe sein Bedauern darüber aus, dass er diesen Orden verbieten ließ:

> *»Wenn andere religiöse Bewegungen so erhaben wären wie diese, dann hätten wir die Derwischklöster nicht schließen müssen.«*[49]

Bereits drei Wochen später wird auch das Tragen der traditionellen osmanischen Kopfbedeckung, des Fes, in der Türkei gesetzlich verboten:

> *»Die Kopfbedeckung des türkischen Volkes ist der Hut. Andere Gewohnheiten, die dieser Anordnung widersprechen, sind strafbar.«*[50]

Wer in der Öffentlichkeit den Fes trägt, muss sogar mit einer Gefängnisstrafe rechnen. Der Hut mit Krempe soll zur nationalen Kopfbedeckung werden. Für die Armee wird die Schirmmütze zur Norm. Während den Zivilisten das Tragen des Hutes nur empfohlen wird, ist die europäische Kopfbedeckung für alle Beamten Pflicht.

Die europäischen Hutfabriken machen das Geschäft ihres Lebens. Ganze Schiffsladungen mit Hüten werden im Hafen von Istanbul gelöscht. Doch viele Türken können sich einen solchen Hut gar nicht leisten, und so tragen sie Hüte, die sie aus Zeitungspapier selbst basteln. Die merkwürdigsten Kopfbedeckungen kommen dabei ans Tageslicht. In abgelegenen Ortschaften Anatoliens sieht man Männer mit europäischen Damenhüten, weil Männerhüte ausverkauft waren.[51] Wie es manche Politiker vorausgesehen hatten, kommt es in vielen Städten zu heftigen Protesten. Die Polizei verhaftet Hunderte von Männern, die sich weigern, ihren Fes abzulegen. In Städten wie Erzurum und Rize ist der Widerstand gegen das neue Gesetz am größten. Die Regierung ruft in diesen Gebieten kurzerhand den Ausnahmezustand aus und geht mit außergewöhnlicher Härte gegen die Bevölkerung vor, die den europäischen Hut als »Symbol des Christentums« ablehnt. Das Vergehen der Angeklagten wird von den Richtern als Gefährdung der Republik Türkei und Aufstand gegen den türkischen Staat geahndet. Die berüchtigten Freiheitsgerichte sprechen in dieser Angelegenheit sogar 138 Todesurteile aus. Die Verabschiedung und Durchsetzung des Gesetzes geht in die türkische Geschichte als »Hutrevolution« ein.

Später begründet Mustafa Kemal in einer Rede sein konsequentes Handeln:

»Es war notwendig, den Fes abzuschaffen, der auf den Köpfen unsrer Nation als ein Zeichen der Ignoranz, der Nachlässigkeit, des Fanatismus und des Hasses gegenüber dem Fortschritt und der Zivilisation saß.«[52]

Die Europäisierung des Rechts

Am 26. Dezember 1925 wird der gregorianische Kalender, der die Geburt Jesu Christi zum Ausgang nimmt, als die offizielle Zeitrechnung der Türkei angenommen. Damit ist der islamische Kalender abgeschafft, der sich am Mondjahr orientiert und mit der Hidjra, der Reise Mohammeds von Mekka nach Medina, beginnt. Allerdings bleibt der Freitag, der in allen islamischen Ländern der heiligste Wochentag ist, weiterhin arbeitsfrei. Erst 1935 wird der Sonntag als Ruhetag eingeführt.

Auch die türkische Justiz wird europäisiert. Dabei ändert Mustafa Kemal nicht nur einzelne Artikel des osmanischen Bürgerlichen Gesetzbuches, das aus dem 19. Jahrhundert stammt, sondern schafft es ganz ab. Nach langen Beratungen entscheidet sich die Kommission, die mit der Ausarbeitung eines neuen Gesetzbuches beauftragt worden ist, das Bürgerliche Gesetzbuch der Schweiz zu übernehmen, das aus dem Jahre 1907 stammt. Eine Gruppe von 26 Juristen bearbeitet und übersetzt das Schweizer Gesetzbuch, das am 17. Februar 1926 durch den Beschluss der Großen Nationalversammlung eingeführt werden kann. Im Oktober desselben Jahres tritt es in Kraft. Darüber hinaus wird auch das Schweizer Insolvenzrecht übernommen. Die zukünftigen türkischen Strafgesetze hingegen übernimmt man von den Italienern und das Handels- und Seerecht von den Deutschen.

Mustafa Kemal jedoch hält sich weiterhin an seine eigenen Gesetze:

»Die Revolutionsgesetze stehen über allen vorhandenen Gesetzen. Solange man uns nicht tötet und die Ideen in unseren Köpfen nicht erstickt, wird diese Revolution, die wir begonnen haben, nicht gestoppt werden können.«[53]

Die Einführung des neuen Bürgerlichen Gesetzbuches bedeutet zugleich die Aufhebung der Scharia, des islamischen Rechts. Die Polygamie und die einseitige Scheidung durch den Mann werden abgeschafft. Im Koran heißt es:

»Wenn ihr fürchtet, sonst den Waisen nicht gerecht werden zu können, nehmt euch als Frauen, was euch gut erscheint, zwei, drei oder vier. Doch wenn ihr

fürchtet, ihnen nicht gerecht werden zu können, dann heiratet nur eine oder diejenigen, die ihr von Rechts wegen besitzt.«[54]

Dieser Koranvers war für viele Menschen die Grundlage der Mehrehe. Das neue Bürgerliche Gesetzbuch sieht aber nur die Einehe vor, und es führt die Zivilehe und die gerichtliche Scheidung ein. Im Osmanischen Reich reichte es aus, wenn ein Mann drei Mal zu seiner Frau sagte: »Verlass mein Haus«, um offiziell von ihr geschieden zu sein. Die Frau hatte dabei kein Einspruchsrecht. Mit dem Inkrafttreten dieses Gesetzes ist das nun nicht mehr möglich. Über eine Scheidung können nur noch die Gerichte entscheiden. Nach dem neuen Gesetzbuch dürfen nun auch Moslems und Nicht-Moslems miteinander eine rechtsgültige Ehe eingehen und die Erwachsenen ihre Religion frei wählen.

Mit den Reformen im juristischen Bereich verbessert sich die Stellung der Frau im öffentlichen Leben erheblich. Mädchen wird die Möglichkeit einer höheren Schulbildung eröffnet, also auch der Zugang zu Universitäten und zum Berufsleben. Ab jetzt können in der Türkei Männer und Frauen gemeinsam studieren. 1931 legen die ersten 33 Frauen an der Universität Istanbul ihr Examen ab. Die Zahl der Schülerinnen beträgt im selben Jahr über 9 000, was zuvor unvorstellbar war. Das Türkische Bürgerliche Gesetzbuch sieht auch innerhalb der Familie die Gleichheit von Frau und Mann vor. Mustafa Kemal verteidigt in seinen Reden die neuen Errungenschaften im gesellschaftlichen Leben:

»Wenn sich eine Gesellschaft damit begnügt, dass nur eines von beiden Geschlechtern in den Genuss der Errungenschaften des Jahrhunderts kommt, dann bleibt diese Gesellschaft mehr als zur Hälfte schwach.«

Allerdings sind die Reformen nicht bis ins letzte konsequent. Zwar sind Frauen und Männer vor dem neuen Gesetz gleich, aber die Frauen dürfen ohne die Erlaubnis ihrer Männer weiterhin weder arbeiten noch außer Landes reisen. Eine noch radikalere Veränderung der Gesellschaftsstruktur will man vorerst nicht riskieren. Auch in den anderen Gesetzesbüchern gibt es Defizite. Das neue türkische Strafgesetzbuch, das am 1. März 1926 in Kraft tritt, wird fast vollständig von Mussolinis Italien übernommen. Die faschistischen Artikel, die u.a. marxistische Aktivitäten im Lande verbieten, werden die Republik Türkei noch lange begleiten.

Am 17. Dezember 1925 wird der Nichtangriffs- und Neutralitätsvertrag zwischen der Sowjetunion und der Türkei unterzeichnet. Der Vertrag sieht folgendes vor:

»Art. 1. Im Falle eines militärischen Überfalls gegen einen der Vertragspartner durch eine oder mehrere Mächte ist der andere Vertragspartner verpflichtet, gegenüber dem ersten Vertragspartner Neutralität zu bewahren. (...)

Art. 2. Jeder Vertragspartner übernimmt es, sich jeder Aggression gegen den anderen zu enthalten; er verpflichtet sich gleicherweise, an keinem Bündnis oder Übereinkommen politischen Charakters mit einer oder mehreren anderen Mächten, die gegen den anderen Vertragspartner gerichtet sind, teilzunehmen (...). Weiterhin verpflichtet sich jeder Vertragspartner, an keiner feindseligen Handlung durch eine oder mehrere andere Mächte, die gegen den anderen Vertragspartner gerichtet sind, teilzunehmen.«[55]

Fünf Monate später, im April 1926, schließt die Türkei auch mit dem Iran einen Freundschaftsvertrag. Mit diesen Verträgen reagiert Mustafa Kemal auf den Beschluss des Internationalen Gerichtshofs in Den Haag, der das erdölreiche kurdische Gebiet Mosul dem britischen Mandat im Irak zuspricht. Letztendlich bewirken diese strategischen Absprachen nicht viel, und Mosul bleibt weiterhin unter englischer Kontrolle.

Auch wenn Mustafa Kemal mit den Sowjetrussen Freundschaftsverträge schließt, handelt es sich dabei nur um eine Zweckgemeinschaft:

»Zu den Russen haben wir gute freundschaftliche Kontakte. Aber es gibt etwas, was diese Freundschaft nicht zu einer innigen Beziehung werden lässt. Die Russen wollen Freunde der Türken werden. (...) Aber sie wollen, dass sich die Türkei bedingungslos ihrer Politik unterordnet und dieselben Ziele verfolgt wie sie. Sie wollen sogar die inneren Strukturen dieses Landes ihren eigenen anpassen.«[56]

Am 5. Juni 1926 unterzeichnen die Türkei und Großbritannien einen Vertrag, in dem die türkische Seite das Gebiet Mosul endgültig an den britisch-verwalteten Irak abtritt. Das Abkommen sichert der Türkei jedoch für die Dauer von 20 Jahren einen Anteil von 10 Prozent an der Ausbeute der Ölquellen und eine einmalige Entschädigung in Höhe von 500.000 Pfund Sterling zu.

Ein Mordkomplott und die Abrechnung mit der Opposition

Im Mai 1926 begibt sich Mustafa Kemal auf eine Westanatolienreise, um die Ortsverbände seiner »Republikanischen Volkspartei« zu besuchen und sich mit den lokalen Politikern auszutauschen. Am 15. Juni – einen Tag vor Mustafa Kemals Ankunft in Izmir – meldet sich ein türkischer Flüchtling aus Kreta bei der Polizei und teilt ihr mit, dass er Teil eines geplanten Mordkomplotts gegen Mustafa Kemal sei. Drei Attentäter würden ihm in Izmir auflauern, um ihn zu töten. Bei einer Razzia kann die Polizei tatsächlich die drei beschriebenen Männer mit ihren Waffen in einem Hotel festnehmen. Nicht nur die Attentäter, sondern auch der Auftraggeber hält sich noch in Izmir auf und wird nach der Vernehmung seiner Komplizen ebenfalls festgenommen. Es handelt sich um Ziya Hurşit, einen ehemaligen Abgeordneten der Fortschrittspartei. Nach dessen Aussagen stellt sich heraus, dass an dem Mordkomplott auch der Abgeordnete und Freund Mustafa Kemals, Oberst Arif, sowie der Abgeordnete Şükrü – ein ehemaliges Mitglied der Jungtürkenbewegung – beteiligt sind. Obwohl erwiesen ist, dass es sich um Einzeltäter handelt, nutzt Mustafa Kemal diesen Attentatsversuch, um mit der Opposition endgültig abzurechnen. Denn bisher konnte er die Führer der »Republikanischen Fortschrittspartei« Ali Fuat, Kazım Karabekir, Refet Pascha und Rauf Pascha, die in der Bevölkerung großen Rückhalt genießen, nicht ohne weiteres aus der Nationalversammlung verbannen. Ein angeblicher Mordkomplott jedoch ist Grund genug, sie kalt zu stellen. So wird der Attentatsversuch zur Staatsaffäre, um das spätere Vorgehen gegen die Opposition zu rechtfertigen.

»Ohne Zweifel galt dieser Mordversuch nicht nur meiner Person, sondern unserer Republik und ihren Grundsäulen. Mein Leib wird sich eines Tages in Erde verwandeln, aber die Republik Türkei wird für immer fortleben.«[57]

Mustafa Kemal beauftragt Premierminister Ismet, das berüchtigte Freiheitsgericht von Ankara nach Izmir kommen zu lassen. Er selbst lässt sich in der kleinen Stadt Çesme nahe Izmir nieder, um von hier aus auf die Gerichtsverhandlungen Einfluss nehmen zu können.

Noch vor dem Beginn der Verhandlungen wird eine Reihe von Abgeordneten der oppositionellen »Republikanischen Fortschrittspartei« wegen Fluchtgefahr verhaftet. Zum Gerichtspräsidenten wird Kel Ali (Çetinkaya) ernannt, der wegen seiner zahlreichen Todesurteile gegen die Kurden auch »Richter Hinrichter« genannt wird. 26 führende Persönlichkeiten der Opposition werden nach Izmir gebracht. Am 26. Juni 1926 beginnt der Schauprozess, in dem unter anderem auch die Generäle Kazım Karabekir, Refet Pascha, Ali Fuat und andere Anführer der inzwischen aufgelösten oppositionellen Republikanischen Fortschrittspartei als Drahtzieher des Mordkomplotts angeklagt werden. General Kazım Karabekir, der als kommandierender General mit seiner Armee den Befreiungskrieg unterstützt und sich dem Befehl des Sultans zur Verhaftung Mustafa Kemals widersetzt hatte, ergreift während der Verhandlung das Wort:

»Nach der Kapitulation war ich (als General mit meiner Armee) die einzige verbliebene Kraft des Landes. Ich habe mich in dieser schlimmen Lage allen Schwierigkeiten entgegengestemmt, und wir haben Mustafa Kemal zu unserem Anführer gemacht. Aber alle Revolutionen ähneln sich: sobald man das Ziel erreicht hat, umgeben (den Anführer der Revolution) schnell irgendwelche Schmarotzer, die den alten Zusammenhalt zerschlagen.«[58]

Nach einer Besprechung mit den Mitgliedern des Freiheitsgerichts reist Mustafa Kemal nach Ankara zurück. Vier Tage nach seiner Abreise, am 12. Juli 1926, fällt das »Freiheitsgericht« sein Urteil. Dreizehn Oppositionelle, darunter auch der einstige enge Freund Mustafa Kemals, Oberst Arif, und weitere sechs Abgeordnete der Oppositionspartei, werden einen Tag später in Izmir hingerichtet. Die drei Anführer der Opposition, die Generäle Ali Fuat, Kazım Karabekir und Refet Pascha, werden zur Überraschung vieler Beobachter freigesprochen. Mustafa Kemal will seine Popularität sichtlich nicht vollends aufs Spiel setzen. Später wird er zu Ali Fuat sagen, dass er die Generäle nur seinetwegen amnestiert habe, weil er ihn als seinen Freund sehr schätze.[59] Der wahre Grund dürfte aber seine Furcht vor dem starken Rückhalt gewesen sein, den die oppositionellen Generäle in der Bevölkerung genießen.

Trotz des Freispruchs sind die Paschas durch den Prozess kompromittiert und ziehen sich enttäuscht aus der Politik zurück. Kazım Karabekir schreibt in seinen Memoiren, deren Veröffentlichung zu Mustafa Kemals Lebzeiten stets verhindert wird:

> *»Nach dem Sieg wurden die Wahrheiten des Befreiungskrieges, die Entwicklungen und die Ideen in diesen gefährlichen Tagen von manchen Nutznießern überdeckt und verfälscht. Die gesamte Leistung wurde einem einzigen Menschen zugesprochen, und die Gegenwart und die Zukunft der Bevölkerung wurden in eine Hand gelegt. So wurden die Wahrheit und die Freiheit in Ketten gelegt und in den Kerker eingesperrt. (...)«*[60]

Mustafa Kemal schaltet mit dem Urteil von Izmir die drei Generäle als die wichtigsten Repräsentanten der Opposition aus der Politik aus. Das Schicksal der dreizehn Männer, die wegen des Mordkomplotts hingerichtet wurden, dient ihm gegenüber den anderen Oppositionellen als Drohung.

Am 8. August 1926 hält der Staatspräsident in der Nationalversammlung eine Rede mit folgendem Wortlaut:

> *»Ich habe die Armee erobert. Ich habe das Land erobert. Ich habe die Macht erobert. Warum darf ich nicht auch mein Volk erobern? Die Männer, die diese Nacht gestorben sind, hatten die Absicht, mir dies zu untersagen. Sie wollten mich von dem trennen, was der einzige Inhalt meines Lebens ist: dem türkischen Volk. Ich habe ihre Köpfe rollen lassen, und so werde ich jedes Mal handeln, sobald man wieder versucht, sich zwischen mich und das Volk zu drängen (...). Ich bin die Türkei. Mich vernichten wollen bedeutet: die Türkei selbst vernichten wollen. Sie atmet nur durch mich, und ich lebe nur durch sie (...). Blut ist geflossen. Das war notwendig. Ihr wisst, dass Revolutionen mit Blut begründet werden müssen. Eine Revolution, die nicht mit Blut zementiert ist, hat nie Bestand. Ich will, dass mein Werk mich überlebt. Jede große Bewegung muss*

ihre Wurzeln in die Tiefe der Volksseele senken: das ist die wahre Quelle jeder Kraft und jeder Größe. Alles andere ist nichts als Trümmer und Staub. (...) Ich werde mein Volk an der Hand führen, bis seine Schritte sicher sind und bis es seinen Weg kennt. Dann wird es seinen Führer frei wählen und sich selbst regieren können. Dann wird mein Volk vollendet sein, und ich werde mich zurückziehen können. Aber vorher nicht.« [61]

Mustafa Kemals Abrechnung mit der Opposition ist noch nicht beendet. Zwar sind die Generäle aus der Politik verbannt worden, aber eine zweite Gruppe von Oppositionellen, die besonders in Istanbul eine breite Basis hat und ihm allein schon deswegen ein Dorn im Auge ist, muss noch unschädlich gemacht werden. Es handelt sich um Anhänger oder ehemalige Mitglieder der Jungtürken-Bewegung, die in manchen Schichten immer noch große Sympathien genießt.

In Ankara entscheidet man, dass nach dem Attentatsprozess von Izmir ein zweiter Prozess in der Hauptstadt stattfinden soll. Er soll sich in erster Linie gegen das Komitee »Einheit und Fortschritt« richten. Zwar sind die Attentäter, die das Mordkomplott geschmiedet haben, ehemalige Jungtürken, doch eine Beteiligung weiterer Gesinnungsgenossen ist nicht erwiesen. Trotzdem werden die wichtigsten Repräsentanten der Jungtürken, unter ihnen der ehemalige Wirtschaftsminister Cavit Bey, verhaftet. Seine Frau berichtet, wie Cavit von dem Mordkomplott erfuhr:

»Ich ging zum Club. Als ich dort hörte, dass man in Izmir ein Attentat gegen Atatürk verüben wollte, kam ich bestürzt nach Hause. Cavit saß am Arbeitstisch.

›Hast du gehört, was geschehen ist? (...) Es hat einen Attentatsversuch gegeben!‹, sagte ich.

›Gegen wen?‹, fragte er und sprang auf.

Als ich ›Gegen Mustafa Kemal Pascha‹, sagte, schimpfte er – das werde ich nie vergessen:

›Gott soll sie bestrafen. (...) Was soll aus diesem Land werden? Das ist doch eine große Sünde. Wie kann man so etwas tun?‹.« [62]

Viele Beobachter haben das Gefühl, dass Mustafa Kemal in diesem Prozess letztlich mit seinem inzwischen verstorbenen Widersacher Enver Pascha abrechnen möchte.

Am 2. August nimmt das Freiheitsgericht in Ankara die Verhandlungen im zweiten Mordkomplott-Prozess auf. Unter den sechsundvierzig Angeklagten sind auch Mustafa Kemals Kampfgefährte Rauf (Orbay), Doktor Adnan und dessen Frau, die Schriftstellerin Halide Edip (Adıvar), die sich zu diesem Zeitpunkt im Ausland aufhalten. Am 26. August 1926 wird das Urteil gefällt. Vier Mitglieder der Jungtürkenpartei *Einheit und Fortschritt* werden zum Tode verurteilt, Rauf erhält zehn Jahre Haftstrafe. Der ehemalige Wirtschaftsminister und Jungtürke Cavit Bey wird trotz der Proteste auch Mustafa Kemal nahe stehender Personen wegen Beteiligung am Mordkomplott hingerichtet.

Der Staatspräsident scheint mit der gründlichen Ausschaltung der Opposition seine Rede bestätigen zu wollen, die er drei Jahre zuvor, im Januar 1923, in Bursa gehalten hatte:

»Revolutionen, die blutig sind, sind unerschütterlicher. Eine Revolution ohne Blut kann nicht für ewig sein.« [63]

Nun gibt es in der politischen Arena kaum noch jemanden, der es wagt, sich Mustafa Kemal und seinen Ideen zu widersetzen.

Reformen im Alleingang

In den Jahren 1926/27 werden ausländische Bildhauer beauftragt, erste Statuen Mustafa Kemals anzufertigen. Bald werden auf den zentralen Plätzen wichtiger Städte wie Ankara, Istanbul, Konya und Samsun Denkmäler aufgestellt, die schon zu Lebzeiten einen Mythos aus ihm machen. Diese Tradition wird bis heute fortgeführt. Die Aufträge für die Künstler und Handwerker haben im Laufe der Zeit eher zugenommen. Statuen Mustafa Kemals, die ihn als General oder als zivilen Staatsmann in westlicher Kleidung zeigen, werden in türkischen Gießereien in großer Anzahl hergestellt. Selbst im kleinsten Dorf des Landes steht ein Denkmal von ihm, in jeder türkischen Schule, in jedem öffentlichen Gebäude.

Im dritten Jahr der Gründung der Republik ist Mustafa Kemal der uneingeschränkte Herrscher der Türkei. Von seiner Residenz in Çankaya aus, wo er täglich Besucher aus dem In- und Ausland empfängt, formt er das Land nach seinen eigenen Maßstäben. Nicht nur in der Politik, sondern auch in Wirtschaftsfragen versucht die Regierung in Ankara neue Wege zu gehen.

Eine der Ursachen für die wirtschaftlichen Schwierigkeiten ist die Vertreibung der christlichen Geschäftsleute. Den wenigen Handelshäusern, die in den Händen der Minderheiten verblieben waren, wurde durch eine Reihe von Gesetzen vorgeschrieben, einen bestimmten Prozentsatz türkischer Angestellter einzustellen. Die Ausübung vieler Berufe wurde Ausländern verboten.

Trotz mancher Rückschläge versucht die türkische Regierung gezielt, die Wirtschaft vom Einfluss ausländischer Banken und Unternehmen zu befreien. Allerdings werden seit 1923 ausländische Baufirmen erneut vom türkischen Staat beauftragt, die Eisenbahnstrecken des Landes auszubauen – es handelt sich dabei um ein belgisches, ein schwedisch-dänisches Konsortium und die deutsche Julius Berger-Bau-Union. Anders als zur Zeit des Sultans Abdülhamit können diese Firmen jedoch keine Eigentumsrechte an den neuen Strecken erwerben. Eigentümer der Eisenbahnstrecken ist der türkische Staat. Es soll ein Eisenbahnnetz in Anatolien entstehen, mit dessen Hilfe die Agrarwirtschaft gefördert werden kann.

Von 1923 bis 1940 werden 3.624 km Eisenbahnstrecke gebaut. Hinzu kommen die bereits bestehenden 3.220 km, die der türkische Staat von den ausländischen Gesellschaften zurückkauft. Für die nunmehr verstaatlichten Eisenbahnen zahlt die türkische Regierung 350 Millionen Schweizer Franken. Damit wird der Haushalt schwer belastet, und der Steuerdruck auf die Bevölkerung nimmt zu. Eine andere Last, die der neue Staat zu tragen hat, sind die osmanischen Staatsschulden. Der Anteil, den die Türkei abzuzahlen hat, wird 1928 auf 84 Millionen türkische Pfund in Gold festgesetzt. Mit der Verstaatlichung der Eisenbahnstrecken beginnt der unfreiwillige Rückzug der ausländischen Firmen aus der Türkei. Ein Prozess, der für den jungen Staat nicht einfach ist, denn zahlreiche Bereiche des Wirtschaftslebens befinden sich in ausländischer Hand. Während das deutsche Kapital im Verkehrswesen dominiert, beherrschen den Bergbau französische und italienische Monopole. Die Elektrizitätsversorgung in den Städten ist vornehmlich in den Händen belgischer Konzerne. Bei den Industrieunternehmen geben die englischen Firmen den Ton an, bei den Banken die Deutschen und Franzosen. Im Zeitraum von 1923 bis 1933 verringern die Verstaatlichungen die Summe der ausländischen Kapitalanlagen in der Türkei von 142 Millionen Pfund Sterling auf 26 Millionen, d. h. um 84 Prozent.[64] Die Rückkäufe der Regierung in Ankara und die Verstaatlichung der Industrie dauern bis in die vierziger Jahre an. Die Zahl der türkischen Betriebe, die vom Staat unterstützt werden, vervierfacht sich von 1927 bis 1933 auf 1.473. Die französischen und britischen Unternehmen reagieren auf das türkische Vorgehen mit einem Boykott, der bis in die Mitte der dreißiger Jahre anhält und spürbare Folgen hinterlässt. Am Ende muss der Boykott doch aufgeben werden, da sich der Aufbau einer eigenen türkischen Industrie nicht verhindern lässt.

Die entstandene Lücke sollen türkische Industrielle füllen. Durch strenge Sparmaßnahmen erzielt die Regierung seit 1925 einen dauerhaften Haushaltsüberschuss. Mit dem Gesetz »Zur Förderung der Industrie« greift der Staat ab 1927 den privaten Unternehmern unter die Arme. Durch dieses Gesetz können private Geschäftsleute staatliche Grundstücke und Gebäude unentgeltlich erwerben. Darüber hinaus werden ihnen Steuerbefreiungen, ermäßigte Transportkosten und Zollerleichterungen gewährt. Zudem verpflichtet das Gesetz die staatlichen Behörden, den heimischen Produkten beim Kauf den Vorzug zu geben, auch wenn sie um maximal 10 Prozent teurer sind als die ausländischen Waren.

Ebenso wird die Landwirtschaft gefördert. Denn vier Jahre nach dem Krieg kann die Bevölkerung noch immer nicht aus eigener Produktion ernährt werden und muss Getreide importieren. Die durchschnittliche Größe der bäuerlichen Betriebe liegt bei 10 Hektar. Oft sind die Bauern gezwungen, auf den Ländereien der Großgrundbesitzer zu arbeiten oder Land von ihnen zu pachten. Das bedeutet, dass sie die Hälfte des Ernteertrages abführen müssen.

Die Regierung reformiert die Landwirtschaft. Personen, die Staatsland erblich gepachtet haben, werden zu vollen Eigentümern ihrer Grundstücke erklärt. Die Bauern können gegen eine Zahlung des zwanzigfachen Pachtzinses Ländereien aus dem Fundus der früheren religiösen Institutionen erwerben. Auch das von den Griechen verlassene Land steht zum Verkauf.[65] Ein Netz von Landwirtschaftsschulen und ein landwirtschaftlicher Unterricht in der Armee sollen für eine bessere Bildung auf diesem Gebiet sorgen. Für die Bauern sind Krediterleichterungen vorgesehen. Der Bau von Mustergütern und Bewässerungsanlagen sollen dazu beitragen, die Hektarerträge zu erhöhen und die Aussaatflächen zu vergrößern. Bald stellen sich erste Erfolge ein. Die Türkei verwandelt sich von einem Getreide importierenden Land in einen Getreideexporteur. Die Menge der anderen Exportgüter wie Baumwolle, Tabak, Wein und Oliven erfährt ebenso einen bedeutenden Aufschwung.

Die Ausfuhr der türkischen Produkte erhöht sich zwar durch die Regierungsmaßnahmen von 85 Millionen türkischen Pfund im Jahre 1923 auf 155 Millionen im Jahr 1929, allerdings übersteigen die Importe die Exporte noch immer um rund 70 Millionen türkische Pfund.[66]

Am 1. Juli 1927 besucht Mustafa Kemal zum ersten Mal nach acht Jahren Istanbul. Lange Zeit hatte er sich dagegen gewehrt, die Stadt zu betreten, weil er mit der ehemaligen Hauptstadt nur negative Erinnerungen verbindet. In einem Brief, den er 1924 an den Istanbuler Schriftsteller Yakup Kadri richtete, beschrieb er seine Empfindungen so:

»Die byzantinische Luft, die du atmest ist schwer, (...) Leider liegt in dieser Luft der Schmutz der Jahrhunderte. Die Republik wird Byzanz erziehen. (...) Wird das Ziel nur die Reinigung der Erde und der Steine sein, oder wird man dabei auch die Lebewesen reinwaschen, die unfähig sind zu denken?«[67]

Nun kehrt er in jene Stadt, die er als Aufständischer verlassen hatte, als Staatspräsident zurück. Tausende Menschen warten an den Straßenrändern, um den *Retter* und Staatsgründer zu sehen. Überall hängen die türkischen Fahnen, und vor dem ehemaligen Sultanspalast Dolmabahçe, in dem Mustafa Kemal während seines Aufenthalts wohnt, feuern die Kriegsschiffe zur Feier des Tages Kanonen ab.

> *»Dieses Serail gehört nun nicht mehr dem ›Schatten Gottes‹ (den Sultanen), sondern einem Volk, das die Wirklichkeit ist. Und ich bin glücklich darüber, mich hier als Gast dieses Volkes aufzuhalten.«* [68]

Auf dieser Reise adoptiert Mustafa Kemal erneut eine Achtzehnjährige namens Nebile, die er später nach Ankara mitnimmt. In den folgenden Jahren besucht er Istanbul regelmäßig und verbringt hier seine Sommerurlaube.

Am 10. September kehrt der Staatspräsident nach Ankara zurück. Dort wird etwa einen Monat später der Kongress der »Republikanischen Volkspartei« stattfinden. Am Eröffnungstag des Kongresses beginnt er seine berühmte Rede *Söylev*, die insgesamt sechs Tage dauern wird. Später wird diese Marathonrede Mustafa Kemals politisches Manifest darstellen. *Söylev* ist im Großen und Ganzen eine subjektive Schilderung und eine Abrechnung mit der Vergangenheit – weniger ein unparteiisches historisches Dokument. Ereignisse wie die Eliminierung der Opposition und die Unterdrückung der Kurden werden oberflächlich und einseitig abgehandelt. Mustafa Kemals Beziehung zu den Jungtürken – weder vor noch während des Befreiungskrieges – wird erst gar nicht erwähnt. Sein Freund Falih Rıfkı (Atay) sagt einmal, dass Mustafa Kemal diese Rede besser nicht hätte veröffentlichen sollen. Dennoch ist *Söylev* das wichtigste Dokument, um die Politik und das Denken Mustafa Kemals zu verstehen.

Zehn Tage nach dieser Rede wird Mustafa Kemal ein zweites Mal zum Staatspräsidenten gewählt. Am 10. April 1928 beschließt das Parlament, dass alle Gesetzesartikel, die die Interpretation zulassen, dass der Islam die offizielle Religion der Republik Türkei sei, modifiziert werden. Damit werden Staat und Religion endgültig getrennt. Die islamischen Geistlichen werden von einer besonderen Behörde, die dem Ministerpräsidenten untersteht, eingesetzt und bezahlt. Gleichzeitig fördert die Regierung aber auch das Bestreben der türkischen Geistlichen, den Islam zu modernisieren und zu »türkisieren«. Die Nationalversammlung vergibt für 4.000 türkische Pfund den Auftrag, den Koran aus dem Arabischen ins Türkische zu übersetzen. Mustafa Kemals Haltung zum Islam wird in den folgenden Worten deutlich:

> *»Die Prinzipien des Laizismus sind die erleuchtenden Grundrisse unserer Politik und unserer Verwaltung. Aber diese Prinzipien darf man nicht mit den Dogmen der Bücher gleichsetzen, von denen man annimmt, dass sie vom Himmel kommen. Unsere Inspiration beziehen wir nicht aus dem Himmel, sondern aus dem Leben.«* [69]

Mustafa Kemal sieht die dringende Notwendigkeit, auch im Bereich der Bildung grundlegende Reformen durchzuführen. Denn die Zahl der Analphabeten beträgt 1927 fast 90% der Gesamtbevölkerung. Obwohl eine Schulpflicht besteht, besuchen nur 23% der Kinder eine Grundschule. Erst in den 50er Jahren wird sich diese Zahl verdoppeln.[70]

Im Juli 1928 gründet Mustafa Kemal in Ankara ein Komitee, das die Einführung des lateinischen Alphabets in der Türkei vorbereiten soll. Die arabische Schrift soll im Lande abgeschafft werden. Die Sprachwissenschaftler arbeiten ein lateinisches Alphabet aus, das die türkischen Laute durch diakritische Zeichen (ein Komma unter einigen Konsonanten oder ein Akzent über manchen Vokalen) markiert. Als die Sprachkommission Mustafa Kemal mitteilt, dass die Verbreitung der lateinischen Schrift unter der Bevölkerung fünf bis zehn Jahre in Anspruch nehmen werde, erwidert er zornig:

»Entweder wird es innerhalb von drei Monaten geschehen, oder nie!«[71]

Ende August startet der Staatspräsident höchstpersönlich in Istanbul eine Propagandatour für die lateinische Schrift. Mit Hilfe einer Schiefertafel, die er im Garten des Dolmabahçe Palastes anbringen lässt, unterrichtet er seine Besucher. Alle Abgeordneten haben die Pflicht, die lateinische Schrift zu erlernen und werden anschließend in ihre Wahlbezirke geschickt, um die Bevölkerung zu unterrichten. Mustafa Kemal selbst zieht mit Tafel und Kreide durch den europäischen Teil der Türkei, um den Massen die Vorzüge der lateinischen Schrift zu erklären. Es geht um den geistigen Anschluss der Türkei an Europa. Die Erkenntnisse moderner Wissenschaft sollen uneingeschränkt zugänglich sein. Die Einführung des lateinischen Alphabets scheint Mustafa Kemal der Schlüssel dafür zu sein. Jeder Bürger im Alter von bis zu 45 Jahren wird verpflichtet, die neue Schrift zu lernen. Ein Gesetz vom 3. November 1928 macht die Verwendung des lateinischen Alphabets obligatorisch. Eine Woche später erklärt ein Regierungsbeschluss das ganze Land zu einer Schule, in der die lateinische Schrift unterrichtet werden soll. Die Artikel drei und vier der nationalen Schulordnung lauten:

»Jede Frau und jeder Mann ist ein Mitglied dieser Schule, und der Staatspräsident Mustafa Kemal ist ihr Oberlehrer.«

Mit dem neuen Alphabet werden jetzt auch die arabischen und persischen Wörter aus der Landessprache verbannt. Da der türkische Wortschatz nicht ausreicht, um sich auszudrücken, werden entweder entsprechend neue Wörter erfunden, oder es werden lateinische Begriffe entlehnt. Auch Mustafa Kemal produziert neue Vokabeln, die ins Türkische aufgenommen werden. Begriffe aus Technik und Wissenschaft werden meist aus den europäischen Sprachen abgeleitet.

Es folgt eine Phase, in der die Repräsentanten des türkischen Staates versuchen, eine nur aus türkischen Wörtern bestehende Sprache zu sprechen.

Nach dem Niedergang des Osmanischen Reiches, einem Vielvölkerstaat, entdeckt Mustafa Kemal den türkischen Nationalismus wieder, den vor ihm die Jungtürken als die neue Staatsideologie propagiert hatten:

»Unsere Ahnen, die große Staaten schufen, besaßen auch eine große und umfangreiche Kultur. Wir sind verpflichtet, diese zu suchen, zu erforschen und das Ergebnis den Türken und der Welt mitzuteilen. Sobald das türkische Kind seine Ahnen kennt, wird es in sich die Kraft verspüren, noch größere Taten zu vollbringen.«[72]

Nach der Türkisierung der Sprache arbeitet Mustafa Kemal gemeinsam mit seiner Adoptivtochter Afet eine Rassentheorie aus, deren geistiger Vater jedoch hauptsächlich er selbst ist. Die Thesen, die bald Schlagzeilen machen werden, sind jedoch genauso umstritten wie seine sprachwissenschaftlichen Theorien. Mustafa Kemal behauptet, dass die Türken das älteste Volk der Welt seien und die anderen Völker direkt oder indirekt von ihm abstammen würden.

Wirtschaftskrise und die Gründung der »Liberal-republikanischen Partei«

Nachdem Mustafa Kemal die Opposition mit undemokratischen Mitteln ausgeschaltet hat, gibt es in der Nationalversammlung kaum noch Regierungskritiker. Das Parlament besteht fast ausschließlich aus Anhängern Mustafa Kemals, die jeder Reform und jedem Gesetzesentwurf ohne Widerrede zustimmen. So werden auch die schweizerischen Konkurs- und Vollzugsgesetze und die deutschen Handelsgesetze im türkischen Parlament mit einstimmiger Mehrheit angenommen.

Die Wirtschaft des Landes erholt sich langsam von der Krise nach dem Krieg. Die Agrarproduktion kann dank der Reformen um mehr als zehn Prozent gesteigert werden, so dass fast die gesamte Exportware des Landes aus Trockenagrarprodukten besteht.

Allerdings wird auch die Türkei von der Weltwirtschaftskrise des Jahres 1928 erfasst. Als mit dem Zusammenbruch an der Wall Street auch die Preise des Getreides um zwei Drittel fallen, gerät die junge Republik in ihre bisher größte Wirtschaftskrise. Die Exporteinnahmen, die die Kosten der Importe ohnehin nicht decken konnten, schrumpfen nach dem Schwarzen Freitag in New York um die Hälfte.

Am 17. Dezember 1929 erweitern die Sowjetunion und die Türkei den 1925 unterzeichneten Nichtangriffs- und Neutralitätsvertrag. Darin verpflichten sich beide Staaten, mit keinem Nachbarstaat ohne die Zustimmung des anderen politische Abkommen zu schließen. Dieser Vertrag kann als Zeichen dafür angesehen werden, dass die Türkei – nach der Wirtschaftskrise der kapitalistischen Welt und ihren katastrophalen Auswirkungen nun die Nähe der sozialistischen Staaten sucht.

Mit der Krise werden jedoch erneut kritische Stimmen laut. Immer mehr Menschen bringen ihre Unzufriedenheit über die Regierung in Ankara öffentlich zur Sprache. Mustafa Kemal spürt, dass die Liebe und die Achtung, die das türkische Volk für ihn empfindet, schwindet. Zwar hat er einen neuen Staat gegründet und mit europäischen Gesetzen ausgestattet, doch statt demokratischer Staatsform existiert tatsächlich nur die Alleinherrschaft des Präsidenten. Seine Politik und die Reformen, die er für einen modernen Staat als unerlässlich betrachtet, werden dem Volk, das sie nie ganz nachvollziehen kann, regelrecht aufgezwungen.

Die von Mustafa Kemal gegründete, allein regierende Republikanische Volkspartei besteht mittlerweile fast nur noch aus willfährigen Anhängern. Politische Diskussionen finden im türkischen Parlament kaum noch statt. Auch in Europa werden kritische Stimmen über das Einparteienregime in Ankara laut. Mustafa Kemal gelangt mehr und mehr zu der Einsicht, dass die Mehrheitsdemokratie für eine moderne Republik unabdingbar ist. Eine neue Opposition soll den politischen Wettbewerb aufrechterhalten, damit die Nähe der Regierung zum Volk nicht verloren geht. Um der Alleinherrschaft seiner eigenen Partei ein Ende zu setzen, bittet Mustafa Kemal seinen alten Schulkameraden Fethi (Okyar), der ein Bewunderer des britischen Parlaments ist, eine Oppositionspartei zu gründen. Am 12. August 1930 wird die »Liberalrepublikanische Partei« ins Leben gerufen, die ihren Namen von Mustafa Kemal selbst verliehen bekommt.[73] Zu den Gründungsmitgliedern gehört auch seine Schwester Makbule. Für Mustafa Kemal stellt dieses politische Experiment die Möglichkeit dar, einer neuen Wirtschaftspolitik mit mehr Privatinitiative den Weg zu ebnen. Deshalb kritisiert der Vorsitzende der neuen Partei, Fethi (Okyar), besonders Ismets Wirtschaftspolitik und fordert mehr Spielraum für Privatunternehmer.

Doch die neu gegründete Partei droht das schwache Staatsgerüst der Republik aus den Angeln zu heben. Fethis Partei erhält entgegen allen Erwartungen großen Zulauf. Tausende Menschen bringen in den Veranstaltungen der neuen Partei ihren Missmut über die Regierungspolitik zum Ausdruck. Anhänger der verbotenen »Republikanischen Fortschrittspartei« und auch die Islamisten melden sich nun zu Wort. Manche ihrer Anhänger wiegeln die Bevölkerung zu Angriffen auf Zeitungsredaktionen und Polizeistationen auf.

Jene Gruppierungen, die Mustafa Kemal besiegt zu haben glaubt, erheben sich nun erneut unter dem Deckmantel der neuen Partei. Aber auch die einfache Bevölkerung, die mit der Regierungspolitik unzufrieden ist, sieht in der »Liberal-republikanischen Partei« ihren wahren Vertreter. Als Fethi nach Absprache mit Mustafa Kemal Izmir besucht, um hier anlässlich der anstehenden Bürgermeisterwahlen eine Rede zu halten, begrüßen ihn mehr als 50 000 Menschen. Um Macht zu demonstrieren organisiert Mustafa Kemals »Republikanische Volkspartei« eine Gegenveranstaltung. Es kommt zu Zusammenstößen zwischen den Anhängern beider Parteien. Ein vierzehnjähriger Junge wird vom Querschläger eines Polizisten tödlich getroffen. Der Vater trägt den Leichnam seines Sohnes, begleitet von Hunderten aufgebrachter Bürger in das Hotel, in dem sich Fethi (Okyar) aufhält. Er legt ihm den leblosen Körper seines Sohnes zu Füßen und sagt:

»Hier hast du ein Opfer, und wir sind bereit noch mehr Opfer zu bringen. Nur rette uns!«[74]

Fethi, der größere Auseinandersetzungen befürchtet, schickt Mustafa Kemal ein Telegramm, in dem er ihm mitteilt, dass er seine geplante Rede in Izmir nicht halten möchte. Mustafa Kemal antwortet:

»Ich sehe wohl, dass man dich daran hindern will, deine Rede zu halten. Aber du wirst deine Rede auf alle Fälle halten, und den kleinsten Versuch, dich daran zu hindern, teilst du mir unverzüglich mit.«[75]

Auf seinen weiteren Reisen erhält Fethi (Okyar) genauso großen Zulauf wie in Izmir. Viele Menschen sehen in ihm den Politiker, der sie vor der Alleinherrschaft Mustafa Kemals und seiner Volkspartei retten kann. Blutige Zusammenstöße zwischen der Polizei und den Anhängern der »Liberal-republikanischen Partei« werden zum Alltag. Die Regierung lässt hart durchgreifen. Die bürgerkriegsähnlichen Auseinandersetzungen werden mit unverhältnismäßiger Gewaltanwendung niedergeschlagen. Zahlreiche Protestler werden verhaftet, einige sogar öffentlich hingerichtet. Die Partei wird verboten. Nach der Auflösung der Oppositionspartei verbietet die Regierung auch die »Arbeiter- und Bauern-Partei«, die ebenfalls im Sommer 1930 gegründet worden war. Es wird unterstellt, die Partei verfolge kommunistische Ziele. Das Experiment dieser selbstinitiierten Oppositionspartei zeigt Mustafa Kemal, wie unpopulär er geworden ist und wie wenig Unterstützung seine Reformpolitik der Öffnung nach Westen in der Bevölkerung findet.

In seinen Memoiren schreibt Fethi (Okyar), der weiterhin ein Anhänger Mustafa Kemals und seiner Ideen ist, dass er bei seiner Rückkehr nach Istanbul mit dem Staatspräsidenten ein vertrauliches Gespräch führt. Mustafa Kemal sagt zu ihm:

»Von nun an muss ich parteiisch sein. Sonst geht die Republikanische Volkspartei zugrunde, und am Ende stehen wir erneut mit einer einzigen Partei da. Das wäre nicht richtig.«[76]

In dieser Atmosphäre finden Ende 1930 die Bürgermeisterwahlen statt. Das Frauenwahlrecht auf lokaler Ebene ist, so schildert sie es jedenfalls später, Mustafa Kemals Adoptivtochter Afet (Afetinan) zu verdanken, die zu diesem Zeitpunkt als Lehrerin arbeitet. Zwar spielt Mustafa Kemal seit langem mit dem Gedanken, den Frauen mehr Rechte einzuräumen, aber den entscheidenden Anstoß dazu scheint tatsächlich Afet gegeben zu haben.

»In all meinen Schulklassen ließ ich den Verwaltungsgesetzen entsprechend eine Bürgermeisterwahl nachspielen. (...) Die damaligen Verwaltungsgesetze wurden perfekt angewandt, und eine Schülerin wurde zur Bürgermeisterin gewählt. Daraufhin hatte ein Schüler jedoch einen Einwand. Er sagte:

›Nach den geltenden Gesetzen darf eine Frau weder wählen noch gewählt werden.‹

›Zwar hatte der Schüler recht, aber ich sagte zu ihm:

›Das, was ihr hier jetzt lernt, werdet ihr später gebrauchen. Denn bald werden auch Frauen wählen dürfen.‹

Am selben Tag teilte ich Atatürk und dem Innenminister diesen Vorfall sowie mein Bedauern mit, dass Frauen nicht wählen dürften. Ich sagte zu Atatürk:

›Solange ich nicht genau so viele Rechte besitze wie meine Schüler, werde ich in dieser Klasse nicht mehr unterrichten.‹

Atatürk dachte nach und sagte:

›Wir müssen mit dem Premierminister reden, auf dieses Thema sollte man sich vorbereiten und darüber diskutieren.‹

Schließlich wurde in der Nationalversammlung am 3. April 1930 der Artikel 164 der Verwaltungsgesetze, das Frauenwahlrecht, verabschiedet.«[77]

Die bald darauf folgenden Wahlen zeigen, wer tatsächlich die Macht hat. Die »Republikanische Volkspartei« kann durch Einschüchterung der Wähler und Manipulation der Ergebnisse die Wahl für sich entscheiden. Als Fethi bei dem Vertrauensvotum gegen den Innenminister, dem er Wahlmanipulation vorwirft, deutlich verliert, löst er seine »Liberal-republikanische Partei« am 17. November 1930 wieder auf. Fethi (Okyar) wird als Botschafter nach London geschickt. Die meisten Mitglieder der aufgelösten Partei kehren zur »Republikanischen Volkspartei« zurück. Das Mehrparteiensystem, das Mustafa Kemal einzuführen versuchte, hatte nur drei Monate Bestand und endete mit der Manipulation der Wahlen, weil sich die Opposition wesentlich stärker erwies als angenommen. Mustafa Kemal ist über die Stimmungslage der Bevölkerung sehr besorgt. Wieder einmal reist er durchs Land, um zu ergründen, weshalb sich das Volk zunehmend von ihm und seinen Idealen abwendet. Eines der Reiseziele ist die Schwarzmeerküste, die ihm bereits in der Vergangenheit wegen der oppositionellen Haltung ihrer Bewohner ein Dorn im Auge war. Mustafa Kemal macht in der Küstenstadt Samsun Station und stellt fest, dass der Bürgermeister, ein Kandidat der inzwischen aufgelösten oppositionellen Partei, nicht bei der Begrüßung anwesend ist. Als die Gäste aus Ankara am Esstisch Platz nehmen, lässt er den Bürgermeister von seinem Haus abholen. Am Tisch bietet er dem Volksvertreter ein Glas Rakı an. Als dieser ablehnt, sagt Mustafa Kemal ihm, dass es seine Partei inzwischen nicht mehr gäbe und er zurücktreten müsse. Der Bürgermeister erwidert, dass er das nicht tun, sondern weiterhin seinen Wählern dienen werde. Wenn die Regierung ihn nicht als Bürgermeister haben wolle, dann müsse sie die Wahlen per Gerichtsbeschluss annullieren lassen. Als der Bürgermeister anschließend den Tisch verlässt, rügt Mustafa Kemal den Gouverneur von Samsun, weil er einen so ungeeigneten Kandidaten zu den Wahlen für das Bürgermeisteramt zugelassen habe. Bald darauf werden die Wahlen in Samsun tatsächlich annulliert und der Gouverneur der Stadt abgelöst.[78]

Das fehlgeschlagene Experiment des Mehrparteiensystems überzeugt Mustafa Kemal davon, dass er das Land weiterhin mit harter Hand führen muss, wenn er seine Reformpläne umsetzen will. Er ist über das Scheitern seines Demokratisierungsversuchs enttäuscht und verbittert. Zu Recht sieht er darin eine persönliche Niederlage. Nach diesen Ereignissen beschreibt er seine eigene Regierungsform:

»Das Bild der heutigen Lage zeigt mehr oder weniger das Bild einer Diktatur. (...) Die Einrichtung, die ich nach meinem Tod hinterlassen werde, ist die des Despotismus.«[79]

Das Volk hat allerdings nach der Gründung der »Liberal-republikanischen Partei« gelernt, seine Unzufriedenheit mit dem Regime in Ankara zum Ausdruck zu bringen. Nun hat es auch den Mut, gegen die Regierung zu demonstrieren. Am 25. Dezember kommt es in der Stadt Menemen nördlich von Izmir unter der Führung eines gewissen Scheichs Mehmet zu einem Aufstand gegen das Regime. Die aufgebrachte Menge holt die grüne Fahne des Islam aus einer Moschee und stellt sie im Stadtzentrum auf. Der Kommandant der Kleinstadt, der die Demonstrierenden auffordert, sich aufzulösen, wird von Scheich Mehmet getötet und enthauptet. Sein Kopf wird auf der Fahnenstange durch die Straßen getragen. Armeetruppen, die aus der Umgebung herbeieilen, erschießen zwar Scheich Mehmet und vier seiner Begleiter, doch Mustafa Kemal, der sich zu diesem Zeitpunkt in Edirne aufhält, verlangt von der Regierung weitergehende Maßnahmen. Der General Mustafa Muğlalı wird mit dem Auftrag in die Region geschickt, ein Exempel zu statuieren. Mit aller Härte geht er gegen die Bewohner und den Derwischorden »Nakşibendi«, dem die Aufständischen angehören, vor. Dutzende Ordensmitglieder und Aufständische werden verhaftet und vor ein Militärgericht gestellt. Fünfundzwanzig von ihnen werden am 4. Februar 1931 hingerichtet.

Außen Okzident Innen Orient

Im Jahre 1930 werden die Beziehungen der Türkei zu Griechenland normalisiert. Im Oktober trifft der griechische Ministerpräsident Venizelos in Istanbul zu einem Freundschaftsbesuch ein, der im nächsten Jahr von Ismet (Inönü) erwidert wird. Die ehemaligen Feinde schließen einen Freundschaftsvertrag, der die Gegnerschaft zumindest auf staatspolitischer Ebene vorerst abschafft. Zwar stellen die Politiker nach außen hin eine enge freundschaftliche Zusammenarbeit zur Schau, doch die Feindschaft zwischen den beiden Völkern sitzt tief und ist kaum überwindbar.

Am 20. Juni 1930 bricht in der Osttürkei in der Nähe des Berges Ararat erneut ein Aufstand der Kurden aus. Das Ziel der Aufständischen ist die Wiederansiedlung der vertriebenen Kurden im angestammten Gebiet und die Bildung eines kurdischen Parlaments. Die türkische Armee geht auch dieses Mal mit aller Härte gegen die Kurden vor. Premierminister Ismet verteidigt das militärische Durchgreifen in den kurdischen Gebieten und fasst am 30. August in einem Interview der Tageszeitung »Milliyet« die offizielle türkische Politik in der Kurdenfrage zusammen:

> *»Allein die türkische Nation hat das Recht, in diesem Lande ethnische und rassische Forderungen zu stellen.«*[80]

Noch deutlichere Worte finde der Justizminister Mehmet Esat einen Monat später in derselben Tageszeitung:

> *»Dieses Land ist ein Land der Türken. Wer nicht rein türkischer Herkunft ist, hat nur ein einziges Recht in diesem Land: das Recht, Diener zu sein, das Recht, Sklave zu sein.«*[81]

Die Rebellion der Kurden kann von der türkischen Armee trotz ihrer zahlenmäßigen und waffentechnischen Überlegenheit erst nach zwei Jahren unterdrückt werden. Die Bilanz der Niederwerfung ist erschreckend: 10 000 getötete Kurden und Hunderte zerstörter kurdischer Dörfer.

Am 7. März 1931 unterzeichnen die Sowjetunion und die Türkei eine Vereinbarung, in der sie sich verpflichten, sich gegenseitig über jede Verstärkung ihrer Flotteneinheiten im Schwarzen Meer zu unterrichten. Am 20. April

1931 fasst Mustafa Kemal seine Ideologie in sechs Schlagworten zusammen: »*Republikanismus, Nationalismus, Populismus, Etatismus, Laizismus und Revolutionarismus.*«

Sechs weiße Pfeile, die auf einem roten Tuch abgebildet sind, sollen diese Losungen darstellen und das zukünftige Symbol der »Republikanischen Volkspartei« sein. Mit »Populismus« meint Mustafa Kemal die Volksnähe des Staates. Seine Erfahrungen der vergangenen Jahre haben gezeigt, dass sich die Bevölkerung schnell von der Regierung abwendet, wenn sie nicht in das politische Geschehen miteinbezogen wird. Einige konservative Abgeordnete verstehen darunter jedoch die Annäherung an die sowjetische Staatsideologie.

Das Pressegesetz von 1931 stellt neben der Propaganda für das Sultanat und das Kalifat aber auch den Kommunismus als »fremde Staatsideale« unter Strafe. Auch jede schwerwiegende Kritik an der Regierung soll in Zukunft geahndet werden. Ein Jahr später werden die Kommunisten überall im Lande verfolgt und verhaftet, unter ihnen auch der berühmte türkische Dichter Nazım Hikmet (Ran). Zwar wird er nach zwei Jahren wieder freigelassen, doch insgesamt wird er fünfzehn Jahre seines Lebens in türkischen Gefängnissen verbringen.

Ankara – das neue Machtzentrum – hat zu diesem Zeitpunkt noch immer den Charakter einer anatolischen Kleinstadt, die Mustafa Kemals Vorstellungen von einer modernen Türkei nicht entspricht. Mit großem Aufwand versucht er, Ankara zu einer europäischen Metropole auszubauen, denn die Infrastruktur der Stadt reicht für die nunmehr 150 000 Bewohner nicht mehr aus. Er bestellt für diese Aufgabe Architekten aus Deutschland, die unter der Leitung von Hermann Jansen mit der neuen Städteplanung beginnen. Später beteiligen sich auch andere berühmte deutsche Kollegen, Juden und Sozialdemokraten, die dem nationalsozialistischen Regime entkommen sind und in der Türkei Zuflucht finden.

Ankara verwandelt sich Anfang der 30er Jahre in eine riesige Baustelle. Mustafa Kemal macht die bauliche Entwicklung Ankaras zu seiner persönlichen Angelegenheit und führt selbst die Inspektionen durch. Bald entsteht in Ankara ein Regierungsviertel mit modernen Gebäuden. Zwischen dem alten Stadtkern und der Neustadt wird ein großer Boulevard angelegt, der noch zu Lebzeiten des Präsidenten nach ihm benannt wird.

Mustafa Kemal hat eine Republik gegründet und nun auch die dazu passende Hauptstadt errichten lassen. Heute ist aus der anatolischen Kleinstadt die zweitgrößte Stadt der Türkei, eine Metropole mit vier Millionen Einwohnern, geworden. Der Präsident fühlt sich in der neuen Hauptstadt sehr wohl, obwohl diese sich nicht mit Istanbul messen kann. Er möchte, dass die Hauptstadt der Türkei nicht nur architektonisch, sondern auch im Gesellschaftsleben mit den europäischen Metropolen mithalten kann. So führt er in Ankara die Tradition großer Bälle ein. Zu solchen Bällen lädt er auch junge unverheiratete Frauen und Männer ein, flirtet mit mancher jungen Dame und spielt gern die Rolle des Vermittlers zwischen den Paaren. Viele Ehen in seinem Bekanntschaftskreis entstehen erst durch seine Initiative. Den Frauen der Abgeordneten folgen die der Offiziere und der Beamten auf das Tanzparkett. Bald füllen sich die Säle mit Paaren, die ihr Können in Tänzen wie dem Wiener Walzer, dem Yo-Yo, Charleston oder argentinischen Tango vorführen. Diese bunten westlichen Feste finden in einem Land statt, in dem die Frauen vielerorts noch immer verschleiert sind und außer dem Ehemann keinem Mann die Hand reichen dürfen. Die Gründe, die Mustafa Kemal zur Organisation solcher Bälle bewegen, sind unumstritten seine Bewunderung für die westliche Zivilisation und den westlichen Lebensstil.

Schon nach dem Sieg über die Griechen hatte er vor Journalisten von der dringenden Notwendigkeit gesprochen, das Bildungsniveau des türkischen Volkes anzuheben:

»Die Erziehung eines zurückgebliebenden Volkes ist keine einfache Sache. Es ist nicht genug, wenn wir über unser eigenes Land gut informiert sind. Man muss auch die verschiedenen Epochen der Geschichte anderer Nationen gut kennen.«[82]

Doch die Republik hatte in der Folgezeit mit dringenderen Problemen zu kämpfen, so dass die schulische Erziehung im Land nicht in Angriff genommen werden konnte. Die Einführung der lateinischen Schrift im Jahre 1928 hat in den ersten Jahren eher Probleme als Fortschritte gebracht. Denn Millionen Menschen, die zuvor arabisch lesen und schreiben konnten, mussten nun die neue Schreibweise erlernen. Anfang der dreißiger Jahre lässt Mustafa Kemal in den Großstädten Universitäten, Berufsschulen, Büchereien, Museen gründen und in Ankara darüber hinaus ein Konservatorium, in dem klassische europäische Musik unterrichtet wird. Die Zahl der Schüler steigt von 350 000 im Jahre 1923 auf 800 000 zu Beginn des Zweiten Weltkrieges, und die Zahl der Analphabeten sinkt von 1923 bis 1933 um zehn Prozent.

Mustafa Kemal setzt im Rahmen der sogenannten Bildungsförderung auch Projekte in Gang, die wissenschaftlich überaus umstritten sind. 1932 wird ein türkischer Historiker-Kongress einberufen, der ein neues Geschichtsbild diskutieren soll. Das Ergebnis der Forschungsarbeit der Historiker ist ein Buch mit dem Titel *Die Grundrisse der türkischen Geschichte*[83]. Manche Texte dieses Buches hat der Staatspräsident sogar selbst verfasst. Die Geschichte des türkischen Volkes beginnt in dieser Darstellung nicht erst mit dem Übertritt zum Islam im 10. Jahrhundert und der Übernahme der Macht durch die Osmanische Dynastie in Kleinasien im Jahre 1288, sondern weitaus früher. Die Sumerer (3000 vor Chr.) und Hetiter (1500 vor Chr.), die ihre Reiche zuvor in denselben Gebieten gegründet hatten, werden kurzerhand zu Vorfahren der Türken erklärt. Somit wird die kurdische, armenische, persische, griechische und römische Präsenz in Kleinasien als widerrechtliche Inbesitznahme türkischen Landes durch fremde Völker erklärt. Ihre Vorfahren, so müssen die Türken jetzt lernen, kommen ursprünglich aus Zentralasien, woher auch Atilla und Dschingis Khan stammen. Die Türken hätten – als das wahre Kulturvolk – von Zentralasien aus China, Indien, dem Nahen Osten und weiten Teilen Afrikas die Zivilisation gebracht. Um diese neue nationalistische Ideologie auch kommenden Generationen einprägen zu können, wird bald das »Gesetz zur Vereinheitlichung des Unterrichts« erlassen. Die Koran-Schulen werden daraufhin geschlossen, die Schulen für christliche Minderheiten dem türkischen Staat unterstellt. Armenier und Kurden werden gezwungen, türkische Schulen zu besuchen, in denen natürlich nur in türkischer Sprache unterrichtet wird und die Schüler im Geist der beschriebenen Ideologie erzogen werden.

Im Ramadan-Monat des Jahres 1932 bestellt Mustafa Kemal die fünf bedeutendsten Muezzine des Landes und einige Musikwissenschaftler in seine Residenz in Istanbul. Bis in die Morgenstunden diskutieren sie über eine Koranübersetzung aus dem Arabischen ins Türkische, die wenige Tage zuvor im Auftrag Mustafa Kemals von einem gewissen Cemil Sait Bey fertiggestellt wurde. Der Koran darf nach Aussagen der Geistlichen und nach der islamischen Lehre als das Wort Gottes nur in arabischer Sprache gelesen werden und ist unübersetzbar. Entgegen dieser generellen Auffassung in der islamischen Welt besteht Mustafa Kemal jedoch darauf, dass die Menschen, die den Koran lesen, ihn auch verstehen sollen. Der Dirigent des Staatsorchesters für türkisch-klassische Musik, Hafiz Yaşar Okuyan, schildert den Ausgang dieses Treffens:

> *»Atatürk nahm den Koran in die Hand und zitierte die ›Fatiha‹ (die ›Eröffnende‹, die erste Sure des Koran) in türkischer Übersetzung langsam und deutlich, als ob er sie dem Volk vorlesen würde. Er wollte uns damit klar machen, wie wir uns an das Volk zu wenden hatten. Dann sagte er:*
>
> > *›Liebe Koransänger, ihr werdet in diesem heiligen Monat die Koransuren in den Moscheen vortragen und ihren Inhalt der Bevölkerung anschließend auf Türkisch erklären.‹*
>
> *Dann befahl er den Angestellten:*
>
> > *›Benachrichtigt die Tageszeitungen! Morgen werden in den Moscheen auch die türkischen Übersetzungen der Koransuren vorgelesen!‹«* [84]

Am nächsten Tag ertönt der Gesang der Muezzin von den Minaretten der Moscheen in türkischer Sprache, und der Gebetsruf lautet nicht mehr *Allahu akbar*, sondern *Allah büyüktür* (dt. Gott ist groß).

Mit dem Eintritt in den Völkerbund am 18. Juli 1932 normalisiert die Türkei ihr Verhältnis zu den Westmächten. Im Jahre 1934 wird sie mit einem Sitz volles Mitglied des Völkerbundes.

Der türkische Premierminister Ismet (Inönü) unterschreibt am 8. Mai 1932 ein Abkommen mit der sowjetischen Regierung, nach dem die Türkei von der Sowjetunion einen Kredit in Höhe von 8 Millionen Dollar in Form von Industriemaschinen erhält.

Ihre Wirtschaftspolitik ändert die Türkei ab 1932 radikal: die freie Marktwirtschaft, die die Bedürfnisse des Landes nicht decken kann, wird gedrosselt und die Produktion nun staatlich zentralistisch gelenkt. In der Folgezeit betreibt Ismet eine strenge Wirtschaftspolitik und gerät nicht selten mit dem Präsidenten der staatlichen Bank »Iş Bankası«, Celal (Bayar), in Konflikt, der für die freie Marktwirtschaft eintritt. Ismet bleibt hartnäckig, lehnt sogar Projekte von türkischen Unternehmern ab, sobald er spürt, dass sie aus Profitgier den von ihm eingeführten Fünfjahresplan untergraben. Die Meinungsverschiedenheiten der beiden Männer werden vom September 1932 an auch innerhalb der Regierung ausgetragen, nachdem Celal (Bayar) zum Wirtschaftsminister ernannt wird.

Der Alleinherrscher

Mustafa Kemal ist zwar ein Herrscher, der Entscheidungen in Staatsangelegenheiten fast im Alleingang trifft, doch ist er zugleich ein Mann des Kalküls. Wenn es darum geht, ein wichtiges staatliches Anliegen zu regeln, handelt er langsam und überlegt. Der Schriftsteller Falih Rıfkı (Atay) lobt seine Weitsicht und Lernfähigkeit:

»Außer seinen strategischen und politischen Stärken war Atatürk ein gewöhnlicher osmanischer Offizier mit schlechter Allgemeinbildung. Er konnte aber zuhören, verstehen und handeln. Er war eine unbezahlbare Energiequelle.« [85]

Mustafa Kemal bleibt zeitlebens ein Alleinherrscher, der sogar festlegt, wer im Parlament als Volksvertreter sitzen darf und wer nicht. Die Abgeordnetenliste stellt er größtenteils eigenhändig zusammen. Sein ehemaliger Adjutant Muzaffer Kılıç berichtet in seinen Memoiren, wie er vom Staatspräsidenten zum Abgeordneten ernannt wurde:

»Er (Mustafa Kemal) zeigte auf seine Wange und sagte:

›Küssen!‹

Ich küsste seine Wange, anschließend sagte er:

›Jetzt musst du auch noch die Wange von (Ismet) Pascha küssen!‹ (...)

Im selben Jahre sollten die Abgeordnetenwahlen stattfinden. Er hatte mich auf die Kandidatenliste der Stadt Giresun setzen lassen. Damit Ismet Inönü keine Einwände hatte, musste ich auch seine Wange küssen. Denn Ismet Inönü war zu diesem Zeitpunkt der Vorsitzende der Republikanischen Volkspartei.« [86]

Nicht nur die Abgeordnetenlisten gehen über Mustafa Kemals Schreibtisch, sondern auch die Beförderungslisten der hochrangigen Offiziere und Beamten. Wer ihm nicht zusagt, hat kaum Chancen, es zu einem verantwortungsvollen Posten zu bringen. Allerdings legt er die Geschicke des Landes nicht ohne Grund in die Hände bestimmter Personen. Dank seiner guten Beobachtungsgabe und Menschenkenntnis befördert er oftmals jene, die für ihre zukünftigen Aufgaben auch geeignet sind. Allerdings darf diese Tatsache nicht darüber hinwegtäuschen, dass seine Methoden alles andere als demokratisch waren.

Mustafa Kemal liebt es, die Allgemeinbildung seiner Mitmenschen auf die Probe zu stellen. Von dieser Gewohnheit profitiert eines Tages sein Zahnarzt. Nachdem der Staatspräsident sich von der Bildung des Zahnarztes überzeugen konnte, ermöglicht er ihm eine Professur an der Istanbuler Universität.[87] Wer jedoch versucht, seine gute Beziehung zum Staatspräsidenten auszunutzen, kann schnell eine herbe Enttäuschung erleiden. So erging es dem Direktor des Botanischen Gartens in Ankara, der große Ambitionen hat, Abgeordneter zu werden. Er will Mustafa Kemal imponieren, indem er versucht, den defekten Wasserhahn eines Springbrunnens in seiner Gegenwart zu reparieren. Mustafa Kemal findet dieses Schauspiel peinlich und sagt:

»Aus dir kann zwar kein Abgeordneter, aber ein guter Feuerwehrchef werden.« [88]

Mustafa Kemal ist ein Mensch, der seine Ideen im Austausch mit anderen reifen lässt.

»Abends ging sein Adjutant zu ihm und fragte ihn, wen er zum Essen einzuladen wünsche. Atatürk ließ die Gästeliste nach den (Autoren und Kennern der) Bücher erstellen, die er gerade las, weil er mit den Gästen dann über dieses bestimmte Wissensgebiet diskutieren wollte. Ich muss schon sagen: viele Fachleute, die sich in ihrer Branche einen Namen gemacht hatten, versammelten sich regelmäßig um Atatürk.« [89]

Mustafa Kemal ist auch ein Mann übertriebener Gesten. Einen seiner regelmäßigen Gäste, den Lehrer Reşit Galip, der den Mut zeigt, ihn zu kritisieren, fordert er auf, den Rakıtisch zu verlassen. Reşit Galip erwidert, dass er nicht gehen werde, weil dieser Tisch schließlich dem türkischen Volk gehöre und nicht seiner alleinigen Herrschaft unterstehe. Daraufhin verlässt der Staatspräsident selbst den Raum. Reşit Galip wird zwar vorerst nicht wieder eingeladen, aber Mustafa Kemal bewundert seinen Mut. Als er eines Tages im Radio einen Vortrag von ihm hört, in dem er die kemalistische Erziehungspolitik verteidigt und lobt, entschließt er sich, Reşit Galip nicht nur wieder zu den traditionellen Treffen einzuladen, sondern ihn auch zum Erziehungsminister zu ernennen.[90]

Obwohl Mustafa Kemal, wie nicht anders zu erwarten, von Heuchlern und Karrieristen umgeben ist, gelingt es selten, ihn mit Schmeicheleien oder Geschenken zu beeindrucken. Als ihm jemand ein Gemälde überreicht, auf dem die Ermordung eines griechischen Soldaten durch einen Türken zu sehen ist, sagt Mustafa Kemal:

»Was für eine schreckliche Darstellung!«

und verlangt, das Bild unverzüglich zu entfernen.

Der Diplomat

Am 29. Oktober 1933 wird die Republik Türkei zehn Jahre alt. Aus allen Teilen des Landes strömen die Menschen zu den Jubiläumsfeierlichkeiten nach Ankara. Viele Länder schicken ihre Vertreter in die türkische Hauptstadt, um Mustafa Kemals Erfolge zu würdigen. Denn er hat mit seiner Entschlossenheit und seinem ungewöhnlichen politischen Instinkt auf den Trümmern des Osmanischen Reiches einen modernen Staat gegründet und in die Weltgemeinschaft eingeführt. Mustafa Kemal ist sich seiner Erfolge und seiner historischen Bedeutung durchaus bewusst. Als er gefragt wird, was in seinen Augen ein Genie auszeichnet, antwortet er:

»Ein Genie ist jemand, den man für verrückt hält, weil er Dinge, die in Zukunft geschätzt und verstanden werden, als erster anstrebt.«[91]

Zehn Jahre nach ihrer Gründung ist die Republik Türkei, aber auch Mustafa Kemals Machtposition so stabil wie nie zuvor. Der Staatsgründer hält aus Anlass des Jubiläums eine berühmt gewordene Rede vor großem Publikum, die auch die erste Tonaufnahme von ihm ist:

»Liebe Bürger, innerhalb kurzer Zeit haben wir zwar viel erreicht, aber dies ist noch nicht unser endgültiges Ziel. Wir haben den Willen und die Kraft, noch mehr zu schaffen. Denn das türkische Volk bringt für weitere Erfolge alles Notwendige mit: den nötigen Charakter, Fleiß und Intelligenz.«[92]

Der Staatsmann nutzt gleichzeitig die Gelegenheit, eine indirekte Drohung an die Adresse seiner Gegner zu richten und demonstriert seine Entschlossenheit, die begonnenen Reformen fortzusetzen:

»Das Ziel ist der Sturz der alten Institutionen, die schuld daran sind, dass das türkische Volk rückschrittlich ist. Anstelle dieser Institutionen werden wir neue schaffen, die mit zivilisierten Methoden für Fortschrittlichkeit sorgen werden.«[93]

Die Rede beendet er mit den Worten:

»Glücklich soll sich derjenige schätzen, der sagen kann, dass er ein Türke ist!«

Später wird diese Sentenz zu einem geflügeltem Wort, einem Slogan, der nicht nur auf Plakaten in Schulen und Behörden aufgehängt wird, sondern auch in jenen Gebieten zu lesen ist, in denen ethnische Minderheiten leben. Die Zehnjahresfeierlichkeiten sind eine Machtdemonstration Mustafa Kemals. Ein sowjetischer Propagandafilm, der während der Jubiläumsfeierlichkeiten gedreht wird, stellt den ersten Versuch dar, ihn zum Mythos zu machen.

Der Festakt in Ankara ist auch Anlass, militärische Stärke zu demonstrieren. Denn in Europa droht ein neuer Krieg. Als weitsichtiger Staatsmann legt Mustafa Kemal die zukünftige Politik seines Landes in dieser Situation fest: Sollte es in Europa zu einem Krieg kommen, wird sich die Türkei neutral verhalten.

Im Frühjahr 1933, gleich nach der Machtübernahme Hitlers, erlassen die deutschen Nationalsozialisten das sogenannte Gesetz zur Wiederherstellung des Berufsbeamtentums, das nur »Ariern« die Beschäftigung im Staatsdienst erlaubt. Tausende jüdischer, aber auch sozialdemokratischer und kommunistischer Wissenschaftler verlieren ihre Stelle, viele von ihnen werden verhaftet, einige gar umgebracht. Die Flucht ins Ausland stellt oft die einzige Überlebenschance dar. Vielen Deutschen kommt in dieser ausweglosen Situation die Republik Türkei zur Hilfe, denn hier werden dringend europäische Wissenschaftler benötigt. Um die noch junge Republik von ihrem rückschrittlichen osmanischen Erbe zu befreien, ist eine neue Generation von Türken unerlässlich, die die westlichen Errungenschaften kennt und im Land verbreitet. 1932 erhält der Genfer Pädagoge Albert Malche den Auftrag, die türkischen Hochschulen neu zu strukturieren. 1933 werden die ersten Verträge mit deutschen Professoren unterzeichnet. Es kommen Hochschullehrer aller Fakultäten in die Türkei, aber auch freischaffende Architekten, Städteplaner, Künstler, Musiker und Theaterleute. Einer der bekanntesten Emigranten ist der ehemalige Oberbürgermeister von Magdeburg und spätere Bürgermeister von Berlin, Ernst Reuter. Er übernimmt eine Professur für Städtebau an der neu gegründeten Universität von Ankara. Später wird er sagen, dass die Türkei sein zweites Vaterland sei. Reuters Verbundenheit mit der Türkei werden seine kommunistischen Widersacher in der Wahlkampagne um das Bürgermeisteramt von Berlin gegen ihn benutzen:

»Wird ein Türke Berlins Oberbürgermeister?«[94]

Reuter |||

Ein anderer Prominenter im türkischen Exil ist der Berliner Architekt Bruno Taut, der nach Mustafa Kemals Tod den Katafalk für die Trauerfeier entwerfen wird. Auch in der Musik- und Theaterwelt engagieren sich deutsche Exilanten. Der Dirigent Ernst Praetorius übernimmt die Leitung des Sinfonieorchesters in Ankara, der ehemalige Intendant der Städtischen Oper Berlin, Carl Ebert, baut in der Türkei den Schauspiel- und Opernbetrieb auf. Der Bruder des berühmten Schriftstellers Carl Zuckmayer, der Musikwissenschaftler Eduard Zuckmayer, gründet in Ankara die Akademie für Musiklehrer. Er wird bis zu seinem Tod 1972 in seiner Exilheimat bleiben. Mehr als tausend Deutsche und Österreicher überleben den Nationalsozialismus im türkischen Exil. Die meisten Emigranten kehren in den späten vierziger und fünfziger Jahren in ihre Heimat zurück. Was sie zurücklassen, ist von bleibendem Wert, sei es die erste türkische Gewerkschaft, die der deutsche Soziologe Gerhard Kessler 1946 gründet, das türkische Einkommensteuergesetz, das der aus Hannover stammende Jurist Fritz Neumark entwirft, oder das Universitätswesen der Türkei, das von Dutzenden deutschen Professoren aufgebaut wird.

Nach dem hart erkämpften Sieg über die Besatzer verfolgt Mustafa Kemal eine Friedenspolitik, um die Errungenschaften zu sichern. Zukünftig soll sich die Türkei aus kriegerischen Auseinandersetzungen heraushalten:

> *»Unsere Außenpolitik will nicht das Recht irgendeines Staates antasten. Friede im Innern, Friede in der ganzen Welt.«*

Mit dieser Strategie versucht er, die Neutralität der jungen Republik im Zweiten Weltkrieg zu erhalten. Nach der Machtergreifung Hitlers sieht Mustafa Kemal die Welt auf einen neuen Weltkrieg zusteuern. Er hat Hitlers *Mein Kampf* gelesen und glaubt, den deutschen Diktator zu durchschauen. Freunden gegenüber sagt er, dass ihm nach der Lektüre des Werkes

> *»wegen Hitlers wilder Sprache und seinen irrsinnigen Gedanken«*

schlecht geworden sei.[95] Er nennt Hitler im Privatkreis den *Bleisoldaten*. Im September 1932 soll Mustafa Kemal dem amerikanischen General Douglas Mac Arthur, der sich zur Beobachtung eines Kriegsmanövers in der Türkei aufhält, seine Sorgen bezüglich der Zukunft Europas mitgeteilt haben. Das Gespräch zwischen Mustafa Kemal und dem späteren Sieger des Krieges im Pazifik wird erstmals 1951 in einer amerikanischen Zeitschrift veröffentlicht und von der türkischen Tageszeitung »Cumhuriyet« übernommen. Demnach hat Mustafa Kemal den amerikanischen General bereits sechs Jahre vor Ausbruch des Zweiten Weltkriegs vor Deutschland gewarnt:

> *»Meiner Meinung nach wird das Schicksal Europas gestern wie morgen von der Haltung Deutschlands abhängen. Diese außergewöhnlich dynamische, flei-*

ßige und disziplinierte Nation von 70 Millionen Menschen wird, sobald sie sich einer politischen Strömung hingibt, die ihre nationalen Begierden aufpeitscht, früher oder später den Vertrag von Versailles zu beseitigen suchen. Deutschland wird in kürzerster Zeit eine Armee aufstellen können, die imstande sein wird, ganz Europa, mit Ausnahme Englands und Russlands, zu besetzen. (...) Der Krieg wird in den Jahren 1940 – 45 ausbrechen und Deutschland wird wegen des amerikanischen Kriegseintritts diesen Krieg verlieren.«[96]

Mustafa Kemal bleibt im Umgang mit Deutschland vorsichtig. Während er die wirtschaftlichen Vorteile der Beziehung nutzt, hält er politisch deutlich Distanz:

»Eines Abends sagte Atatürk vor dem Essen zu den Gästen:

›Hitler hat mir einen Film geschickt. Lasst ihn uns oben anschauen.‹

Es war ein Film über die Nazis vor der Machtübernahme. (...) Es ging in dem Film um einen disziplinierten Aufmarsch. (...) Fast in jeder Szene war Hitler zu sehen. Er stand höher als die anderen und grüßte seine Organisation nach seiner eigenen Art. Der ganze Film bestand aus diesen monotonen Bildern. (...)

›Wie fanden Sie ihn?‹,

fragte er die Gäste. Ein paar unbedeutende Sätze wurden gesagt. (...) Dann formulierte Mustafa Kemal seine Meinung:

›Dieser Mann hat die Macht, wie man im Film gesehen hat, mit Theatralik erobert. (...) Er und sein Nachahmer Mussolini bereiten sich nun auf einen Krieg vor. (...) Ja, sie werden einen Krieg beginnen, denn sie sind keine Soldaten und wissen nicht, was ein Krieg ist. (...) Krieg ist eine Katastrophe, vor allem wird er für diese beiden den Tod bedeuten. (...) Beim ersten Schlag wird die deutsche Armee einen großen Sieg erringen, aber sobald sie eine Niederlage erleidet, wird sie weggefegt werden. Und dieses fleißige Volk wird am Boden liegen. Danach wird es weder Hitler, noch seine Organisation geben. Über Mussolini sollten wir gar nicht reden. Er wird an dem Tag von der Bildfläche verschwinden, an dem sein Herr (Hitler) verschwindet.‹«[97]

Beinahe prophetisch spricht Mustafa Kemal von einer Globalisierung:

»Die Zerstörungen in Asien und Europa (durch Kriege) und ihre gemeinsamen Bedürfnisse werden diesen beiden Kontinenten vielleicht zu einer bedingten Vereinigung verhelfen. Es ist wahrscheinlich, dass vor einer Globalisierung in der ganzen Welt erst einmal regionale Gemeinschaften gebildet werden.«[98]

Nach der Machtübernahme der Nazis geraten die Staaten Südosteuropas zunehmend in ökonomische Abhängigkeit von Hitlerdeutschland. Auch auf dem türkischen Markt rückt Deutschland an die erste Stelle. 1933 beträgt der deutsche Anteil an türkischen Exporten nur 19 Prozent, an Importen 25,5

Prozent. Bis 1938 steigen sowohl Export- als auch Importwerte auf insgesamt 45 Prozent.

Außenpolitisch verfolgt die Türkei weiterhin die Verbesserung der Beziehungen zum alten Erzfeind Griechenland. Im Januar 1934 schlägt der griechische Premierminister Venizelos Mustafa Kemal sogar für den Friedensnobelpreis vor, der ihm jedoch nicht verliehen wird:

»Etwa 700 Jahre lang wurden der Nahe Osten und Mitteleuropa Zeuge vieler blutiger Kriege, aber mit der Gründung der Türkischen Republik endete diese unstabile Lage in der Region.

Der Frieden konnte durch den besonderen Einsatz des Staatspräsidenten Mustafa Kemal Pascha ermöglicht werden. Deswegen bin ich stolz darauf, als Premierminister von Griechenland die Nominierung Mustafa Kemal Paschas für den Friedensnobelpreis bekannt zu geben.«[99]

Am 9. Februar 1934 unterzeichnen die Türkei, Griechenland, Jugoslawien und Rumänien den Balkanpakt, die sogenannte »Balkanentente«. Bulgarien und Albanien, die den faschistischen Regierungen Italiens und Deutschlands freundlich gesonnen sind, bleiben dem Balkan-Kongress fern. Der Pakt garantiert den Status quo zwischen den Teilnehmerländern und enthält die Verpflichtung zu gegenseitiger Hilfe, falls einer der Vertragspartner durch einen anderen Balkanstaat angegriffen würde. Am 18. März 1934, wenige Wochen nach der Unterzeichnung des Balkanpakts, erklärt Mussolini:

»Die historischen Ziele Italiens haben zwei Namen, Asien und Afrika. (...) Der Süden und der Osten sind die Hauptinteressengebiete der Italiener.«[100]

Mussolini meint damit auch die Mittelmeerküste der Türkei. Er soll sogar seinen Botschafter in Ankara zu Mustafa Kemal geschickt haben, um ihm Italiens Anspruch auf die Provinz Antalya offiziell mitzuteilen. Nachdem der Botschafter dem türkischen Staatspräsidenten die Interessen Roms unterbreitet hat, soll sich Mustafa Kemal entschuldigt haben und nach wenigen Minuten in Soldatenuniform zurückgekehrt sein, um auf diese Weise deutlich zu machen, dass die Türkei bereit sei, für die Provinz Antalya zu kämpfen.[101] Eine Anekdote, die allerdings erst nachträglich aufgekommen zu sein scheint.

Atatürk, der Vater der Türken

Die zentralistische Wirtschaftspolitik, die die Regierung unter der Leitung des Kabinettchefs Ismet (Inönü) ohne Kompromisse verfolgt, verzeichnet die ersten Erfolge. 1933 verliert die 1863 von den Franzosen gegründete »Banque Ottomane«, die bis dahin als Staatsbank fungierte, das Recht der Notenemission an die »Türkische Zentralbank« und muss sich der Kontrolle des Finanzministeriums unterstellen. Die Regierung in Ankara ist entschlossen, die Monopolmacht der ausländischen Banken in der Türkei durch die Beschneidung ihrer Privilegien jetzt endgültig zu brechen. Immer mehr ausländische Bankinstitute ziehen sich aufgrund der neuen Wirtschaftspolitik aus der Türkei zurück, weil das Geschäft für sie nicht mehr rentabel ist. Von den zwanzig Niederlassungen fremder Banken im Jahre 1923 verbleiben bis 1938 lediglich sieben.[102]

Auf der anderen Seite erhöht sich zwischen 1933 und 1939 die Zahl der türkischen Staatsbetriebe von 36 auf 111, und die Produktion von Baumwolle, Zement, Zucker, Steinkohle und Kupfer verdoppelt sich. 1933 wird die staatliche »Sümer-Bank« gegründet, die für die Finanzierung und Verwaltung der türkischen Industrieunternehmen verantwortlich ist. Eine weitere türkische Bank, die »Etibank«, ist für den Bergbau und die Energiewirtschaft zuständig. Dies ist erst der Anfang. 1954 wird der staatliche Sektor ein Drittel der gesamttürkischen Industriekapazität umfassen.[103]

Doch die Ziele von Mustafa Kemals Programm werden auch nach seinem Tod nicht erreicht. Es entsteht in der Türkei keine leistungsfähige Schwerindustrie. Noch Ende der fünfziger Jahre kann die türkische Maschinenindustrie nur fünf Prozent des Inlandbedarfs decken. Die Türkei bleibt ein schwach entwickeltes Agrarland. Der Fünfjahresplan, der 1934 verkündet wird, sieht Investitionen im Werte von 43,9 Millionen türkischen Pfund vor; ein Drittel dieser Investitionen werden durch einen sowjetischen Kredit finanziert.[104]

Die westeuropäischen Firmen wollen das Feld nicht ohne weiteres räumen und versuchen nun, die türkische Wirtschaft mit einer neuen Taktik weiterhin unter ihrem Einfluss zu halten. Sie schicken Wirtschaftsberater in die Türkei, die dort in Wirklichkeit ihre eigenen Interessen vertreten sollen, und liefern Industrieanlagen für den ersten Fünfjahresplan. Den Akten der IG Farben ist diese Politik deutlich zu entnehmen. Am 31. Dezember schreibt der deutsche IG-Farben-Direktor Max Ilgner an einen Mitarbeiter über die Beteiligung des Unternehmens am Aufbau der türkischen Chemieindustrie. Man solle sich der türkischen Regierung zur Verfügung stellen, um auf die Wirtschaft des Landes Einfluss nehmen zu können.[105] Andere europäische Nationen verfolgen eine ähnliche Politik. Die britische Firma H.A. Brassert & Co etwa liefert der Türkei 1936 ein Eisen- und Stahlwerk im Wert von 27 Millionen türkischen Pfund.

Nicht nur in der Wirtschaft, sondern auch im gesellschaftlichen Leben macht die Türkei große Veränderungen durch. Mit einem Gesetz vom 28. Juni 1934 lässt Mustafa Kemal die osmanischen Titel wie Bey, Efendi und

Pascha abschaffen und verpflichtet jeden Türken dazu, sich bis zum 1. Januar 1935 nach westlichem Brauch einen Familiennamen zu suchen. Er selbst legt seine Titel Gazi und Pascha ab und legt sich ebenfalls einen Nachnamen zu. Er entscheidet sich für »Atatürk«, zu Deutsch »Vater der Türken«. Am 24. November verleiht die Große Nationalversammlung Mustafa Kemal seinen Nachnamen offiziell. Einen Monat nach der Namensgebung verbietet ein Gesetz jedem anderen Staatsbürger, sich den Familiennamen »Atatürk« zuzulegen, sogar Mustafa Kemals Schwester Makbule. Sie erhält den Namen »Atadan«, was »des Vaters« bedeutet. Mustafa Kemal Atatürk vergibt in dieser Zeit in seinem Bekanntenkreis großzügig Nachnamen. Seinem Premierminister Ismet verleiht er wegen dessen Erfolge in den beiden Schlachten an der Eisenbahnstation Inönü den Nachnamen »Inönü«. Nicht nur Ismet, auch viele andere Politiker erhalten ihre Familiennamen direkt von ihm. Atatürk erstellt sogar eine Liste, aus der sich die Bürger einen Nachnamen aussuchen können. Selbstverständlich besteht diese aus rein türkischen Worten.

In dieser Zeit stürzt sich Atatürk in Istanbul wieder einmal ins Nachtleben. Er trinkt viel, tanzt viel und hat immer Frauen um sich. Als er eines abends im Park Hotel einen Ball besucht, ertönt vom Minarett einer nahegelegenen Moschee der Gebetsruf. Als Zeichen des Respekts hört das Orchester auf zu spielen, und die Ballgäste verstummen. Kurze Zeit nach diesem Vorfall wird die Moschee geschlossen und das Minarett abgerissen. Manche Zeitzeugen behaupten, dass Atatürk dies befohlen habe.[106]

Als nächstes wendet sich Mustafa Kemal Atatürk erneut der Emanzipation der Frauen zu. Zwar durften die Frauen im Jahre 1930 bei den Bürgermeisterwahlen wählen und gewählt werden, ein Gesetz zum allgemeinen Wahlrecht für Frauen, durch das sie zu Abgeordneten gewählt werden konnten, gab es immer noch nicht. Die Befreiung der Frau aus den Zwängen der islamischen Gesellschaftsordnung betrachtete er schon während des Krieges gegen die Griechen als große Notwendigkeit. Atatürks Adjutanten Muzaffer Kılıç und Ali Metin erinnern sich an eine Episode aus jener Zeit:

»Die Schlacht von Sakarya hatten wir gewonnen, doch der ›Große Angriff‹ stand uns noch bevor. In dem Dorf Kazan stieg Atatürk aus seinem Wagen und unterhielt sich unter einem Baum mit den Dorfbewohnern. Er wollte sich hier von der Fahrt erholen. Er fragte nach dem Dorfvorsteher. Eine braungebrannte Frau mittleren Alters, die Ayran servierte, sagte:

›Ich bin die Dorfvorsteherin, mein Pascha!‹

Weil ihr Mann, der Dorfvorsteher war, sich an der Front befand, hatten die Dorfbewohner diese Aufgabe seiner Frau übertragen. Atatürk gefiel ihr Auftreten. (...)

Er hatte diese Frau namens Satı Çırpan nicht vergessen. 12 Jahre später, als am 5.12.1934 das Gesetz 2598 verabschiedet wurde, nach dem Frauen wählen und gewählt werden durften, ließ Atatürk sie ausfindig machen und auf die Kandidatenliste der Abgeordneten setzen. Damit wurde ›Frau Satı‹ zur ersten weiblichen Abgeordneten.«[107]

Noch vor vielen europäischen Staaten wie Frankreich, Italien, Belgien oder der Schweiz erhalten die Frauen in der Türkei 1934 das allgemeine Wahlrecht. Aber dieses Gesetz, das den Frauen den Einzug ins türkische Parlament ermöglicht, bleibt vorerst nur Theorie. Selbst nach Jahren wird man aus Ankara immer noch an die Provinzgouverneure schreiben:

»Gibt es nicht ein paar geeignete Frauen bei euch, aus denen wir Abgeordnete machen können?«[108]

Das Wahlrecht für Frauen ist kein ausdrücklicher Wunsch des Volkes, sondern – wie viele andere Reformen Atatürks – ein angestrengter Versuch, europäischen Vorbildern nachzueifern und sie gar zu übertreffen.

Im Jahre 1935 finden in der Türkei Parlamentswahlen statt. Es gibt zwar nur eine einzige, von der Regierung erstellte Kandidatenliste, aus der das Volk seine Vertreter wählen darf, aber immerhin sind sechzehn Parteilose als Direktmandate erlaubt. Einer dieser parteilosen Abgeordneten wird Atatürks ehemaliger Kampfgenosse und Widersacher General Refet Bele.

Achtzehn der 400 Abgeordneten sind Frauen, doch diese Zahl geht in den kommenden Jahren zurück. Atatürk wird zum vierten und letzten Mal Staatspräsident. Unter den gewählten Volksvertretern sind auch vier nichtmuslimische Abgeordnete. Sie wurden selbstverständlich von Atatürk auf die Abgeordnetenliste gesetzt, um den Anschein zu erwecken, dass auch die religiösen Minderheiten des Landes im türkischen Parlament vertreten sind.

Der »Dersim«-Aufstand

Am 14. Juni 1934 verabschiedet die türkische Nationalversammlung ein Gesetz zur Ansiedlung der Nomadenstämme und anderer Minderheiten, das die Türkei in drei verschiedene Gebiete aufteilt:

- Gebiete, in denen die türkische Kultur verbreitet werden soll;
- Gebiete, in denen die türkische Kultur dominiert und andere Kulturen durch Zwangsumsiedlungen »aufgelöst« werden sollen;
- Gebiete, die geräumt werden müssen.

Der Artikel 9 dieses Gesetzes verdeutlicht die neue Minderheitenpolitik der Türkei:

»Zigeuner und nichttürkische Nomadenstämme, die die türkische Staatsbürgerschaft haben, werden in den Regionen angesiedelt, in denen die türkische Kultur sehr stark verbreitet ist, jedoch nur in kleinen Gruppen. Wenn die Sicherheit des Landes dies erfordert, können sie aus der Türkei ausgewiesen werden.«[109]

Für eine unbestimmte Zeit wird die Verwaltung der kurdischen Region Dersim der Armee unterstellt, der Provinzgouverneur erhält außerordentliche Vollmachten wie das Recht auf Verhängung der Todesstrafe. Die türkischen Behörden machen den Kurden – die nach der neuen Grenzziehung in Lausanne ohnehin verstreut in fünf Ländern, d.h. mit fünf verschiedenen Nationalitäten leben müssen – nun auch ihre Bewegungsfreiheit innerhalb der türkischen Grenzen streitig. Unter osmanischer Herrschaft hatten die Kurden stets ihre Autonomie und ihre kulturelle Identität bewahren können, nun zieht man nicht nur Stacheldrähte durch ihre Gebiete und verlegt Minen, sondern zwingt sie sogar, das Nomadentum aufzugeben und sesshaft zu werden. Die kurdische Sprache wird verboten, Türkisch zu lernen zur Pflicht. Ihre Städte erhalten türkische Namen, ihre Lieder werden in den öffentlichen Sendern in türkischer Sprache gesungen. In dem Gebiet um die Stadt Dersim gilt für unbestimmte Zeit der Ausnahmezustand. Die Kurden haben jedoch nicht nur Probleme politischer Art. Türkische Steuerbeamte, die in jährlichen Abständen einen Teil ihrer Herden als Steuereinnahmen abführen, stürzen sie auch in materielle Not.

Im Jahre 1936 kommt es in den kurdisch bewohnten Gebieten nur zu kleineren Aufständen gegen die nationalistische Politik der türkischen Regierung. Ende 1937 bricht in der kurdischen Stadt Dersim jedoch unter der Führung Seyit Rızas einer der größten Aufstände der Kurden aus. Neben der Rücknahme des »Ansiedlungsgesetzes« verlangt der Anführer von der türkischen Regierung auch die freie Benutzung der kurdischen Sprache. Premierminister Ismet Inönü schickt Armeeeinheiten in die Region. Flugzeuge unterstützen den Angriff der Landtruppen mit Bomben. Über 80 000 kurdische Kämpfer liefern dem türkischen Militär im unwegsamen Bergland erbitterte Kämpfe. Erst nach zwei Jahren, Ende 1938, wird der Aufstand niedergeschlagen. Der Einsatz übertrifft alle vorigen Unternehmungen der türkischen Armee gegen die Kurden an Brutalität: mehr als 50 000 Kurden lassen in Dersim und Umgebung ihr Leben. Die Stadt selbst gleicht einer Ruine. Die meisten Opfer sind Frauen und Kinder. Manche Einwohner der Region flüchten ins Bergland, um den Gräueltaten der türkischen Armee zu entkommen und verstecken sich hier in den labyrinthartigen Höhlen. Nur wenige erreichen ihr Ziel, die meisten werden von den türkischen Soldaten unterwegs abgefangen und ermordet, wenn sie nicht schon zuvor den Granaten und Bomben zum Opfer

Kurden

gefallen sind. Die wenigen, die es bis zu den Höhlen schaffen, werden wie Augenzeugen berichten, dort von den Militärs eingemauert oder mit Gas, das in die Höhlen gepumpt wird, vergiftet.[110]

Etwa 100 000 Bewohner Dersims werden nach den Kämpfen aus der Region deportiert und in türkisch bewohnten Gebieten angesiedelt. Die Stadt und ihre Umgebung bleibt jedoch für immer das Symbol des kurdischen Widerstands, deren regimekritische Abgeordnete und Bürgermeister den nationalistischen Politikern in Ankara noch heute ein Dorn im Auge sind.

Der Weltbürger

Im Jahre 1934 besucht der persische Schah Reza Pehlevi die moderne Türkei und ihren Gründer, den er für seine Taten bewundert. Als die beiden Staatsmänner auf ihrer Reise durch Anatolien in der Stadt Uşak einem Türken mit Turban begegnen, ärgert sich Atatürk über dieses Bild des Rückschritts. Als er eine Erklärung verlangt, stellt sich heraus, dass der Turbanträger ein Geistlicher ist. Fünf Monate nach diesem Zwischenfall tritt ein Gesetz in Kraft, welches das Tragen des geistlichen Gewands nur noch innerhalb der Moschee erlaubt.

Zwölf Jahre nach Ausrufung der Republik hat sich das äußere Bild der Türkei nunmehr stark verändert. Westliche Kleidung bestimmt das Straßenbild, europäische Gesetze regeln das Leben und die Türkei ist international ein gleichberechtigter Gesprächspartner.

Im Mai 1935 fasst Atatürk in einer Rede seine Errungenschaften zusammen:

> *»Es gab einmal ein Land am Rande des Abgrunds. (...) Daraus wurde ein neues Land, das im In- und Ausland Anerkennung fand. Es entstand ein neuer Staat und ein neues Volk, und es wurden Reformen durchgeführt, um all das zu schaffen. Dies ist die kurze Zusammenfassung der türkischen Revolution.«*[111]

Als im Oktober 1935 das faschistische Italien Äthiopien überfällt, zeigt Atatürk, dass er nicht nur ein taktierender Diplomat, sondern ein Staatsmann mit Prinzipien ist. Er macht aus seiner Verachtung für Mussolini keinen Hehl:

> *»Diese Hyäne in Soldatenstiefeln hat die unschuldigen abessinischen ›Wilden‹ ohne einen Augenblick zu zögern vernichtet, (...) Ich habe für mein Volk gekämpft. Ich habe aber vor allem auch für diese unschuldigen ›Wilden‹ gekämpft.«*[112]

In den Reden, die er Mitte der dreißiger Jahre hält, zeigt er sich gern als Kosmopolit:

»Männer, die die Völker regieren, wollen natürlich zuerst die Erbauer von Leben und Glück ihres eigenen Volkes sein. Aber man sollte für alle Völker das Gleiche fordern.«[113]

Vom 22. Juni bis zum 20. Juli 1936 tagt die Meerengenkonferenz in Montreux. Die Staaten einigen sich, die volle türkische Souveränität im Gebiet der Dardanellen und des Bosporus wiederherzustellen. Die Türkei kann dort nun wieder Truppen stationieren und Küstenbefestigungen anlegen. Die Durchfahrt der Kriegsschiffe aus Staaten, die keine Küsten am Schwarzen Meer haben, ist nur in Friedenszeiten gestattet. Auch im Falle eines drohenden Krieges kann die Türkei die Meerengen schließen. Kriegsschiffe von Nichtanrainer-Staaten dürfen sich 21 Tage im Schwarzen Meer aufhalten, allerdings nur bis zu einer Größe von 30.000 Tonnen. Die Kriegsschiffe der Anrainerstaaten haben nach der Unterzeichnung dieses Vertrages auch in Friedenszeiten die Erlaubnis, ins Mittelmeer auszulaufen. Am 4. September 1936 besucht der britische König Edward VIII. Atatürk im Istanbuler Dolmabahçe-Palast am Bosporus. Für Atatürk stellt der Besuch des Königs der Weltmacht Großbritannien eine Anerkennung seiner Arbeit als Staatsmann dar.

Seine Kontakte zu Hitler-Deutschland beschränkt er auf rein wirtschaftliche Beziehungen. Den Westmächten verspricht er, nicht auf der Seite Deutschlands in den Krieg zu ziehen. Im Gegenzug lassen sich die Franzosen in der Iskenderun-Frage auf Kompromisse ein. 1936 beschließt Frankreich, das französische Mandat über Syrien aufzuheben, um dem Land den Weg in die Unabhängigkeit zu öffnen. Nach dem türkischen Befreiungskrieg war die Stadt Iskenderun, in der etwa 40 % Türken leben, im französischen Verwaltungsgebiet verblieben. Atatürk und die Regierung in Ankara beanspruchen die Stadt und ihre Umgebung seit Jahren für die Türkei. Sie begründeten dies damit, dass das Gebiet zur osmanischen Herrschaftszeit ein türkischer Sancak (Bezirk) gewesen sei. Frankreich unterbreitet der türkischen Regierung das Angebot, Iskenderun und Umgebung einer autonomen türkisch-französischen Verwaltung zu unterstellen. Später soll die Bevölkerung selbst entscheiden, zu welchem Land sie gehören wolle. In Wirklichkeit ist dies der erste Schritt zur Türkisierung der Provinz. Atatürk nimmt das Angebot der Franzosen an und nennt das Gebiet seitdem »Hatay«, wie auch die Provinz der Turkvölker an der nordchinesischen Grenze genannt wird. Im Juli 1938 marschieren die ersten türkischen Einheiten in Hatay ein, um die Provinz gemeinsam mit den Franzosen zu verwalten. Atatürk wird die definitive Abtretung Hatays an die Türkei im Juni 1939 nicht mehr erleben. Obwohl Atatürk als Befreier und Staatsgründer viele Erfolge zu verzeichnen hatte, konnte er nach der Niederlage im Ersten Weltkrieg bis auf das kleine Gebiet

Hatay keinen territorialen Gewinn erzielen. Die Grenzen der Türkei blieben, trotz Atatürks Sieg über die Griechen und trotz des Abzugs der englischen, italienischen und französischen Truppen gemäß dem Kapitulationsvertrag unverändert. Hatay ist bis heute ein Streitpunkt zwischen Syrien und der Türkei geblieben. Auf syrischen Landkarten ist die Provinz nicht selten als eigenes Territorium abgebildet. Die Türkei festigt ihre freundschaftlichen Beziehungen zum Iran und zu Afghanistan. Gemeinsam verfassen die Staaten eine Protestnote gegen den italienischen Überfall auf Äthiopien. Am 8. Juli 1937 unterzeichnet die Türkei im Saabadpalast bei Teheran einen Freundschaftsvertrag mit dem Iran, Afghanistan und dem Irak. Die Staaten legen darin fest, sich nicht in die inneren Angelegenheiten der anderen Vertragspartner einzumischen, ihre gemeinsamen Grenzen zu respektieren und sich im Falle internationaler Konflikte zu konsultieren. Somit sichert die Türkei nach dem Abkommen mit den Balkanstaaten nun auch ihre Ostgrenzen. Trotz seiner außenpolitischen Erfolge und der Anlehnung an die westliche Zivilisation ist Atatürk auch weiterhin ein Herrscher, der in seinem Land keine Opposition duldet. Er verhindert auch die Gründung von Gewerkschaften. Ein Gesetz von 1937 stellt Streiks unter Strafe.

In Europa verdichtet sich die Gefahr eines neuen Krieges. Für den Ernstfall denkt die Regierung in Ankara an ein Bündnis mit Großbritannien. Am 13. September 1937 unterschreibt die Türkei ein Abkommen, wonach sie den britisch-französischen Schutz der internationalen Gewässer vor der anatolischen Küste akzeptiert. Trotzdem bleibt Atatürk zurückhaltend:

»Die Reibungen und die Feindschaften zwischen den großen Staaten haben so sehr zugenommen, dass die Gefahr besteht, zwischen die Fronten zu geraten. In diesem Fall müssen wir äußerst vorsichtig und kaltblütig sein, um unsere Haut zu retten.«[114]

Am 21. Juli 1938 erklärt der türkische Außenminister Aras, dass sich die Türkei nie in einem England feindlichen Lager befinden werde – eine Lehre, die Atatürk aus dem Ersten Weltkrieg gezogen hat. Ein Bündnis mit Deutschland lehnt die türkische Regierung ab, sie will aber die wirtschaftlichen Kontakte weiterhin aufrechterhalten.

Atatürk warnt wiederholt vor Hitler und Mussolini:

»Vorsicht vor diesen Größenwahnsinnigen! Sie werden vor nichts halt machen, um ihre persönlichen Ambitionen zu befriedigen. Es wird ihnen nichts ausmachen, wenn dabei ihre eigenen Länder wie auch der Rest der Welt zerstört werden.«[115]

Krankheit und Tod

Ende 1936 erkrankt Mustafa Kemal Atatürk. Die Ärzte stellen eine Lungenembolie fest und verbieten ihm den Genuss von Alkohol. Er leidet in dieser Zeit unter Kopfschmerzen, Müdigkeit, Fieber und permanentem Juckreiz. Obwohl die Symptome auf eine Zirrhose hindeuten, erkennen seine Ärzte die Krankheit nicht. Einer von ihnen behauptet sogar, dass der Juckreiz von Ameisenbissen verursacht werde. Auch die geistige Verfassung Atatürks wird zunehmend schlechter. Er wird vergesslich und leidet unter der Einbildung, von seiner Umgebung nicht genügend respektiert zu werden. Die Gäste, die an den rituellen Abendessen teilnehmen, bleiben bis zur Auflösung der Gesellschaft durch den Gastgeber bei Tisch, weil Atatürk einen vorzeitigen Aufbruch als Affront auffasst.[116] Mitte Juni 1937 siedelt Atatürk nach Istanbul über, um in den Thermalanlagen von Yalova sein Leiden zu kurieren.

In den letzten Jahren seines Lebens entdeckt Atatürk seine Liebe zu kleinen Kindern. Er adoptiert die Tochter einer seiner Hausangestellten und gibt ihr den Namen Ülkü, das Ideal. Das Wort ist eine von vielen Bezeichnungen, die Atatürk erfunden hat und die im Laufe der Zeit in die türkische Sprache einfließen. Trotz seiner Krankheit verbringt Atatürk mit Ülkü viel Zeit. Ein eigenes Kind hat er nicht haben können, insgesamt aber dreizehn Kinder adoptiert.

> *»Wir lieben Kinder, weil wir in ihnen weiter leben. In ihnen wird unser Wille deutlich, in die Unendlichkeit einzugehen.«*[117]

Seit einigen Jahren hat sich Atatürk allmählich aus der aktiven Tagespolitik zurückgezogen und ist bereits zum Symbol der türkischen Republik geworden. Er verbringt die meiste Zeit in Istanbul im Dolmabahçe-Palast und erteilt lediglich Anstöße, um das Land in die Richtung zu lenken, die er für richtig hält. Was die gegenwärtige Politik und die Zukunft des Landes anbetrifft, sind er und die Regierung sich jedoch überwiegend einig.

Nach der Verwirklichung seiner vorrangigsten Ziele hat Atatürk kaum noch eine Beschäftigung, die ihn wirklich ausfüllt. Mitte der dreißiger Jahre ist von seiner Selbstsicherheit nur noch wenig zu spüren. Er leidet unter Depressionen und Schlaflosigkeit, ist launisch und hat zunehmend das Gefühl, vom Premierminister Ismet ins politische Abseits gedrängt zu werden. Diese pessimistischen Gedanken vertraut er seinem Sekretär Hasan Rıza Soyak an:

> *»Ich lebe hier wie ein Gefangener. Tagsüber bin ich oft einsam. Alle arbeiten, und ich habe an den meisten Tagen nicht einmal eine Beschäftigung, die eine einzige Stunde füllt. Jetzt zum Beispiel möchte ich, wenn ich kann, schlafen. Wenn ich nicht einschlafen kann, werde ich ein Buch lesen oder etwas schreiben.*

(...) Wenn wenigstens am Esstisch etwas Neues geschehen würde, aber keine Spur. Es ist egal, wo meine Einladungen stattfinden, immer wieder dieselben Menschen, dieselben Gesichter. (...) Ich habe das alles satt, mein Sohn.« [118]

Atatürk hat zwar vor seinem Premierminister wegen dessen Talente als Soldat und Diplomat große Achtung, aber er befürchtet inzwischen, dass Ismet Inönü ihm als Staatsmann den Rang ablaufen könnte. Denn die nationale und internationale Politik der türkischen Republik wird maßgeblich von ihm bestimmt. Atatürk befürchtet, in der Bedeutungslosigkeit zu versinken.

Tatsächlich wehrt Ismet Inönü Atatürks Interventionsversuche immer wieder geschickt ab und setzt sich oft gegen ihn durch. Viele Entscheidungen, die Atatürk am Rakıtisch in alkoholisiertem Zustand fällt, macht Ismet am nächsten Tag wieder rückgängig. Das kann nicht lange gut gehen. Anders als in der Vergangenheit lassen sich die Meinungsverschiedenheiten nicht mehr ohne weiteres lösen. Einer der Streitpunkte zwischen Atatürk und Ismet Inönü ist die Vorgehensweise in der Hatay-Frage. Atatürk ist für eine Eingliederung der Provinz Hatay, wenn nötig auch mit militärischen Mitteln. Für die harte Haltung Atatürks, der sich bisher durch seine Friedenspolitik ausgezeichnet hat, hat Ismet kein Verständnis. Er setzt auf Diplomatie. Seine Konflikte mit Atatürk beschreibt Ismet Inönü in seinen Memoiren:

»Das Jahr 1936 und der Anfang des Jahres 1937 war eine Zeit, in der sich die Ereignisse verdichtet und die Spannungen zugenommen hatten. Aus verschiedenen Gründen kam es zwischen mir und Atatürk zu Streitereien. In den Jahren 1936 und 1937 war ich zwar ein erschöpfter, unausstehlicher Mann geworden, aber meiner Meinung nach war Atatürk durch seine gesundheitlichen Beschwerden ebenfalls leicht aus der Ruhe zu bringen.« [119]

Eines Tages kommt es während eines Trinkgelages zu einer heftigen Auseinandersetzung zwischen Atatürk und seinem Premierminister Ismet Inönü. Es geht dabei um die landwirtschaftlichen Betriebe, die Atatürk im Laufe der Jahre aufbauen ließ und um die er sich in der Vergangenheit persönlich kümmerte. Nun schenkt er diese Anlagen und die Grundstücke dem türkischen Staat, findet jedoch bei einer Besichtigung, dass die Betriebe nach der Schenkung vernachlässigt worden sind. Atatürk wirft Ismet vor, dass sein Landwirtschaftsminister unfähig sei. Der Premierminister, der sonst für seine stoische Ruhe und Ausgeglichenheit bekannt ist, explodiert bei diesem Vorwurf:

»Wie schon mehrmals geschehen, werden meine Minister zum Rücktritt gezwungen, ohne dass man mich nach meiner Meinung fragt. Das ist reine Willkür. Keiner beachtet meine Aussagen, aber die der anderen schon. Die wichtigsten Staatsangelegenheiten werden am Esstisch mit Menschen besprochen, die das nichts angeht. An einem Esstisch nehmen wir Befehle entgegen.« [120]

Das ist ein harter Schlag für den Staatspräsidenten, den bisher noch niemand öffentlich zu kritisieren wagte. Atatürk beschließt, sich von seinem langjährigen Freund und Kampfgefährten zu trennen. Ismet Inönü schildert jenen Tag wie folgt:

»Am nächsten Tag reiste er nach Istanbul ab. Es war vorgesehen, dass ich mit ihm reisen sollte. An diesem Programm wurde nichts geändert, und wir stiegen gemeinsam in den Zug ein. Sobald ich im Zug war, nahm mich Atatürk in sein Abteil mit. Wir waren allein. Er sprach die Diskussionen, Streitereien und Ereignisse des vorherigen Abends an und sagte, dass wir uns bis zu diesem Tag zwar oft gestritten hätten, aber nie mit dieser Härte. Dann sagte er, es wäre besser, wenn ich meine Arbeit für einige Zeit unterbrechen würde.«[121]

Im Oktober 1937 löst Atatürk zur Überraschung vieler führender Politiker seinen Kampfgefährten und treuen Gefolgsmann Ismet Inönü von seinem Amt als Premierminister ab. Wie vereinbart, wird diese Ablösung offiziell als »Rücktritt aus Gesundheitsgründen« bekannt gegeben. Die Nachfolge tritt das sogenannte »Wirtschaftsgenie« Celal Bayar an.

Atatürk bricht den Kontakt zu seinem ehemaligen Premierminister jedoch nicht gänzlich ab. Ismet wird noch einige Male bei ihm zu Gast sein. Im November 1937 besucht Atatürk die kurdischbewohnten Gebiete in Ostanatolien. Hier korrigiert er den Namen der kurdischen Stadt Diyarbekir in Diyarbakır und den der Stadt Elaziz in Elazığ, weil nach seiner Sprachtheorie alle anatolischen Städte türkische Namen tragen müssen. Nach Ismets Ablösung fühlt sich Celal Bayar in seiner neuen Rolle als Premierminister nicht wohl. Denn er spürt, dass Ismet nach Atatürk noch immer der »zweite Mann« im Lande ist. Zu Atatürks Freund Falih Rıfkı Atay bemerkt er:

»Es scheint Tatsache zu sein, dass in Russland Lenins natürlicher Nachfolger Trotzki war. Um Trotzki zu umgehen und Stalin an die Macht zu bringen, wurde das Blut von Millionen Russen vergossen. Unser Land kann so eine Katastrophe nicht ertragen.«[122]

Allerdings führt Celal Bayar bis zu Atatürks Tod die Regierungsgeschäfte fort.

Inzwischen hat Atatürk sichtbare Hautausschläge, eine Folge der Zirrhose – wie die Ärzte später herausfinden. Doch immer noch wird die Krankheit nicht genau diagnostiziert. Einer der Ärzte Atatürks, Asım Ismail Arar, erkennt sie zwar, findet jedoch bei seinen Kollegen kein Gehör:

»Als der Juckreiz und das Nasenbluten zunahmen, kam ich zu dem Entschluss, dass die Leber ihre Funktion nicht richtig erfüllte und dass es sich bei der Krankheit um eine Leberzirrhose handeln könnte. Ich habe meine Meinung den Verantwortlichen mitgeteilt, die Atatürk näher standen, aber sie sagten, dass es unwahrscheinlich sei, weil das Aussehens des Patienten diese Annahme nicht bestätige.«[123]

Auch Atatürks psychische Verfassung verschlechtert sich zunehmend. Falih Rıfkı Atay beobachtet beim »Vater der Türken« sogar gewisse geistige Ausfallerscheinungen:

»Zuerst litt er unter Gedächtnisschwund, anschließend unter Reizbarkeit. Jeden Abend spielte er vor dem Essen Billard. Das war für ihn, nachdem er das Soldatenleben aufgegeben hatte und Staatspräsident geworden war, die einzige körperliche Betätigung. In letzter Zeit machte er nur noch mit Unlust ein paar Stöße und sagte:

›Lasst uns essen!‹

Nur der Alkohol konnte ihn aufrichten. Nach dem Aufwachen war er aber immer gereizt und ungeduldig. Wir alle verhielten uns übervorsichtig. (...) Manchmal bekam er Nasenbluten. Leider hat man viel zu spät festgestellt, dass all dies von einer Lebererkrankung herrührte.«[124]

Atatürks körperlicher Zustand wird zusehends schlechter. Er nimmt enorm zu, die Falten in seinem Gesicht werden tiefer und seine regelmäßigen Spaziergänge an der Küstenstrecke Florya in Istanbul werden zu einer Qual. Immer wieder hält er an, um Pausen einzulegen, die er mit irgendwelchen Ausreden zu entschuldigen sucht. Mal ist es die Beobachtung der Landschaft, mal eine kurze Diskussion zu irgendeinem Thema.

»Die blauen Augen jenes Mannes, der einst wie eine Statue dastand und wie ein Löwe brüllte, verloren immer mehr ihr Licht, und seine blonden Haare waren inzwischen ergraut. Von Tag zu Tag wurde er müder und sein Gesicht im Vergleich zum Vortag immer blasser.«[125],

erinnert sich sein Leibwächter Ali Kılıç.

Bei einer erneuten Untersuchung der Ärzte wird wiederum nichts Genaues festgestellt, aber Atatürk wird empfohlen, weniger zu rauchen und vorerst keinen Alkohol mehr zu trinken. Allerdings haben die Ärzte nicht den Mut, ihm den Alkohol gänzlich verbieten:

»›Darf ich mein ganzes Leben lang nicht mehr trinken?‹

›Nein, nur für drei Monate.‹

›Das ist kein Problem, das akzeptiere ich.‹«[126]

Nach der Entscheidung der Ärzte verbringt Atatürk einige Tage im Bett. Als er wieder ein abendliches Essen ansetzt, erscheint er blass und schwach. Der Tischgenosse Falih Rıfkı Atay beschreibt das letzte Treffen an Atatürks Rakıtisch folgendermaßen:

»Ich werde nichts trinken, aber das soll Sie nicht davon abhalten, etwas zu sich zu nehmen. Eine Zeitlang versuchen wir es auf diese Art.«[127]

Zu einem weiteren Treffen kommt es jedoch nicht mehr. Im Januar 1938 stellen die Ärzte Atatürks endlich die richtige Diagnose. Allerdings kommt diese Erkenntnis zu spät. Nun wird ihm als erstes der Genuss von Alkohol strikt verboten. Elf Tage lang wird er einer strengen Beobachtung unterstellt. Doch trotz des Wissens, dass der Alkohol seinen Tod bedeutet, kann sich Atatürk nicht beherrschen. Im Februar 1938 fährt er mit Celal Bayar und Ali Fuat Cebesoy nach Bursa. Als sie dort in einem Restaurant Platz nehmen, fragt er:

»Was machen wir heute Abend? Wollen wir essen und schlafen gehen? Auf dem Tisch steht nur Wasser. Wollen wir die ganze Nacht lang nur Wasser trinken?«[128]

Damit ist es mit der Abstinenz vorbei. Sie verbringen die Nacht in einer Bar, wo getrunken und getanzt wird. Am nächsten Tag wirft Atatürk eine Grippe nieder. Auf der Fähre, die ihn nach Istanbul bringt, kann er sich nicht mehr auf den Beinen halten. Mit großen Schmerzen zieht er sich in seine Kabine zurück. Als der Jugendfreund und spätere Widersacher Ali Fuat, der sich inzwischen wieder mit Atatürk versöhnt hat, ihm eine gute Nacht wünscht und die Kabine verlassen will, sagt Atatürk zu ihm:

»Wenn ich lange im Bett bleiben muss, langweile ich mich sehr. Nur solche Freunde wie Sie, die ich aus der Schulzeit kenne, sind mir in solchen Situationen ein Trost. Lassen Sie mich nicht allein Fuat Pascha!«[129]

Der große Soldat und Gründer der Republik fürchtet die Einsamkeit. Premierminister Celal Bayar kann Atatürk davon überzeugen, sich in die Obhut des französischen Arztes Dr. Fissinger zu begeben, der eigens in die Türkei geholt wird. Nach der ersten Untersuchung sagt Dr. Fissinger zu Atatürk:

»Sie haben viele Kriege geführt und gewonnen. Aber jetzt bin ich der Kriegsminister, und Sie werden mir gehorchen und helfen!«[130]

Atatürk, der in der Vergangenheit einen derartigen Ton nie akzeptiert hätte, fügt sich. Celal Bayar ist ebenfalls hoffnungsvoll, weil Dr. Fissinger ihm mitteilt, dass Atatürk unter strenger Beobachtung noch bis zu sieben Jahre leben könne. Im März 1938 lässt der Premierminister die Jacht eines Amerikaners kaufen und schenkt sie Atatürk im Namen des Volkes. Nun verbringt Atatürk viel Zeit auf seiner Jacht und macht regelmäßige Ausflüge ins Marmarameer und ins Schwarze Meer. Doch die strenge Kur, die Dr. Fissinger ihm auferlegt hat, hält er nicht durch. Ende Mai entscheidet er sich entgegen allen Warnungen seiner Ärzte für eine Reise in den Süden des Landes, um dort wegen der Herausgabe von Hatay mit den Franzosen zu verhandeln. Erschöpft kehrt er von der Reise zurück. Die meiste Zeit verbringt er nun auf der Jacht, die vor seiner Residenz ankert, im Krankenbett.

»Ich habe auf diese Jacht gewartet wie ein kleines Kind auf sein Spielzeug. Soll sie nun mein Grab werden?«[131]

Obwohl Atatürks körperlicher Zustand hoffnungslos ist, ist er noch immer ein fähiger Politiker. Als sein Premierminister ihm den nächsten Vierjahresplan (1938 – 1942) vorliest, sagt er:

»Um all das zu tun, haben wir maximal drei Jahre Zeit. Ich will nur sagen, dass in dieser Frist der Sturm (der Zweite Weltkrieg) nicht losgehen wird. Deswegen müssen wir alles, was wir noch vorhaben, bis dahin schaffen.«[132]

Atatürks körperliche Verfassung verschlechtert sich rapide, so dass er sich nicht mehr länger auf seiner Jacht aufhalten kann. Er wird im Juli 1938 in den Dolmabahçe-Palast verlegt und in einem Zimmer mit Meeresblick untergebracht. Dr. Fissinger, der im Juni zum zweiten Mal in die Türkei geholt wird, trifft sich nach der Untersuchung seines Patienten mit dem Innenminister Şükrü Kaya und teilt diesem mit:

»Atatürk kann mit der Hilfe der Medizin und der Natur noch zwei Jahre leben. In der Geschichte der Medizin gibt es viele Beispiele dafür. Aber es kann auch sein, dass wir ihn jeden Augenblick durch eine Darm- oder Gehirnblutung tot vorfinden. Treffen Sie deswegen alle Vorkehrungen, die für die Republik notwendig sind.«[133]

Die Krankheit hat Atatürks Leber schon völlig zerstört, und in seinem Unterleib sammelt sich Wasser. Der Druck der Flüssigkeit auf die Organe verursacht Atatürk große Schmerzen. Die Ärzte extrahieren mit Hilfe einer Spezialspritze zwölf Liter Wasser aus seinem Unterleib, doch die schmerzlindernde Wirkung ist nur von kurzer Dauer.

Am 5. September 1938 diktiert Atatürk einem Notar sein Testament, in dem er sein ganzes Vermögen der »Republikanischen Volkspartei« hinterlässt. Der Erlös, der durch die Verwaltung seines Vermögens gewonnen wird, soll zu gleichen Teilen an seine Adoptivtöchter gehen. Mit einem Teil des Geldes soll auch das Studium der Kinder seines Kampfgefährten, dem ehemaligen Premierminister Ismet Inönü, finanziert werden.

Im Oktober verliert Atatürk sein Bewusstsein, das er sechs Tage später wiedererlangt. Aus einem erneuten Koma wacht er allerdings nicht mehr auf. Am 10. November 1938 kurz nach 9 Uhr stirbt Mustafa Kemal Atatürk.

Der Zug bewegt sich zum Topkapı Serail, von wo aus der Sarg nach Izmit an das asiatische Ufer überführt wird. Ein Sonderzug bringt Atatürks Leichnam nach Ankara. Hier bewegt sich der Trauerzug zu den Klängen von Chopins Trauermarsch zum Ethnographischen Museum, das die vorläufige Ruhestätte des Verstorbenen werden soll.

Dem deutschen Exilanten Bruno Taut wird die besondere Ehre angetragen, den Katafalk für die Trauerfeier zu entwerfen. Es soll das letzte Werk des deutschen Architekten werden. Für seine Arbeit verzichtet Taut auf jedes Honorar:

»Als Gegenleistung für eine solche Aufgabe, die mir beim Tod eines der Großen unseres Jahrhunderts zugefallen ist, kann ich doch kein Geld nehmen!«[134]

Nur 40 Tage nach Atatürk verstirbt auch Taut.

Viele ausländische Staatsmänner teilen der türkischen Regierung ihr Beileid mit, unter ihnen auch Hitler. Als Zeichen der Trauer lässt man in Berlin sogar die Dienstflaggen des Auswärtigen Amtes, der Reichskanzlei und des Reichstags für zwei Tage auf Halbmast setzen.[135] Hitler sagt dem türkischen Schriftsteller Falih Rıfkı Atay, der als Mitglied einer türkischen Delegation Berlin besucht:

> *»Mustafa Kemal hat bewiesen, dass ein Land alle seine Ressourcen, die es verloren hat, für die Befreiung wieder erschaffen kann. Sein erster Schüler ist Mussolini, der zweite bin ich.«*[136]

Winston Churchill bekundet am Tag des Todes von Mustafa Kemal Atatürk:

> *»Die Tränen, die das gesamte Volk um ihn vergießt, sind nichts weiter als ein berechtigter Beifall für diesen großen Helden und für den Vater der Türkei.«*

Und Franklin D. Roosevelt:

> *»Ich bin aus zwei Gründen traurig: Erstens wegen des Verlusts eines großen Staatsmanns, und zweitens, weil ich leider nun nicht mehr die Möglichkeit habe, diesen Mann kennen zu lernen, was ich eigentlich seit langem immer tun wollte.«*

Nicht nur die Türken, sondern auch viele Menschen in den heutigen Entwicklungsländern sehen in Atatürk ein Vorbild, weil er die imperialistische Politik der europäischen Mächte zum Scheitern brachte. Der spätere indische Ministerpräsident Nehru berichtet seiner Tochter Indira von seiner Bewunderung für die türkische Befreiungsbewegung und Mustafa Kemal:

> *»Viele von uns waren damals im Distriktgefängnis von Lucknow, und wir feierten den türkischen Triumph, indem wir unsere Gefängnisbaracke mit allerlei Krimskram schmückten. Am Abend wurde sogar der schwache Versuch einer festlichen Beleuchtung unternommen.«*[137]

Auch später wird Atatürk als ein beispielhafter Politiker gewürdigt. John F. Kennedy bringt im Jahre 1963, zu Atatürks 25. Todestag, seine Bewunderung für den türkischen Staatsmann zum Ausdruck:

> *»Der Name »Atatürk« erinnert mich an die historischen Siege eines der größten Männer dieses Jahrhunderts, an seine schöpferische Fähigkeit zu regieren, an seine Weitsicht, an seinen großen Mut und an sein Können als Soldat.«*

Und Enver Sadat sagt im Jahre 1981:

> *»Atatürk ist einer der größten Staatsmänner dieses Jahrhunderts. Er war die Quelle des Lichts für jedes Land, das sich gegen den Imperialismus auflehnte und für die Freiheit kämpfte. Schließlich haben auch wir, die jungen Offiziere der ägyptischen Revolution, unsere Revolution gemacht, indem wir Atatürk genau gelesen und verstanden haben. Er wurde uns zum Wegweiser.«*[138]

Nach Atatürk

Atatürks Ideen und die Grundlinien seiner Politik bestimmen die Innen- und Außenpolitik der Türkei auch weiterhin. Trotz Atatürks zu Lebzeiten immer wieder geäußerten Bedenken wird einen Tag nach seinem Tod Ismet Inönü zu seinem Nachfolger ernannt. Denn die zwei gewichtigsten Politiker des Landes, General Fevzi Çakmak, der dieses Amt zugunsten Ismets ablehnt, und Premierminister Celal Bayar, unterstützen seine Berufung. Der damalige Generalsekretär der »Republikanischen Volkspartei« Hasan Rıza Soyak kennt die Hintergründe:

> *»Atatürk kritisierte an Ismet Inönü, dass dieser keine Kritik ertragen könne. Aus Atatürks Sicht war er anderen Meinungen gegenüber nicht tolerant genug, entschied sogar vieles im Alleingang. Diese Tatsache ließ Atatürk befürchten, dass Ismet Inönü das Land später als eine Diktatur führen könnte, von denen es einige in Europa gab. Ismet Inönü bestätigte die Befürchtungen dieses großen Mannes, indem er sich gleich nach seinem Amtsantritt zum ›nationalen Chef‹ und zum Vorsitzenden der Partei ausrufen ließ.«*[139]

Ismet Inönü ändert an der alten Regierungskonstellation vorerst kaum etwas. Nur der Innenminister Şükrü Kaya und der Außenminister Rüştü Aras, die Inönüs Präsidentschaft mit allen Mitteln verhindern wollten, werden abgelöst.

Mit Ismet Inönü beginnt ein neuer Abschnitt der türkischen Geschichte. Er strebt die Versöhnung mit den kaltgestellten Oppositionellen an, pflegt und verteidigt aber Atatürks Ideen, die weiterhin die Grundsäulen des türkischen Staates bilden. Atatürks Reformen werden fortgeführt. Die Anführer der Oppositionspartei »Republikanische Fortschrittspartei«, die 1925 von Atatürk aufgelöst worden war, Ali Fuat Cebesoy und Kazım Karabekir, bekleiden nacheinander das Amt des Parlamentspräsidenten. Rauf Orbay, der ins Ausland gegangen war, um Atatürks Verfolgung zu entkommen, wird Botschafter in London.

Auch Atatürks außenpolitische Positionen werden strikt beibehalten. Die Türkei verhält sich bis zum Ende des Zweiten Weltkrieges trotz eines Bündnisvertrages mit England und Frankreich neutral. Im Gegensatz zu den Nachbarstaaten Griechenland und Bulgarien wird die Türkei nicht von der deutschen Armee besetzt. Nur wenige Tage vor Kriegsende erklärt die Türkei unter alliiertem Druck dann jedoch Deutschland und Japan den Krieg, da sie zu den Gründungsmitgliedern der Vereinten Nationen gehören will.

Nach dem Zweiten Weltkrieg herrscht in den Nachbarländern der Türkei überall Not und Elend. Obwohl die Türkei – dank ihrer Neutralitätspolitik –

den Krieg unbeschadet übersteht, stellen sich in der Folgezeit weder wirtschaftliche noch politische Erfolge im Lande ein.

1945 verfügen nur 7 Prozent der Bauern über genügend Land, um Überschüsse zu erwirtschaften, während 33 000 Großgrundbesitzer 35 Prozent der Anbaufläche besitzen.

Ismet Inönü lässt auf wachsenden Druck der immer stärker werdenden Opposition die »Freiheit politischer Agitation« zu. Damit ist der Weg zu einem Mehrparteiensystem eröffnet. 1947 nimmt die türkische Regierung das Angebot des amerikanischen Präsidenten Truman an, eine Militärhilfe von zunächst 100 Millionen Dollar zu zahlen. 1950 finden Wahlen statt. Neben Atatürks »Republikanischer Volkspartei« können nun auch die Vertreter der Opposition kandidieren.

Eine dieser Parteien ist die »Demokratische Partei«, zu deren Gründungsmitgliedern auch der ehemalige Premierminister Celal Bayar gehört. Im Gegensatz zu Atatürks »Republikanischer Volkspartei«, die von Ismet Inönü angeführt wird, vertritt die neugegründete Partei die konservativen Kräfte im Lande und verteidigt die freie Marktwirtschaft. Zur Überraschung vieler Beobachter gewinnt die erst vier Jahre alte »Demokratische Partei« unter Adnan Menderes die Wahlen. Ismet Inönü legt nach der Wahlniederlage sein Amt nieder, und der Gründungsvater der »Demokratischen Partei« Celal Bayar wird Staatspräsident. Die »Republikanische Volkspartei« Atatürks wird nie wieder die absolute Mehrheit im Parlament erringen können.

Auch die neue Regierung gibt Atatürks Leitlinien weiterhin als bestimmend für die zukünftige Staatspolitik an. 1951 erlässt sie sogar ein Gesetz, wonach die Beleidigung Atatürks und die Beschmutzung seines Namens unter Strafe gestellt werden. Fünfzehn Jahre nach seinem Tod, 1953, wird Atatürks Leichnam in ein Mausoleum überführt, dessen Bau fast zehn Jahre gedauert hat. Trotz ihrer Beteuerung, Atatürks Ideen treu bleiben zu wollen, vollzieht die neue Regierung sowohl in der Innen- als auch in der Außenpolitik einen Wandel. Der neue Regierungschef Adnan Menderes gibt die Neutralität der Türkei auf und initiiert den Beitritt zur Nato. Dem ausländischen Kapital öffnet er Tür und Tor.

Auch im gesellschaftlichen Leben verändert sich vieles. Die neue Regierung spricht von einer »Re-Islamisierung«. Inzwischen ertönt das Gebet, das seit 1932 auf Türkisch gesungen wird, wieder auf Arabisch. Die religiösen Kräfte sehen im Machtwechsel ihre Chance und propagieren öffentlich ihre politische Meinung, was zu Atatürks Zeiten stets unterbunden wurde. Das Land wird innerhalb weniger Monate von Tausenden neuer Moscheen überzogen, die mit privaten Spendengeldern finanziert werden.[140] In der Folgezeit nähert sich die Türkei zunehmend den USA an. Trotz vieler Erneuerungen im politischen Bereich vergrößern sich jedoch die wirtschaftlichen und sozialen Probleme, und die Auslandsschulden wachsen weiter.

Tausende Studenten protestieren Ende der fünfziger Jahre gegen die neue Politik. Sie verteidigen Atatürks »alte« Ideen – die längst Ideologie geworden sind. Kadetten und junge Offiziere beteiligen sich an den Demonstrationen. Atatürk hatte im türkischen Militär den Garanten des von ihm errichteten Staates gesehen. Tatsächlich bringt ein Militärputsch 1960 die Regierung Menderes zu Fall. Für die Entmachtung von Menderes spielt neben der Abkehr vom innen- und außenpolitischen Kurs Atatürks auch die Verschlechterung der Wirtschaftssituation des Landes unter seiner Regierung eine große Rolle. General Cemal Gürsel ruft den Ausnahmezustand aus.

Anschließend lassen der General, der noch immer den politischen Prinzipien Atatürks verpflichtet ist, und seine Gefolgsleute den Premierminister und einige Regierungsmitglieder verhaften. Nach einem Schauprozess wird Premierminister Adnan Menderes hingerichtet.

Doch durch die erneute Machtübernahme von Atatürks Kampfgefährten Ismet Inönü verbessert sich die desolate politische und wirtschaftliche Situation nicht. Die Opposition wird in den Städten und auf dem Lande immer stärker. Bei erneuten Parlamentswahlen im Jahre 1965 führt Ismet Inönü Atatürks »Republikanische Volkspartei« zum letzten Mal in den Wahlkampf. Sein Gegenspieler ist Süleyman Demirel von der konservativen »Gerechtigkeitspartei«, der bei den Anhängern des hingerichteten Menderes große Unterstützung findet. Auch dieses Mal gewinnen die Konservativen die Wahlen, und Süleyman Demirel wird Ministerpräsident.

Ende der sechziger Jahre gehen die Studenten wieder auf die Straße. Sie fordern den Austritt der Türkei aus der Nato und die Rückkehr zu Atatürks Neutralitätspolitik. Die Armee greift dieses Mal hart durch und unterdrückt die Proteste blutig.

1971 putscht das türkische Militär erneut und macht sich zur Hauptaufgabe, die türkische Republik vor den sogenannten korrupten Politikern zu schützen. Diesmal ist der Staatsstreich allerdings rechtsgerichtet. Die Studentenführer werden kurzerhand erhängt. Damit ist die Radikalisierung der Studentenbewegung in den kommenden Siebziger Jahren vorprogrammiert. Zu einer Machtübernahme der linksgerichteten Offiziere sollte es bis heute nicht wieder kommen. 1980, neun Jahre nach dem letzten Militärputsch, wiederholt sich das Schauspiel der Machtübernahme durch das Militär noch einmal. Über 400 000 Türken linker Gesinnung werden inhaftiert und zu langjährigen Gefängnisstrafen verurteilt. Dutzende von ihnen kommen in den Folterzellen ums Leben. Einige werden nach einem Prozess hingerichtet, unter ihnen sogar ein Siebzehnjähriger.

Die türkische Armee gilt bis heute als die einzige Institution, die ihrem Gründer, Atatürk, die Treue hält und seine (inzwischen zum Teil auch überholten) revolutionären Ideen und weltpolitischen Anschauungen verteidigt. Sie ist für viele der Garant für die Einheit des Landes und den kemalistischen Laizismus und die einzige von Atatürk geschaffene Struktur, die bis heute erfolgreich funktioniert.

Doch immer mehr Türken wenden sich gegen diese Politik. Nicht wenige sehnen sich heute nach den glorreichen Zeiten des Osmanischen Reiches. Auf nationalistischen Kundgebungen feiern sie die Eroberung Konstantinopels, der christlichen Metropole am Bosporus durch die Türken 1453. Nationalismus und Fundamentalismus begeistern die Massen mit einer Radikalität, die in Europa längst nicht mehr tonangebend ist. Inzwischen ist es in der Türkei nichts Außergewöhnliches mehr, wenn in aller Öffentlichkeit die Wiedereinführung der Scharia gefordert wird. Atatürks Versuch, das türkische Volk zu verwestlichen, scheint gescheitert zu sein.

Auch seine Türkisierungspolitik erwies sich als nicht realisierbar. Immer wieder kommt es zu Aufständen in der Osttürkei. Seit Jahren herrscht in den Kurdengebieten der Ausnahmezustand, auch wenn er in letzter Zeit vielerorts wieder aufgehoben wurde. Die Kurden beharren auf ihrer Identität als Volk und der türkische Staat versucht, sie gewaltsam zu türkisieren. Kulturelle Zugeständnisse an die Kurden zu machen, so befürchtet Ankara, bewirke die Spaltung des Landes. Trotz vieler Misserfolge seiner Politik scheint die Person »Atatürk« noch immer ein Bindeglied zu sein, das in einem Land voller Widersprüche in allen Schichten anerkannt wird. Selbst viele Kurden und strenggläubige Muslime sehen in ihm ein Idol und ein würdiges Symbol der Republik Türkei.

Um seine Aufnahmechancen zu steigern, initiierte der EU-Kandidat Türkei in den letzten Jahren in der Innen- und Außenpolitik grundlegende Veränderungen: die Todesstrafe wurde abgeschafft, die durch staatliche Hand gelenkte Wirtschaftspolitik mehr und mehr privatisiert, und seit geraumer Zeit werden auch den Minderheiten mehr Rechte eingeräumt. In diesen Fragen scheinen die türkischen Politiker unserer Tage endlich wieder auf die alten Prinzipien ihres erklärten Idols Atatürk zurückzukommen: die Orientierung an den westlichen Idealen.

Mustafa Kemal Atatürk starb 1938, aber noch immer schmücken seine Denkmäler Plätze und Amtsgebäude der Türkei. In den Augen vieler Türken ist er schon lange kein menschliches Wesen mehr, sondern ein Halbgott. Einen Personenkult dieser Art gibt es kaum noch irgendwo. Atatürks Mausoleum ist für Türken ein Wallfahrtsort.

Es scheint, als ob sich der Mythos »Atatürk« noch lange behaupten wird. In einem Brief an seine Freundin Corinne hatte der junge Offizier Mustafa Kemal den französischen Dichter Chateaubriand zitiert und dessen Worte auf sich bezogen:

»Ich wäre lieber einer, der nie vergessen wird, andernfalls zöge ich es vor, erst gar nicht geboren worden zu sein.«[141]

Anmerkungen

1 Şevket Süreyya Aydemir, *Tek Adam I,* Istanbul 1965, S. 33
2 Abdülhamit II. machte zwar nach seiner Thronbesteigung Mithat Pascha zu seinem Großwesir, der Staatsmann stand jedoch während seiner nur drei Monate währenden Amtszeit dem Sultan kritisch gegenüber. Er entwarf die erste türkische Verfassung, lehnte die Einmischung des Monarchen in die Regierungsangelegenheiten ab, amnestierte die Regimekritiker, die der Sultan ins Exil geschickt hatte und baute die Pressefreiheit aus. In einem Schreiben, das er als Großwesir an Abdülhamit II. richtete, vertrat er die Meinung, dass das osmanische Volk sich selbst regieren müsse. Nach seiner Ablösung verbrachte Mithat Pascha bis zu seiner Ermordung 1884 den Großteil seines restlichen Lebens im Exil.
3 Lord Kinross, *Atatürk,* Istanbul 1965, S. 10
4 »Milliyet« vom 13. März 1926
5 »Vakit«, *Gespräch mit Ahmet Emin Yalman,* Istanbul 10. Januar 1922
6 Şevket Süreyya Aydemir, *Tek Adam I,* Istanbul 1965, S. 45
7 »Vakit«, *Gespräch mit Ahmet Emin Yalman,* Istanbul 10. Januar 1922
8 Falih Rifki Atay, *Çankaya,* Istanbul 1969, S. 21
9 Andrew Mango, *Atatürk,* Istanbul 1999, S. 37
10 *Tazminattan Cumhuriyete Türkiye Ansiklopedisi,* Istanbul 1985, Cilt 2, S. 424
11 »Vakit«, *Gespräch mit Ahmet Emin Yalman,* Istanbul 10. Januar 1922
12 Şevket Süreyya Aydemir, *Tek Adam I,* Istanbul 1965, S. 62
13 Kiliç Ali, *Atatürkün Hususiyetleri,* S. 18f
14 »Vakit«, *Gespräch mit Ahmet Emin Yalman,* Istanbul 10. Januar 1922
15 Şevket Süreyya Aydemir, *Tek Adam I,* Istanbul 1965, S. 69
16 ebenda S. 71
17 V. Volkan, N. Itzkowitz, Zitat nach Atay, *Ölümsüz Atatürk,* Istanbul 1998, S. 67
18 Benoist-Mechin, *Die Türkei 1908 – 1938,* Kehl am Rhein 1980, S. 104
19 Zur besseren Identifizierung der Personen werden die Familiennamen in Klammern angegeben, die erst nach der Verabschiedung des Familiennamengesetzes im Jahre 1934 angenommen wurden.
20 »Vakit«, *Gespräch mit Ahmet Emin Yalman,* Istanbul 10. Januar 1922
21 Andrew Mango, *Atatürk,* Istanbul 1999, S. 45
22 Ilber Ortayli, *Imparatorluğun en uzun yüzyılı,* Istanbul 1983, S. 212
23 Feroz Ahmad, *Ittihatçılıktan Kemalizme,* Istanbul 1986, S. 12
24 »Vakit«, *Gespräch mit Ahmet Emin Yalman,* Istanbul 10. Januar 1922
25 Andrew Mango, *Atatürk,* Istanbul 1999, S. 48
26 Hilmi Yücebaş, *Atatürk'ün Nükteleri-Fıkraları-Hatıraları,* Istanbul 1973, S. 4
27 Cebesoy, *Sınıf Arkadaşım Atatürk,* Istanbul 1981, S. 32
28 Benoist-Mechin, *Mustafa Kemal ou la mort dún Empire,* Paris 1954, S. 92
29 »Vakit«, *Gespräch mit Ahmet Emin Yalman,* Istanbul 10. Januar 1922
30 »Vakit«, *Gespräch mit Ahmet Emin Yalman,* Istanbul 10. Januar 1922
31 Şevket Süreyya Aydemir, *Tek Adam I,* Istanbul 1965, S. 92
32 Andrew Mango, *Atatürk,* Istanbul 1999, S. 62
33 Falih Rifki Atay, *Atatürkün Hatıraları 1914-1919,* Ankara 1965, S. 34
34 Andrew Mango, *Atatürk,* Istanbul 1999, S. 67
35 Falih Rifki Atay, *Atatürkün Hatıraları 1914-1919,* Ankara 1965, S. 94

36 Şevket Süreyya Aydemir, *Tek Adam I,* Istanbul 1965, S. 119
37 Falih Rifki Atay, *Çankaya,* Istanbul 1969, S. 51
38 Falih Rifki Atay, *Mustafa Kemal Mütareke Defteri,* Istanbul 1955, S. 49
39 Hilmi Yücebaş, *Atatürk'ün Nükteleri-Fıkraları-Hatıraları,* Istanbul 1973, S. 62
40 Andrew Mango, *Atatürk,* Istanbul 1999, S. 85
41 ebenda, S. 91
42 Glasneck, nach Irfan Orga, *Phoenix Ascendant,* London 1958, S. 38
43 Salih Bozok, *Yaveri Atatürk'ü Anlatıyor,* Istanbul 2001, S. 25
44 ebenda, S. 31
45 Andrew Mango, *Atatürk,* Istanbul 1999, S. 106
46 Falih Rifki Atay, *Mustafa Kemal Mütareke Defteri,* Istanbul 1955, S. 105
47 Afet Afetinan, *M. Kemal Atatürk'ün Karlsbad Hatıraları,* Istanbul 1999, S. 103
48 Şevket Süreyya Aydemir, *Tek Adam I,* Istanbul 1965, S. 178
49 Andrew Mango, *Atatürk,* Istanbul 1999, S. 113
50 Afet Afetinan, *M. Kemal Atatürk'ün Karlsbad Hatıraları,* Istanbul 1999, S. 104
51 Salih Bozok, *Yaveri Atatürk'ü Anlatıyor,* Istanbul 2001, S. 47
52 Sadi Borak, *Atatürkün Özel Mektupları,* Istanbul 2000, S. 38
53 Andrew Mango, *Atatürk,* Istanbul 1999, S. 135
54 ebenda, S. 127
55 ebenda, S. 129
56 Falih Rifki Atay, *Zeytindağı,* Istanbul 1998, S. 29
57 Nach Johannes Glasneck, *Kemal Atatürk und die moderne Türkei,* Berlin 1971
58 Andrew Mango, *Atatürk,* Istanbul 1999, S. 134
59 Mustafa Kemal, *Eskişehir-Izmit Konuşmaları,* Istanbul 1993, S. 63
60 Şevket Süreyya Aydemir, *Tek Adam I,* Istanbul 1965, S. 234
61 Falih Rifki Atay, *Mustafa Kemal Mütareke Defteri,* Istanbul 1955, S. 100
62 Falih Rifki Atay, *Zeytindağı,* Istanbul 1998, S. 139
63 Şevket Süreyya Aydemir, *Tek Adam I,* Istanbul 1965, S. 239
64 Falih Rifki Atay, *Atatürkün Hatıraları 1914-1919,* Ankara 1965
65 V. Volkan, N. Itzkowitz, *Ölümsüz Atatürk,* Istanbul 1998, S. 125
66 Mustafa Kemal, *Anafartalar Hatıraları,* Istanbul 1955, S. 14
67 Abkürzung für »Australian and New Zealand Army Corps«
68 Charles N. Sherril, *Bir ABD Büyükelçisinin Türkiye Hatıraları, Mustafa Kemal I,* Istanbul 1999, S. 45
69 Andrew Mango, *Atatürk,* Istanbul 1999, S. 145
70 Etwa 9000 australische Soldaten fallen in der Schlacht an den Dardanellen.
71 Şevket Süreyya Aydemir, *Tek Adam I,* Istanbul 1965, S. 267
72 V. Volkan, N. Itzkowitz, nach Borak 1970, Ölümsüz Atatürk Istanbul 1998, S. 130
73 Sadi Borak, *Atatürk'ün Özel Mektupları,* Istanbul 2000, S. 37
74 V. Volkan, N. Itzkowitz, Ölümsüz Atatürk Istanbul 1998, S. 128
75 Andrew Mango, *Atatürk,* Istanbul 1999, S. 148
76 ebenda, S. 149
77 Mustafa Kemal, *Anafartalar Hatıraları,* Istanbul 1955, S. 60
78 ebenda, S. 17
79 Ruşen Eşref Ünaydın, *Anafartalar Kumandanı Mustafa Kemal ile Mülakat,* Istanbul 1999, S. 74
80 ebenda, S. 39

81 Charles N. Sherril, *Bir ABD Büyükelçisinin Türkiye Hatıraları, Mustafa Kemal I,* Istanbul 1999, S. 47
82 Ralph Giordano, *An den Brandherden der Welt,* Hamburg 1990, S. 200
83 Afet Afetinan, *M. Kemal Atatürk'ün Karlsbad Hatıraları,* Istanbul 1999, S. 26
84 Salih Bozok, *Yaveri Atatürk'ü anlatıyor,* Istanbul 2001, S. 56
85 Falih Rıfkı Atay, Çankaya, Istanbul 1969, S. 79
86 Liman von Sanders, *Türkiye'de Beş Yıl III,* Istanbul 1999, S. 34
87 Falih Rıfkı Atay, *Zeytindağı,* Istanbul 1998, S. 39
88 Salih Bozok, *Yaveri Atatürk'ü anlatıyor,* Istanbul 2001, S. 59
89 Irfan Orga, *Phoenix Ascendant,* London 1958, S. 60
90 Salih Bozok, *Yaveri Atatürk'ü anlatıyor,* Istanbul 2001, S. 63
91 Johannes Glasneck, *Kemal Atatürk und die moderne Türkei,* Berlin 1971
92 Falih Rıfkı Atay, *Atatürkün Hatıraları 1914-1919,* Ankara 1965, S.53
93 Şevket Süreyya Aydemir, *Tek Adam I,* Istanbul 1965, S. 325
94 Andrew Mango, *Atatürk,* Istanbul 1999, S. 507
95 Afet Afetinan, *M. Kemal Atatürk'ün Karlsbad Hatıraları,* Istanbul 1999, S. 54
96 ebenda, S. 85
97 Falih Rıfkı Atay, *Atatürkün Hatıraları 1914-1919,* Ankara 1965
98 ebenda
99 Liman von Sanders, *Türkiye'de Beş Yıl III,* Istanbul 1999, S. 58
100 Andrew Mango, *Atatürk,* Istanbul 1999, S. 177
101 Utkan Kocatürk, *Kaynakçalı Atatürk Günlüğü,* Ankara, S. 66
102 Mustafa Kemal, *Eskişehir-Izmit Konuşmaları,* Istanbul 1993, S. 87
103 Falih Rıfkı Atay, *Atatürkün Hatıraları 1914-1919,* Ankara 1965
104 Hilmi Yücebaş, *Atatürk'ün Nükteleri-Fıkraları-Hatıraları, Istanbul 1973,* S. 52
105 Falih Rıfkı Atay, *Atatürkün Hatıraları 1914-1919,* Ankara 1965
106 Gotthard Jaeschke, *Kurtuluş Savaşı ile ilgili Ingiliz Belgeleri I,* Istanbul 2001, S. 46
107 Hilmi Yücebaş, *Atatürk'ün Nükteleri-Fıkraları-Hatıraları,* Istanbul 1973, S. 132
108 Gotthard Jaeschke, *Kurtuluş Savaşı ile ilgili Ingiliz Belgeleri I,* Istanbul 2001, S. 60
109 V. Volkan, N. Itzkowitz, nach Aydemir 1969, *Ölümsüz Atatürk Istanbul,* 1998, S. 161
110 Falih Rıfkı Atay, *Atatürkün Hatıraları 1914-1919,* Ankara 1965, S. 90
111 Mustafa Kemal, *1919 Yılı Mayıs'ının 19'uncu Günü Samsun'a Çıktım,* Istanbul 1999, S. 24
112 ebenda, S. 23
113 Andrew Mango, *Atatürk,* Istanbul 1999, S. 207
114 Falih Rıfkı Atay, *Atatürkün Hatıraları 1914-1919,* Ankara 1965, S. 86
115 Şevket Süreyya Aydemir, *Tek Adam I,* Istanbul 1965, S. 370
116 Mustafa Kemal, *1919 Yılı Mayıs'ının 19'uncu Günü Samsun'a Çıktım,* Istanbul 1999, S. 20
117 Falih Rıfkı Atay, *Atatürkün Hatıraları 1914-1919,* Ankara 1965, S. 111
118 Andrew Mango, *Atatürk,* Istanbul 1999, S. 213
119 Gotthard Jaeschke, *Kurtuluş Savaşı ile ilgili Ingiliz Belgeleri I,* Istanbul 2001, S. 133
120 V. Volkan, N. Itzkowitz, nach Atay 1965, *Ölümsüz Atatürk,* Istanbul 1998, S. 174
121 Mustafa Kemal, *1919 Yılı Mayıs'ının 19'uncu Günü Samsun'a Çıktım,* Istanbul 1999, S. 11
122 Afet Afetinan, *Türkiye Cumhuriyeti ve Türk Devrimi,* Ankara 1991, S. 28
123 Sebahattin Selek, *Erzurum'da Gergin Günler,* Istanbul 1999, S. 7
124 Afet Afetinan, *M. Kemal Atatürk'ten Yazdıklarım,* Istanbul 1999, S. 22
125 Afet Afetinan, *Türkiye Cumhuriyeti ve Türk Devrimi,* Ankara 1991, S. 29
126 Sebahattin Selek, *Erzurum'da Gergin Günler,* Istanbul 1999, S. 9

127 ebenda, S. 11
128 ebenda, S. 12
129 UTKAN KOCATÜRK, *Kaynakçalı Atatürk Günlüğü*, Ankara 1988, S. 89
130 MUSTAFA KEMAL, *1919 Yılı Mayıs'ının 19'uncu Günü Samsun'a Çıktım*, Istanbul 1999, S. 31
131 MUSTAFA KEMAL, *Weg zur Freiheit*, Leipzig 1928, S. 16
132 GOTTHARD JAESCHKE, *Kurtuluş Savaşı ile ilgili Ingiliz Belgeleri II*, Istanbul 2001, S. 9
133 ebenda, S. 7
134 SEBAHATTIN SELEK, *Erzurum'da Gergin Günler*, Istanbul 1999, S. 47
135 ANDREW MANGO, *Atatürk*, Istanbul 1999, S. 229
136 GOTTHARD JAESCHKE, *Kurtuluş Savaşı ile ilgili Ingiliz Belgeleri I*, Istanbul 2001, S. 54
137 SEBAHATTIN SELEK, *Erzurum'da Gergin Günler*, Istanbul 1999, S. 48
138 ebenda, S. 53
139 ebenda, S. 56
140 MUSTAFA KEMAL, *1919 Yılı Mayıs'ının 19'uncu Günü Samsun'a Çıktım*, Istanbul 1999, S. 43
141 YURDAKUL YURDAKUL, *Atatürk'ten hiç yayınlanmamış Anılar*, Istanbul 1999, S. 57
142 KAZIM KARABEKIR, *Istiklal Harbimiz*, Istanbul 1959, S. 73
143 SEBAHATTIN SELEK, *Erzurum'da Gergin Günler*, Istanbul 1999, S. 62
144 KAZIM KARABEKIR, *Istiklal Harbimiz*, Istanbul 1959, S. 76
145 SEBAHATTIN SELEK, *Erzurum'da Gergin Günler*, Istanbul 1999, S. 93
146 CHARLES N. SHERRIL, *Mustafa Kemal I*, S. 71
147 SEBAHATTIN SELEK, *Erzurum'da Gergin Günler*, Istanbul 1999, S. 98
148 ebenda, S. 134
149 ebenda, S. 140
150 ebenda, S. 141
151 METE TUNÇAY, *T.C de Tek-parti Yönetiminin Kurulması*, Ankara 1981, S. 23
152 MUSTAFA KEMAL, *1919 Yılı Mayıs'ının 19'uncu Günü Samsun'a Çıktım*, Istanbul 1999, S. 21
153 MUSTAFA KEMAL, *Weg zur Freiheit*, Leipzig 1928, S. 128
154 MUSTAFA KEMAL, *Eskişehir-Izmit Konuşmaları*, Istanbul 1993, S. 159
155 ANDREW MANGO, *Atatürk*, Istanbul 1999, S. 251
156 GOTTHARD JAESCHKE, *Kurtuluş Savaşı ile ilgili Ingiliz Belgeleri I*, Istanbul 2001, S. 92
157 MUSTAFA KEMAL, *1919 Yılı Mayıs'ının 19'uncu Günü Samsun'a Çıktım*, Istanbul 1999, S. 21
158 MUSTAFA KEMAL, *Eskişehir-Izmit Konuşmaları*, Istanbul 1993, S. 117
159 ebenda
160 ANDREW MANGO, *Atatürk*, Istanbul 1999, S. 272
161 ebenda
162 GOTTHARD JAESCHKE, *Kurtuluş Savaşı ile ilgili Ingiliz Belgeleri I*, Istanbul 2001, S. 27
163 ebenda, S. 22
164 ebenda, S. 41
165 JOHANNES GLASNECK, *Kemal Atatürk und die Moderne Türkei, ach Dokumenty vnesnej politiki SSSR, Bd. 3*, S. 675, Berlin 1971
166 ANDREW MANGO, *Atatürk*, Istanbul 1999, S. 290
167 FALIH RIFKI ATAY, *Çankaya III.*, Istanbul 1999, S. 46
168 ANDREW MANGO, *Atatürk*, Istanbul 1999, S. 296
169 JOHANNES GLASNECK, *Kemal Atatürk und die Moderne Türkei, nach Dokumenty vnesnej politiki SSSR, Bd. 2*, S. 555, Moskau 1958, Berlin 1971
170 HAKIMIYET-I MILLIYE, *Interview mit Rusen Eşref*, 6. Februar 1921
171 MUZAFFER ENDER, *Bütün Dünyada Atatürk*, Ankara 1983, S. 203

172 V. Volkan, N. Itzkowitz, nach Atatürk 1927, S. 492, *Ölümsüz Atatürk* Istanbul 1998, S. 240
173 Andrew Mango, *Atatürk,* Istanbul 1999, S. 303
174 ebenda, S. 316
175 Johannes Glasneck, *Mustafa Kemal und die Moderne Türkei,* Berlin 1971, S. 154
176 Andrew Mango, *Atatürk,* Istanbul 1999, S. 302
177 Gazi M. Kemal Atatürk, *Söylev Cilt I-II,* Istanbul 1999, S. 292
178 Mustafa Kemal, *Eskişehir-Izmit Konuşmaları,* Istanbul 1993, S. 145
179 Gazi M. Kemal Atatürk, *Söylev Cilt I-II,* Istanbul 1999, S. 293
180 L. Oguzcan, *Atatürk und die türkische Frau,* Mersin, 1961, S. 49
181 Papulas, *General Papulasín Hatıratı,* Istanbul 1969, S. 22
182 Gazi M. Kemal Atatürk, *Söylev Cilt I-II,* Istanbul 1999, S. 298
183 Charles N. Sherril, *Mustafa Kemal I,* S. 107
184 Andrew Mango, *Atatürk,* Istanbul 1999, S. 312
185 Papulas, *General Papulasín Hatıratı,* Istanbul 1969, S. 16
186 Yurdakul Yurdakul, *Atatürk'ten hiç yayınlanmamış Anılar,* Istanbul 1999, S. 69
187 Andrew Mango, *Atatürk,* Istanbul 1999, S. 319
188 ebenda, S. 320
189 V. Volkan, N. Itzkowitz, nach Göksel 1975, *Ölümsüz Atatürk* Istanbul 1998, S. 246
190 Bezeichung für Verwaltungsgebiete im Osmanischen Reich.
191 Andrew Mango, *Atatürk,* Istanbul 1999, S. 323
192 Mete Tunçay, *T.C de Tek-parti Yönetiminin Kurulmasi,* Ankara 1981, S. 39
193 Is Bankasi Yayinlari, Ankara 1985, zitiert nach Mustafa Kemal, Eskişehir-Izmit Konusmalari, Istanbul 1993, S. 11
194 V. Volkan, N. Itzkowitz, nach Kinross 1965, *Ölümsüz Atatürk* Istanbul 1998, S. 253
195 ebenda, S. 258
196 Hilmi Yücebaş, *Atatürk'ün Nükteleri-Fıkraları-Hatıraları,* Istanbul 1973, S. 59
197 Salih Bozok, *Yaveri Atatürk'ü Anlatıyor,* Istanbul 2001, S. 86
198 Yurdakul Yurdakul, *Atatürk'ten hiç yayınlanmamış Anılar,* Istanbul 1999, S. 75
199 Andrew Mango, *Atatürk,* Istanbul 1999, S. 335
200 Mustafa Kemal, *Eskişehir-Izmit Konuşmaları,* Istanbul 1993, S. 91
201 ebenda, S. 95

Achtung!
Anmerkungen Buch II:
Anmerkungen 1–69 entsprechen 73–141
Anmerkungen 70–141 entsprechen 1–72

Buch II

1 Andrew Mango, *Atatürk,* Istanbul 1999, S. 454
2 ebenda, S. 455
3 V. Volkan, N. Itzkowitz, nach Aydemir, *Ölümsüz Atatürk,* Istanbul 1998, S. 379
4 Okyar, Fethi, *Üç Devirde Bir Adam,* Istanbul 1980, S. 73
5 Afet Afetinan, *M. Kemal Atatürk'ten Yazdıklarım,* Istanbul 1999, S. 33ff
6 Andrew Mango, *Atatürk,* Istanbul 1999, S. 458
7 Mete Tunçay, *T.C de Tek-parti Yönetiminin Kurulması,* Ankara 1981, S. 220
8 M. Wimmer, J. Spiering, B. Michalowski, *Brennpunkt: Die Kurden,* München 1991, S. 59
9 ebenda
10 Mustafa Kemal, *Eskişehir-Izmit Konuşmaları,* Istanbul 1993, S. 165
11 Andrew Mango, *Atatürk,* Istanbul 1999, S. 476

12 Yurdakul Yurdakul, *Atatürk'ten hiç yayınlanmamış Anılar,* Istanbul 1999, S. 135
13 Falih Rifki Atay, *Çankaya,* Istanbul 1969, S. 502
14 Yurdakul Yurdakul, *Atatürk'ten hiç yayınlanmamış Anılar,* Istanbul 1999, S. 159
15 V. Volkan, N. Itzkowitz, *Ölümsüz Atatürk,* Istanbul 1998, S. 406
16 Yurdakul Yurdakul, *Atatürk'ten hiç yayınlanmamış Anılar,* Istanbul 1999, S. 116
17 Afet Afetinan, *M. Kemal Atatürk'ten Yazdıklarım,* Istanbul 1999, S. 31
18 V. Volkan, N. Itzkowitz, nach Aydemir, Ölümsüz Atatürk, Istanbul 1998, S. 405
19 Hilmi Yücebaş, *Atatürk‹ün Nükteleri-Fıkraları-Hatıraları,* Istanbul 1973, S. 71
20 Atatürks Rede vom 29. Oktober 1933, in: *Mustafa Kemal Atatürk,* NDR 2002
21 Afet Afetinan, *Türkiye Cumhuriyeti ve Türk Devrimi,* Ankara 1991, S. 138
22 Haymatloz, *Exil in der Türkei 1933-1945,* Berlin 2000, S. 79
23 V. Volkan, N. Itzkowitz, nach Kinross, *Ölümsüz Atatürk,* Istanbul 1998, S. 418
24 Cumhuriyet, 8. November 1951
25 Hilmi Yücebaş, *Atatürk'ün Nükteleri-Fıkraları-Hatıraları,* Istanbul 1973, S. 195
26 Mustafa Kemal, *Eskişehir-Izmit Konuşmaları,* Istanbul 1993, S. 23
27 Muzaffer Ender, *Bütün Dünyada Atatürk,* Ankara 1983, S. 217
28 E. Vere-Hidge, *Turkish Foreign Policy 1918-48 Ambilly-Amnemasse 1950,* S. 108, zitiert nach Glasneck 1971
29 V. Volkan, N. Itzkowitz, nach Kinross, *Ölümsüz Atatürk,* Istanbul 1998, S. 417
30 Johannes Glasneck, *Kemal Atatürk und die moderne Türkei,* Berlin 1971, S. 252
31 Sovremennaja Turcija, S. 53, zitiert nach Glasneck 1971
32 Johannes Glasneck, *Kemal Atatürk und die moderne Türkei,* Berlin 1970, S. 263
33 ebenda, S. 254
34 Andrew Mango, *Atatürk,* Istanbul 1999, S. 494
35 Yurdakul Yurdakul, *Atatürk'ten hiç yayınlanmamış Anılar,* Istanbul 1999, S. 70
36 Prof. Murat Belge in: *Mustafa Kemal Atatürk,* NDR 2002
37 M. Wimmer, J. Spiering, B. Michalowski, *Brennpunkt: Die Kurden,* München 1991, S. 59
38 ebenda, S. 60
39 Afet Afetinan, *Türkiye Cumhuriyeti ve Türk Devrimi,* Ankara 1991, S. 137
40 Johannes Glasneck, *Kemal Atatürk und die moderne Türkei,* Berlin 1971, S. 269
41 Hilmi Yücebaş, *Atatürk'ün Nükteleri-Fıkraları-Hatıraları,* Istanbul 1973, S. 47
42 Utkan Kocatürk, *Kaynakçalı Atatürk Günlüğü,* Ankara (ohne Jahr), S. 376
43 Johannes Glasneck, nach A. Kılıç, *Kemal Atatürk und die moderne Türkei,* Berlin 1971, S. 270
44 Falih Rifki Atay, *Çankaya,* Istanbul 1969, S. 486
45 V. Volkan, N. Itzkowitz, *Ölümsüz Atatürk,* Istanbul 1998, S. 426
46 ebenda, S. 430
47 Can Dündar, Sarı Zeybek, Istanbul 1994, S. 28
48 ebenda, S. 30
49 Ismet Inönü, *»Cumhuriyetin« Ilk Yılları II,* Istanbul 1998, S. 69
50 Falih Rifki Atay, *Çankaya,* Istanbul 1969, S. 499
51 Can Dündar, *Sarı Zeybek,* Istanbul 1994, S. 50
52 Falih Rifki Atay, *Çankaya,* Istanbul 1969, S. 484
53 Can Dündar, *Sarı Zeybek,* Istanbul 1994, S. 25
54 Celal Bayar, *Atatürk'ten Hatıralar,* Istanbul 1055, S. 89
55 ebenda, S. 489
56 Can Dündar, *Sarı Zeybek,* Istanbul 1994, S. 54

57 ebenda, S. 59
58 V. Volkan, N. Itzkowitz, *Ölümsüz Atatürk,* Istanbul 1998, S. 436
59 Andrew Mango, *Atatürk,* Istanbul 1999, S. 502
60 Celal Bayar, *Atatürk‹ten Hatıralar,* Istanbul 1055, S. 87
61 Can Dündar, Sarı Zeybek, Istanbul 1994, S. 86
62 Ayhan Bakırdöğen: *Das Fenster zum Bosporus,* in: »Die Zeit« vom 5.1.2000
63 Eris Ülger, *Atatürk und die Türkei in der deutschen Presse,* Hückelhoven 1992, S. 134
64 Falih Rıfkı Atay, *Mustafa Kemal Mütareke Defteri,* Istanbul 1955, S. 67
65 Nehru, *Entdeckung Indiens,* Berlin 1959, S. 820
66 Muzaffer Ender, *Bütün Dünyada Atatürk,* Ankara 1983, S. 14, 15, 125, 177
67 Can Dündar, Sarı Zeybek, Istanbul 1994, S. 111
68 Andrew Mango, *Atatürk,* Istanbul 1999, S. 510
69 Sadı Borak, *Atatürkün Özel Mektupları,* Istanbul 2000, S. 39
70 Utkan Kocatürk, *Kaynakçalı Atatürk Günlüğü,* Ankara 1988, S. 217
71 Afet Afetinan, *Türkiye Cumhuriyeti ve Türk Devrimi,* Ankara 1991, S. 100
72 Gazi M. Kemal Atatürk, *Söylev Cilt I-II,* Istanbul 1999, S. 337
73 Mustafa Kemal, *Eskişehir-Izmit Konuşmaları,* Istanbul 1993, S. 185
74 Afet Afetinan, *M. Kemal Atatürk´ten Yazdıklarım,* Istanbul 1999, S. 27
75 Hilmi Yücebaş, *Atatürk´ün Nükteleri-Fıkraları-Hatıraları,* Istanbul 1973, S. 125
76 Falih Rıfkı Atay, *Çankaya VI.,* Istanbul 1999, S. 9
77 Gazi M. Kemal Atatürk, *Söylev Cilt I-II,* Istanbul 1999, S. 355
78 Mustafa Kemal, *Eskişehir-Izmit Konuşmaları,* Istanbul 1993, S. 105
79 Susan Meiselas, *Kurdistan,* New York 1997, S. 134
80 Afet Afetinan, *M. Kemal Atatürk´ten Yazdıklarım,* Istanbul 1999, S. 64
81 Mustafa Kemal, *Eskişehir-Izmit Konuşmaları,* Istanbul 1993, S. 115
82 Utkan Kocatürk, *Kaynakçalı Atatürk Günlüğü,* 1988, S. 224
83 Yurdakul Yurdakul, *Atatürk´ten hiç yayınlanmamış Anılar,* Istanbul 1999, S. 85
84 Mustafa Kemal, *Eskişehir-Izmit Konuşmaları,* Istanbul 1993, S. 57
85 Mete Tunçay, *T.C de Tek-parti Yönetiminin Kurulması,* Ankara 1981, S. 42
86 Mustafa Kemal, *Eskişehir-Izmit Konuşmaları,* Istanbul 1993, S. 97
87 Mete Tunçay, *T.C de Tek-parti Yönetiminin Kurulması,* Ankara 1981, S. 192
88 Mustafa Kemal, *Eskişehir-Izmit Konuşmaları,* Istanbul 1993, S. 113
89 ebenda, S. 95
90 Afet Afetinan, *M. Kemal Atatürk´ten Yazdıklarım,* Istanbul 1999, S. 73
91 Sovremennaja Turciha, Moskau 1958, S. 142, zitiert nach Glasneck 1970
92 Mete Tunçay, *T.C de Tek-parti Yönetiminin Kurulması,* Ankara 1981, S. 40
93 Mustafa Kemal, *Eskişehir-Izmit Konuşmaları,* Istanbul 1993, S. 161
95 ebenda, S. 109
95 Falih Rıfkı Atay, *Çankaya VI.,* Istanbul 1999, S. 13
96 Mustafa Kemal, *Eskişehir-Izmit Konuşmaları,* Istanbul 1993, S. 211
97 Bernd Rill, *Kemal Atatürk,* nach Benoist- Mechin 1954, Hamburg 1985, S. 80
98 Gazi M. Kemal Atatürk, *Söylev Cilt I-II,* Istanbul 1999, S. 372
99 ebenda, S. 373
100 Mustafa Kemal, *Eskişehir-Izmit Konuşmaları,* Istanbul 1993, S. 205
101 Mete Tunçay, *T.C de Tek-parti Yönetiminin Kurulması,* Ankara 1981, S. 111
102 Mahmut Gologlu, VI, S. 110
103 Mete Tunçay, *T.C de Tek-parti Yönetiminin Kurulması,* Ankara 1981, S. 174

104 Andrew Mango, *Atatürk,* Istanbul 1999, S. 413
105 Mehmet Bayrak, *Kürtler ve Ulusal –Demokratik Mücadeleleri,* Ankara 1993, S. 323f.
106 Mete Tunçay, *T.C de Tek-parti Yönetiminin Kurulması,* Ankara 1981, S. 123
1 07 Hilmi Yücebaş, *Atatürk'ün Nükteleri-Fıkraları-Hatıraları,* Istanbul 1973, S. 143
108 Celal Bayar, *Atatürk'ten Hatıralar,* Istanbul 1955, S. 81
109 ebenda, S. 82
110 Can Dündar, Sarı Zeybek, Istanbul 1994, S. 24
111 Salih Bozok, *Yaveri Atatürk'ü Anlatıyor,* Istanbul 2001, S. 112
112 Nezihe Araz, *Mustafa Kemal'le 1000 Gün,* Ankara, S. 156, zitiert nach Mango 1999
113 Semavi Eyice, *Atatürk ve Pietro Canonica,* Istanbul 1986, S. 21f.
114 Andrew Mango, *Atatürk,* Istanbul 1999, S. 424
115 Mustafa Kemal, *Eskişehir-Izmit Konuşmaları,* Istanbul 1993, S. 163
116 V. Volkan, N. Itzkowitz, *Ölümsüz Atatürk,* Istanbul 1998, S. 339
117 Andrew Mango, *Atatürk,* Istanbul 1999, S. 420
118 Yurdakul Yurdakul, *Atatürk'ten hiç yayınlanmamış Anılar,* Istanbul 1999, S. 126
119 ebenda, S. 421
120 Johannes Glasneck, *Kemal Atatürk und die moderne Türkei,* Berlin 1971, S. 235
121 Bernd Rill, nach Bernhard Lewis, *Kemal Atatürk,* Hamburg 1985, S. 95
122 Mustafa Kemal, *Eskişehir-Izmit Konuşmaları,* Istanbul 1993, S. 163f.
123 Koran, 4. Sure (Nisa Sure), 3. Vers
124 *Dokumenty vnesnej politiki SSSR,* Bd. 8, Moskau 1958, S. 739, zitiert nach Glasneck 1971
125 Mustafa Kemal, *Eskişehir-Izmit Konuşmaları,* Istanbul 1993, S. 99
126 Utkan Kocatürk, *Kaynakçalı Atatürk Günlüğü,* Ankara 1988, S. 276
127 Yakın Tarihimiz, *Sayı 2,* 8. Mart 1962, S. 38
128 Andrew Mango, *Atatürk,* Istanbul 1999, S. 434
129 Kazım Karabekir, Istiklal Harbimiz, Istanbul 1959, S. 1171
130 Bernd Rill, *Kemal Atatürk,* nach Benoist-Mechin 1954, Hamburg 1985, S. 93
131 Yakın Tarihimiz, Mart 1962, *Sayi 1,* S. 10
132 Mete Tunçay, *T.C de Tek-parti Yönetiminin Kurulması,* Ankara 1981, S. 155
133 Ju. N. Rosaliev, *Osobennosti razvitja kapitalizma v Turcii,* Moskau 1962, S. 61, zitiert nach Glasneck 1971
134 Johannes Glasneck, *Kemal Atatürk und die moderne Türkei,* Berlin 1971, S. 66
135 *La Turquie Contemporaine,* Ankara 1935, S. 221
136 V. Volkan, N. Itzkowitz, nach Aydemir, *Ölümsüz Atatürk,* Istanbul 1998, S. 360f.
137 Andrew Mango, *Atatürk,* Istanbul 1999, S. 444
138 Andrew Mango, *Atatürk,* Istanbul 1999, S. 497
139 Mete Tunçay, *T.C de Tek-parti Yönetiminin Kurulması,* Ankara 1981, S. 236
140 Andrew Mango, *Atatürk,* Istanbul 1999, S. 448
141 Unesco (Hrsg.), *Atatürk. Sein Leben und sein Werk,* 1981, S. 245

Anhang

Bibliographie

Ein Großteil der Sekundärliteratur über das Leben von Mustafa Kemal Atatürk erfordert eine gewisse Vorsicht in der Nutzung. Denn nicht selten stehen in den Büchern erfundene Geschichten oder Anekdoten, die mit der Wirklichkeit nicht übereinstimmen. Diese Tatsache hängt sowohl mit der Institutionalisierung von Atatürks Person als auch – besonders in der Kindheitsphase – mit den fehlenden Zeitzeugen zusammen. Die Filterung der positiven und negativen Übertreibungen war für mich nicht immer einfach.

Ich habe deshalb in meinem Buch besonders auf die historisch verbürgten Tatsachen und die Schilderungen der Zeitzeugen großen Wert gelegt, weil ich glaube, dass sie am wenigsten eine Abweichung ihrer Inhalte durchgemacht haben.

»Die Zeit« vom 5.1.2000, Ayhan Bakırdögen, *Das Fenster zum Bosporus,* Hamburg 2000

»Hakimiyet-i Milliye« vom 6. Februar 1921, Interview mit Ruşen Eşref, Istanbul 1921

»La Turquie Contemporaine«, Ankara 1935

»Milliyet« vom 13. März 1926, Istanbul 1926

»Sovremennaja Turciha«, Moskau 1958

»Tazminattan Cumhuriyete Türkiye Ansiklopedisi«, Cilt 2, Istanbul 1985

»Vakit« vom 10. Januar 1922, Gespräch mit Ahmet Emin Yalman, Istanbul 1922

»Yakın Tarihimiz«, Sayı 1,2, Istanbul 1962

Afetinan, Afet, *M. Kemal Atatürk'ten Yazdıklarım*, Istanbul 1999

Afetinan, Afet, *M. Kemal Atatürk'ün Karlsbad Hatıraları*, Istanbul 1999

Afetinan, Afet, *Türkiye Cumhuriyeti ve Türk Devrimi*, Ankara 1991

Ahmad, Feroz, *Ittihatçılıktan Kemalizme*, Istanbul 1986

Araz, Nezihe, *Mustafa Kemal'le 1000 Gün*, Ankara 1994

Atatürk, Mustafa Kemal, *Söylev Cilt I-II*, Istanbul 1999

Atatürk, Mustafa Kemal, *1919 Yılı Mayıs'ının 19'uncu Günü Samsun'a Çıktım*, Istanbul 1999

Atatürk, Mustafa Kemal, *Anafartalar Hatıraları*, Istanbul 1955

Atatürk, Mustafa Kemal, *Eskişehir-Izmit Konuşmaları*, Istanbul 1993

Atatürk, Mustafa Kemal, *Weg zur Freiheit*, Leipzig 1928

Atay, Falih Rifki, *Atatürk'ün Hatıraları 1914-1919*, Ankara 1965

Atay, Falih Rifki, *Çankaya*, Istanbul 1969

Atay, Falih Rifki, *Mustafa Kemal'in Mütareke Defteri*, Istanbul 1955

Atay, Falih Rifki, *Zeytindağı*, Istanbul 1998

Aydemir, Şevket Süreyya, *Tek Adam I*, Istanbul 1965

Benoist-Mechin, Jacques, *Die Türkei 1908–1938*, Kehl am Rhein 1980

Benoist-Mechin, Jacques, *Mustafa Kemal ou la mort dún Empire*, Paris 1954

Borak, Sadi, *Atatürk'ün Özel Mektupları*, Istanbul 2000
Bozok, Salih, *Yaveri Atatürk'ü Anlatıyor*, Istanbul 2001
Cebesoy, Ali Fuat, *Sınıf Arkadaşım Atatürk*, Istanbul 1981
Celal Bayar, *Atatürk'ten Hatıralar*, Istanbul 1955
Dündar, Can, *Sarı Zeybek*, Istanbul 1994
Ender, Muzaffer, *Bütün Dünyada Atatürk*, Ankara 1983
Eyice, Semavi, *Atatürk ve Pietro Canonica*, Istanbul 1986
Giordano, Ralph, *An den Brandherden der Welt*, Hamburg 1990
Glasneck, Johannes, *Kemal Atatürk und die moderne Türkei*, Berlin 1971
Inönü, Ismet, *Cumhuriyetin Ilk Yılları II*, Istanbul 1998
Jaeschke, Gotthard, *Kurtuluş Savaşı ile Ilgili Ingiliz Belgeleri I*, Istanbul 2001
Karabekir, Kazim, *Istiklal Harbimiz*, Istanbul 1959
Kiliç, Ali, *Atatürk'ün Hususiyetleri*, Istanbul 1955
Kiliç, Ali, *Turkey and the World*, Washington 1959
Kocatürk, Utkan, *Kaynakçalı Atatürk Günlüğü*, Ankara 1988
Lord Kinross, *Atatürk*, Istanbul 1965
Mango, Andrew, *Atatürk*, Istanbul 1999
Meiselas, Susan, *Kurdistan*, New York 1997
Nehru, *Entdeckung Indiens*, Berlin 1959
Oguzcan, Lütfi, *Atatürk ve Türk Kadını*, Mersin, 1961
Okyar, Fethi, *Üç Devirde Bir Adam*, Istanbul 1980
Orga, Irfan, *Phoenix Ascendant*, London 1958
Ortayli, Ilber, *Imparatorluğun En Uzun Yüzyılı*, Istanbul 1983
Papulas, Anastasias, *General Papulas'ın Hatıratı*, Istanbul 1969
Price, M. Ph., *Die Türkei*, Nürnberg 1958
Rill, Bernd, *Kemal Atatürk*, Hamburg 1985
Rosaliev, Ju. N., *Osobennosti razvitja kapitalizma v Turcii*, Moskau 1962
Sanders, Liman von, *Türkiye'de Beş Yıl III*, Istanbul 1999
Selek, Sebahattin, *Erzurum'da Gergin Günler*, Istanbul 1999
Sherril, Charles N., *Bir ABD Büyükelçisinin Türkiye Hatıraları, Mustafa Kemal I*, Istanbul 1999
Sözeri, S., *Dreissig Jahre Wirtschaftsaufbau in der Türkei*, Kiel 1954
Tunçay, Mete, *T.C de Tek-parti Yönetiminin Kurulması*, Ankara 1981
Ülger, Eris, *Atatürk und die Türkei in der deutschen Presse*, Hückelhoven 1992
Ünaydin, Ruşen Eşref, *Anafartalar Kumandanı Mustafa Kemal ile Mülakat*, Istanbul 1999
Unesco (Hrsg.), *Atatürk. Sein Leben und sein Werk*, 1981
Vere-Hidge, E., *Turkish Foreign Policy 1918-48*, Ambilly-Amnemasse 1950
Verein Aktives Museum (Hrsg.), *Haymatloz, Exil in der Türkei 1933-1945*, Berlin 2000
Volkan/Itzkowitz, *Ölümsüz Atatürk*, Istanbul 1998
Wimmer/Spiering/Michalowski, *Brennpunkt: Die Kurden*, München 1991
Yücebaş, Hilmi, *Atatürk'ün Nükteleri-Fıkraları-Hatıraları*, Istanbul 1973
Yurdakul, Yurdakul, *Atatürk'ten Hiç Yayınlanmamış Anılar*, Istanbul 1999

Register

Bildnachweis

Wir danken dem Archiv des Kultusministeriums der Türkei in Ankara für die Bereitstellung des reichhaltigen historischen Bildmaterials. Sollten dadurch unwissentlich die Rechte Dritter verletzt werden, bitten wir um Nachricht. Berechtigte Ansprüche werden selbstverständlich im Rahmen der üblichen Vereinbarungen abgegolten.

Ebenso danken wir dem Hindemith Institut Frankfurt a. M. für die Freigabe des Porträts von Paul Hindemith und dem NDR für die Freigabe von vier aktuellen Türkeibildern aus der Dokumentation »Atatürk – vom Rebellen zum Befreier« (NDR 2002).

Zeittafel

1876	Thronbesteigung Sultan Abdülhamits II.
1881	Geburt Mustafa Kemal Atatürks in Saloniki.
1889	Gründung der ersten Geheimorganisation »Einheit und Fortschritt«.
1893	Mustafas Eintritt in die Militärschule Saloniki. Dort erhält er den Beinamen Kemal.
1896	Eintritt ins Militärinternat Monastir.
1899	Schüler der Kriegsakademie in Istanbul.
1905	Abschluss der Generalstabsakademie als Hauptmann.
1906	Gründung der Geheimorganisation »Vaterland und Freiheit« durch Mustafa Kemal.
1907	Gründung des Komitees »Einheit und Fortschritt« in Mazedonien, dem sich Kemals Gruppe anschließt.
1908–1909	Jungtürkische Revolution. Wiederinkraftsetzung der Verfassung von 1876.
Apr. 1909	Teilnahme Mustafa Kemals als Stabschef am Marsch der »Armee der Bewegung« gegen die Konterrevolutionären in Istanbul. Absetzung Sultan Abdülhamits.
1909-1918	Regierungszeit Sultan Mehmet V.
1911	Mustafa Kemal wird zum Major befördert.
Okt. 1911	Beginn des italienisch-türkischen Krieges in Libyen und Teilnahme Mustafa Kemals an den Kämpfen.
1912-1913	1. und 2. Balkankrieg.
1913	Militärattache in Sofia.
1.3.1914	Ernennung zum Oberstleutnant.
1914-1918	1. Weltkrieg.
2.8.1914	Geheimes deutsch-türkisches Kriegsbündnis.
2.11.1914	Kriegseintritt der Türkei auf Seiten der Mittelmächte.
2.2.1915	Mustafa Kemal Kommandeur der 19. Infanteriedivision auf der Halbinsel Gallipoli (1. 6. Beförderung zum Oberst).
18.3.1915	Britisch-französisch-russisches Geheimabkommen, das dem zaristischen Russland im Falle eines Sieges Konstantinopel zuspricht.
25.4.1915	Beginn der britisch-französischen Landungsoperationen an den Dardanellen. Abwehrerfolge von Mustafa Kemals Division.
8.8.1915	Ernennung zum Befehlshaber der »Anafartalar«. Sieg über das alliierte Expeditionskorps (das am 9.1.1916 seine letzten Brückenköpfe räumt).
Jan. 1916	Kommandeur des 16. Armeekorps und zwei Monate später Versetzung an die Kaukasusfront.
1.4.1916	Beförderung zum General, verbunden mit dem Pascha-Titel.
5.7.1917	Mustafa Kemal Kommandeur der 7. Armee, Auseinandersetzungen mit dem ihm übergeordneten Chef der Heeresgruppe »Yıldırım«, dem deutschen General von Falkenhayn.
20.9.1917	Mustafa Kemals Bericht an Enver Pascha über die katastrophale Lage des Osmanischen Reiches.
15.12.1917	Reise Mustafa Kemals mit dem Kronprinzen Vahdettin ins deutsche Hauptquartier nach Belgien.
1918	Friede von Brest-Litowsk zwischen Sowjetrussland und den Mittelmächten.

1918 -1922	Regierungszeit Sultan Mehmet VI., Vahdettin.
7.8.1918	Mustafa Kemal übernimmt das Kommando der in Palästina stehenden 7. Armee.
19.8.1918	Britische Offensive an der Palästinafront.
30.10.1918	Waffenstillstand von Mudros zwischen der Türkei und der Entente.
13.11.1918	Rückkehr Mustafa Kemals nach Istanbul.
29.3.1919	Landung italienischer Truppen in Antalya.
15.5.1919	Landung der griechischen Armee in Izmir.
1919	Der zum Armeeinspekteur ernannte Mustafa Kemal reist nach Anatolien und beginnt den Befreiungskampf.
23.7.-7.8.1919	Kongress von Erzurum.
4.-11.9.1919	Kongress von Sivas und die Gründung der »Gesellschaft zur Verteidigung der Rechte Anatoliens und Rumeliens«.
27.12.1919	Das Repräsentativkomitee verlegt seinen Sitz nach Ankara.
Jan. 1920	Beginn des Aufstands der Bevölkerung von Kilikien gegen die französische Besatzung.
16.3.1920	Besetzung Istanbuls durch Entente-Truppen, Verhaftung von 150 nationalistischen Politikern und Abgeordneten und die Auflösung des Parlaments.
23.4.1920	Große Nationalversammlung in Ankara eröffnet.
11.5.1920	Die Sultansregierung verurteilt Mustafa Kemal zum Tode und sendet »Kalifatsarmee« aus.
Juli 1920	Vormarsch der griechischen Truppen in Anatolien. Besetzung Thraziens.
10.8.1920	Friedensvertrag von Sèvres.
28.9.-2.12.1920	Türkisch-armenischer Krieg.
10.1.1921	Erster Sieg über die griechische Armee bei Inönü.
16.3.1921	Sowjetisch-türkischer Vertrag über Freundschaft und Brüderlichkeit.
1.4.1921	Zweiter türkischer Sieg bei Inönü.
9.7.1921	Beginn der griechischen Offensive gegen Ankara.
5.8.1921	Ernennung Mustafa Kemals zum Armeebefehlshaber.
23.8.-13.9.1921	Schlacht an der Sakarya.
20.10.1921	Türkisch-französisches Abkommen über den Abzug der französischen Truppen aus Kilikien.
26.8.1922	Beginn der türkischen Generaloffensive gegen die griechische Armee.
30.8.1922	Entscheidender Sieg über die Griechen bei Dumlupınar.
9.9.1922	Befreiung Izmirs.
11.10.1922	Waffenstillstand von Mudanya.
1.11.1922	Die Große Nationalversammlung beschließt die Trennung von Sultanat und Kalifat und die Abschaffung des Sultanats.
17.11.1922	Flucht Sultan Vahdettins auf einem britischen Kriegsschiff.
1922	Beginn der Friedenskonferenz von Lausanne.
24.7.1923	Unterzeichnung des Friedensvertrags von Lausanne.
9.8.1923	Gründung der »Republikanischen Volkspartei« durch Mustafa Kemal.
13.10.1923	Ankara wird türkische Hauptstadt.
29.10.1923	Ausrufung der Republik. Wahl Mustafa Kemals zum Präsidenten.
3.3.1924	Abschaffung des Kalifats und Ausweisung der Mitglieder der osmanischen Monarchie.

17.11.1924	Gründung der »Republikanischen Fortschrittspartei«.
11.2.1925	Beginn des Kurdenaufstandes unter der Führung von Scheich Sait.
4.3.1925	Gesetz zum Schutze der Ordnung.
3.6.1925	Verbot der »Republikanischen Fortschrittspartei«.
29.6.1925	Hinrichtung von 46 Führern des Kurdenaufstandes.
2.9.1925	Schließung der Derwischklöster.
25.11.1925	Verbot der Kopfbedeckung Fez (»Hutrevolution«).
17.12.1925	Nichtangriffs- und Neutralitätsvertrag zwischen der Türkei und der UdSSR.
7.8.1926	Hinrichtung der »Verschwörer von Izmir«.
6.10.1926	Inkrafttreten des »Türkischen Bürgerlichen Gesetzbuches« (bis 1930 gefolgt von Zivilprozessordnung, Strafprozessordnung, Handelsgesetzbuch etc.)
28.5.1927	Gesetz zur Förderung der Industrie.
15.-20.10.1927	Mustafa Kemal hält Söylev, seine berühmte Rede.
10.4.1928	Der Islam verliert seine Stellung als Staatsreligion, Trennung von Staat und Religion.
3.11.1928	Gesetz zur Einführung des lateinischen Alphabets.
12.8.1930	Gründung der »Freien Republikanischen Partei« (17.11. Selbstauflösung).
ab 1932	Gebetsruf des Muezzin auf Türkisch; Übersetzung des Koran ins Türkische.
18.7.1932	Eintritt der Türkei in den Völkerbund.
1933	Beginn der Emigration deutscher Hochschullehrer in die Türkei.
9.1.1934	Bekanntgabe des 1. türkischen Fünfjahrplanes zum Aufbau einer nationalen Industrie.
9.2.1934	Abschluss des Balkanpaktes.
28.6.1934	Gesetz über die Einführung von Familiennamen.
24.11.1934	Kemal bekommt von der Nationalversammlung den Familiennamen »Atatürk« verliehen.
8.12.1934	Wahlrecht für Frauen bei den Parlamentswahlen.
1936	Unterzeichnung des Meerengenabkommens von Montreux.
8.7.1937	Abschluss des Saadabad-Paktes zwischen der Türkei, dem Iran, Afghanistan und dem Irak.
25.10.1937	Rücktritt des seit 1925 amtierenden Ministerpräsidenten Ismet Inönü. Kabinettsneubildung durch Celal Bayar.
4.7.1938	Türkisch-französischer Freundschaftsvertrag und Einigung über die Zukunft des Sandschaks Iskenderun.
10.11.1938	Tod Mustafa Kemal Atatürks.
1938	Ismet Inönü wird zum Staatspräsidenten gewählt.
1941	Türkisch-sowjetische Neutralitätserklärung.
1941	Türkisch-deutscher Freundschaftsvertrag.
2.8.1944	Abbruch der diplomatischen Beziehungen zu Hitlerdeutschland.
23.2.1945	Kriegserklärung der Türkei an Deutschland und Japan. Aufnahme in die Vereinten Nationen.
7.1.1946	Gründung der »Demokratischen Partei« durch Celal Bayar und Adnan Menderes.
14.5.1950	Wahlsieg der Demokratischen Partei. Erstmalige Ablösung von Atatürks Republikanischer Partei.
1.8.1951	Gesetz zur Förderung ausländischer Kapitalanlagen.
18.2.1952	Beitritt der Türkei zur NATO.

27.5.1960	Sturz des Menderes-Regimes durch eine Offiziersjunta unter General Cemal Gürsel.
19.7.1961	Verabschiedung einer neuen Verfassung.
15.9.1961	Todesurteil gegen Menderes (vollstreckt am 17.9.).
19.11.1961	Regierungsbildung durch Ismet Inönü.
1965	Die Gerechtigkeitspartei Suleyman Demirels gewinnt die Wahlen.
12.3.1971	Das türkische Militär putscht und übernimmt die Macht.
1973	Wahlsieg der Republikanischen Volkspartei unter Bülent Ecevit.
12.9.1980	Armee putscht erneut, das Parlament wird aufgelöst, die Verfassung außer Kraft gesetzt.
7.11.1982	Verabschiedung der dritten Verfassung durch Referendum.
1983	Wahlsieg der Mutterlandspartei unter Turgut Özal.
1991	Koalitionsregierung unter Demirel.
1993	Demirel wird nach dem Tod Özals Staatspräsident. Wahl von Tansu Ciller zur Ministerpräsidentin.
1995	Bei den vorgezogenen Parlamentswahlen wird die 1993 gegründete fundamentalistisch-islamische Wohlfahrtspartei unter Necmettin Erbakan stärkste Kraft.
1996	Zollunion mit der Europäischen Union.
1997	Rücktritt der Koalitionsregierung Erbakans unter dem Druck des Militärs. Mesut Yilmaz wird Ministerpräsident der neuen Koalition.
1998	Sturz der Regierung Yilmaz.
1999	57. Regierung unter Bülent Ecevit.
10./11.12.1999	Gipfeltreffen in Helsinki. Türkei wird EU-Beitrittskandidat.
3.10.2001	Parlament beschließt Verfassungsreform zur Angleichung der türkischen Verfassung an EU-Standards.
2002	Vorgezogene Neuwahlen, aus denen die erst vor einem Jahr gegründete konservative AKP Tayyip Erdogans mit absoluter Mehrheit hervorgeht. Einzige Oppositionspartei im Parlament ist die sozialdemokratische CHP.
12./13.12.2002	Die Europäische Union hat auf ihrem Ratsgipfel in Kopenhagen den Weg für Beitrittsverhandlungen mit der Türkei frei gemacht: Erfüllt das Land bis Dezember 2004 die Kopenhagener Kriterien insbesondere bei Menschen- und Minderheitenrechten, Demokratie sowie Rechtsstaatlichkeit und sind diese auch in der Staatspraxis erfüllt, könnten die Verhandlungen über einen Beitritt »ohne Verzug« eröffnet werden.

Die Türkei nach dem Vertrag von Sèvres (1920)

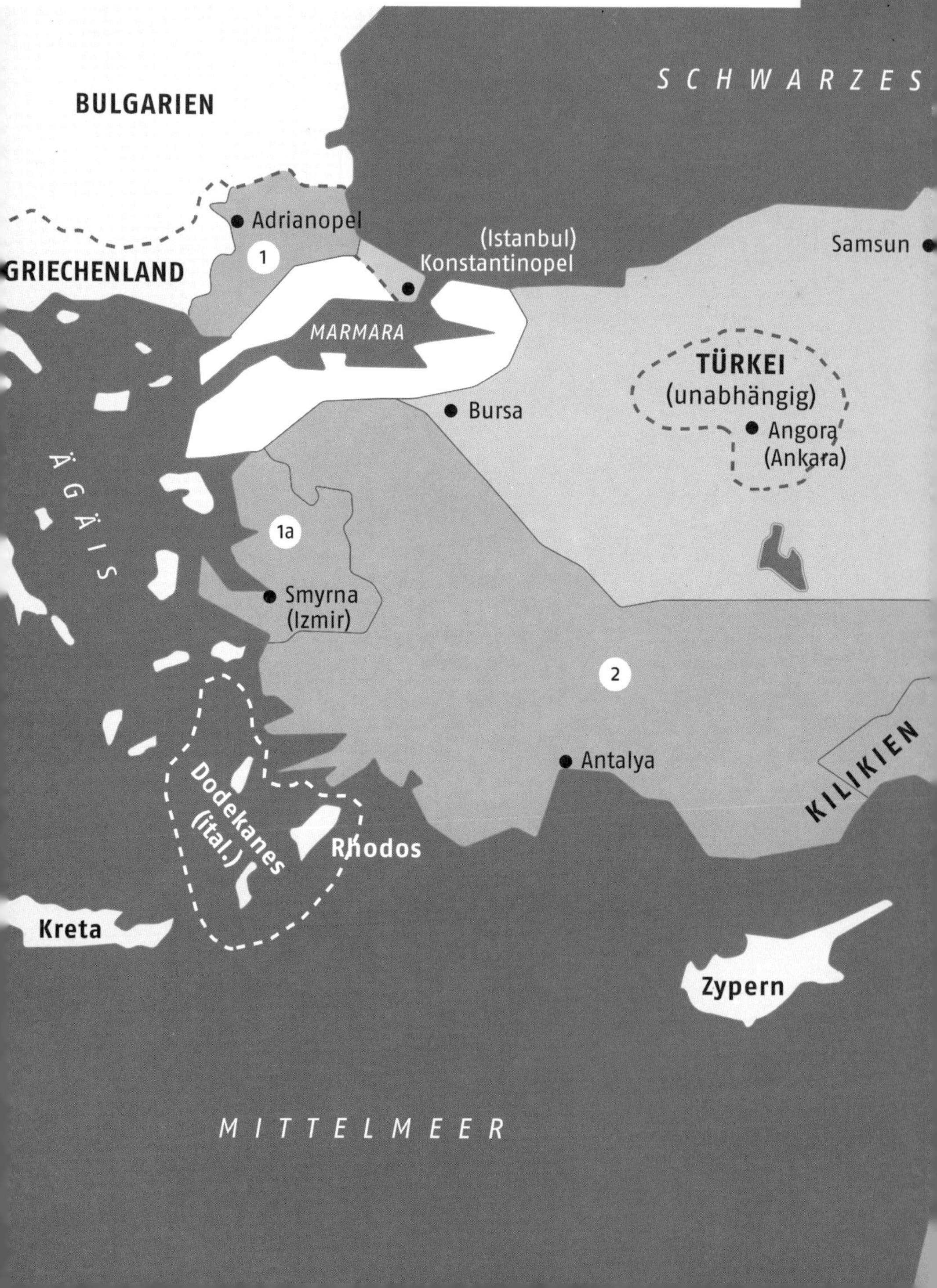